AF226153

LA RELIGION

ET

LES SCIENCES

DE LA NATURE

PAR

F. BETTEX

AVEC UNE LETTRE-PRÉFACE DU PROFESSEUR M. THURY
DE L'UNIVERSITÉ DE GENÈVE

GENÈVE

J. H. JEHEBER, LIBRAIRE-ÉDITEUR
28, rue du Marché

PARIS, LIBRAIRIE FISCHBACHER

LA RELIGION

ET

LES SCIENCES DE LA NATURE

LA RELIGION

ET

LES SCIENCES

DE LA NATURE

PAR

F. BETTEX

AVEC UNE LETTRE-PRÉFACE DU PROFESSEUR M. THURY
DE L'UNIVERSITÉ DE GENÈVE

GENÈVE

J.-H. JEHEBER, LIBRAIRE-ÉDITEUR

28, rue du Marché.

Tous droits réservés.

PRÉFACE

Je n'écris pas ici un livre savant pour les savants. Je m'adresse aux âmes simples, mais avides de la vérité, pour leur parler de grandes vérités, simples aussi, mais étouffées sous un amoncellement de sophismes et de raisonnements. Je voudrais leur dire ma profonde conviction que le Dieu vivant et personnel de la Bible est le centre nécessaire d'un univers rationnel; que le Créateur et sa création ne se contredisent pas et que toutes les découvertes de la science n'ont pas encore prouvé et ne prouveront jamais que sa Parole nous trompe. Je voudrais leur faire voir combien peu de science réelle cachent les belles phrases et les grands mots de l'incrédule, et combien peu il comprend même la création matérielle dont il affirme qu'elle est la seule réelle; enfin leur montrer que la conception chrétienne et biblique de l'univers est plus logique, plus harmonique, plus en accord avec les faits, donc plus scientifique que toutes les philosophies et tous les systèmes matérialistes et athées. — Du reste, je laisse à chacun la liberté d'opinion que je réclame pour moi-même et prie seulement les lecteurs d'examiner et de réfléchir; à eux de tirer alors les conclusions qui leur paraîtront justes.

Enfin je tiens à remercier ici M. Frank Baumgartner, de Genève, qui a bien voulu revoir le manuscrit et les épreuves.

Stuttgart, août 1898.

F. Bettex.

INTRODUCTION

Lettre du professeur M. Thury à M. Jeheber,
éditeur à Genève.

Monsieur,

Vous m'avez demandé quelques mots d'introduction pour
l'édition française de l'ouvrage de M. Bettex ; j'essaierai de
répondre à votre désir dans les lignes suivantes :

La religion n'est pas une connaissance, mais une vie. Cependant
la vie religieuse suppose, postule, un certain nombre de vérités
qui peuvent se rencontrer également sur le chemin de la science.

Il n'y a sur chaque point qu'une seule vérité, et s'il existe quelque désaccord fondamental apparent entre les vérités religieuses
et les vérités scientifiques c'est que, d'un côté ou de l'autre, ou
même des deux à la fois, on a fait fausse route.

Les savants peuvent, à un moment donné, affirmer comme certaines des thèses qu'aucun fait connu n'est venu jusqu'alors contredire, mais que des faits nouveaux viendront un jour infirmer
ou modifier plus ou moins profondément ; car dans les sciences
de la nature tout est contingent, c'est-à-dire soumis à des lois dont
la probabilité est plus ou moins grande, mais dont la revision
doit rester constamment ouverte (p. 123 et 180).

D'autre part, les affirmations des hommes religieux peuvent

résulter, pour une part, soit d'une conscience insuffisamment éclairée, soit d'une interprétation fautive des textes des Écritures ; il ne faut donc pas se presser trop de conclure.

Les questions dont il s'agit peuvent se poser au milieu de deux groupes distincts de personnes ; les unes, religieuses de cœur et de sentiment mais ignorantes des sciences, et auxquelles suffirait pleinement la Foi du Charpentier — d'autres, instruites des sciences, et sachant que la vérité est une, travaillent sans cesse et de tous leurs moyens à mettre d'accord, dans la vérité, leurs sentiments et leurs pensées.

Entre ces deux groupes existe, au temps actuel, de nombreuses personnes qui ne peuvent pas se faire par elles-mêmes une idée bien juste de la valeur réelle de l'opposition scientifique, calmement exposée par des hommes instruits, sérieux et sincères, et plus souvent encore clamée par des gens pleins d'assurance, étrangers de fait aux idées religieuses, qui se font une arme, contre la religion qu'ils détestent, des désaccords apparents de la science et du sentiment religieux, et qui trouvent bon d'exploiter le respect un peu inintelligent que l'on a aujourd'hui pour les résultats quelconques de la science.

Beaucoup de personnes appartenant à la dernière catégorie mentionnée, et qui seraient disposées à vivre de cette vie religieuse par laquelle s'accomplit la vraie destinée de l'homme ici-bas, sont empêchées d'entrer dans le bon chemin par la crainte d'errer dans l'absurde ; — le livre actuel pourra leur être d'un bon secours en leur montrant que l'absurde ne se rencontre pas sur le chemin commun des vérités religieuses et scientifiques.

Les hommes dont l'esprit ne se borne pas à l'étude de branches isolées du savoir humain, et qui cherchent à réunir dans une même unité de conception l'ensemble des faits de tout ordre qu'ils peuvent connaître, trouveront dans le livre de M. Bettex de riches matériaux pour la grande synthèse qu'ils cherchent à construire.

Voici, pour autant que nous avons pu en juger, quelles seraient à peu près les idées dominantes de l'auteur du livre. Nous prenons la liberté d'y ajouter quelques remarques, en spécifiant de quelque manière les idées mentionnées par l'Auteur.

Suivant M. Bettex les causes premières appartiennent à l'ordre moral ; le monde physique est fait pour le monde moral, là seulement se trouve la véritable explication du monde actuel.

Parlant des sources de la connaissance, l'auteur montre que les notions a priori ou axiomatiques (p. 182) sont à la base de tout savoir et de tout système, y compris le système matérialiste.

Pour le chrétien il y a trois révélations : celle de la *conscience* se manifestant dans l'histoire de tous les temps par les sentiments généraux de l'humanité. Celle de la *nature*, œuvre divine qui révèle le Dieu puissant et bon, le Créateur. Enfin les *Écritures* qui révèlent le Dieu Rédempteur de l'humanité.

— L'auteur observe que les sciences de la nature sont fréquemment incertaines sur beaucoup de points. Chaque jour nous les voyons affirmer ce qu'elles avaient nié et nier ce qu'elles avaient affirmé. Ces errements que l'on doit attribuer à la faiblesse de l'esprit humain doivent certainement mettre un terme à toute prétention quelconque à l'infaillibilité.—Nous ajoutons que la faiblesse de l'esprit humain doit également se manifester en d'autres domaines, et en particulier dans l'interprétation des Ecritures, car le secours du Saint-Esprit ne saurait donner lieu à des interprétations divergentes comme celles qui se produisent, et qui témoignent d'une part laissée aux pensées de l'homme.

Chacun sans doute croit à l'interprétation à laquelle il s'est arrêté, mais personne ne doit être surpris que d'autres hommes n'admettent les interprétations proposées que sous bénéfice d'inventaire. En fait, les théologiens ne sont guère plus infaillibles que les naturalistes ; nous sommes donc autorisés à garder au besoin quelque réserve ; mais comme les opinions différentes des nôtres pourraient être justes, les nôtres ne l'étant pas, nous devons examiner toutes choses, avec soin et amour de la vérité.

— La science, dit l'auteur, a ses goûts, ses préjugés et ses modes (p. 124, 207). Le grand faible de la science est sa prétention consciente ou inconsciente à l'infaillibilité, ce qui la rend intolérante (p. 203).

L'auteur explique les faits du monde moral considéré dans

son ensemble, en s'appuyant sur les Ecritures telles qu'il les comprend ; — malgré l'infériorité qui résulte du fait qu'il se mêle toujours quelque chose d'humain à nos interprétations, l'ensemble des vues de l'auteur nous semble rendre compte des faits au moins aussi bien que la plupart des théories courantes.

A notre point de vue, les Écritures sont exactement ce que Dieu a voulu qu'elles fussent : divines et humaines à la fois, plus divines et plus humaines que la plupart des hommes ne peuvent l'imaginer. Nous devons *sonder* les Écritures pour en saisir complètement l'élément divin.

— L'auteur admet avec une évidente raison que l'on ne peut pas séparer la vie religieuse de la vie intellectuelle (p. 164).

L'auteur ne croit au *progrès* que d'une manière très conditionnelle (chap. I). Il distingue le progrès vers le bien et le progrès vers le mal (p. 43), plus évident que le premier dans plusieurs domaines ; puis l'absence de tout progrès là où, sans raisons basées sur des faits, on admettait théoriquement un progrès continu. En divers domaines, dans l'art, l'intelligence, la piété, le bonheur, il peut y avoir progrès en avant, retour en arrière ou *régression*, ou bien permanence plus ou moins complète d'un état donné ; et cependant, en principe, règne la loi du progrès (p. 51). Sur tous ces points la discussion est vivement menée, avec beaucoup de faits à l'appui des thèses de l'auteur.

— L'auteur affirme avec raison en ce qui concerne l'homme *individuel*, que la science n'est pas chose essentielle ; l'humanité a vécu et peut vivre encore d'une vie heureuse et saine sans cultiver la science (p. 218). L'homme se sent fait pour être heureux (p. 29), mais le devoir accompli pour l'amour de Dieu est la seule chose qui rende heureux, et la condition suffisante du vrai bonheur.

— La *Nature* peut être considérée sous deux points de vue différents : l'un esthétique et immédiat, l'autre scientifique. L'homme religieux, s'il n'est pas en mesure de s'initier aux méthodes et aux procédés de la science peut, sans beaucoup d'inconvénient, se borner au point de vue commun (p. 220). Car il faut être en état d'apprécier le degré de probabilité des résultats annoncés par les savants, pour juger du bien fondé des objections présentées sans réserve comme scientifiques par les défenseurs attitrés de l'irréligion.

— Suivant l'auteur le monde est l'œuvre de Dieu et du diable à la fois (p. 155, 255). Cependant l'œuvre de Dieu domine, car la Création est pleine d'idées divines (p. 117). On peut dire qu'elle est religieuse mais, non pas chrétienne (p. 40, 161). La nature, comme œuvre de Dieu est par cela même une révélation du Créateur pour tous, et aussi pour le savant. Il importe donc à celui qui recherche la vérité religieuse complète d'étudier la nature (p. 115, 222) ; et de savoir si les résultats de l'étude scientifique sont d'accord avec les conséquences immédiates des idées religieuses.

On voit souvent l'auteur préoccupé de cette question : quel doit être le rôle normal de la nature dans les pensées et les sentiments du chrétien.

Suivant la Genèse, les plantes et les animaux ont été créés « selon leurs espèces » (p. 54). L'auteur pense que ces paroles pourraient aussi recevoir un sens plus étendu : tous les êtres, organiques et inorganiques, auraient été créés selon leurs espèces, c'est-à-dire avec un ensemble de caractères propres permanents, réalisés ou virtuels, exprimant la nature fondamentale de chaque être ou groupe d'êtres.

Chez les minéraux, les caractères sont réalisés et indélébiles (p. 65).

Chez les êtres vivants, plantes et animaux, les caractères fondamentaux de chaque groupe se manifestent à des degrés divers suivant les circonstances extérieures, et aussi suivant les effets possibles de la volonté.

Chez l'homme, indépendamment des caractères généraux de l'espèce et des races (p. 136) chaque individu venant au monde serait l'objet d'une détermination spéciale et divine (p. 140, 146) ; constituant le caractère propre normal de l'individu et comprenant, nous le supposons, les éléments essentiels de l'hérédité. L'œuvre de chacun consisterait à réaliser pleinement les éléments virtuels de son caractère propre, aussi bien que la norme de l'espèce. Mais chaque homme peut méconnaître et détériorer les manifestations de son caractère normal.

Comme conséquence de ces théories, suivant l'auteur, les animaux et les plantes devront reparaître avec l'homme (p. 176-177) dans les existences futures, où ils seront modifiés sans perdre leurs caractères normaux. Les substances minérales sont les mêmes dans tous les mondes, comme semble le prouver l'analyse spectrale.

— Il y a peut-être dans ces idées, que nous craignons d'avoir un peu systématisées, quelques réminiscences de Leibnitz, de ses monades et de ses indiscernables, et aussi une application directe de ce mot typique d'un philosophe : *Dans la création, Dieu fonde.*

— On comprend que l'auteur soit absolument opposé au darwinisme (p. 54, 127 et 169). Ses vues, sur le monde qui nous entoure, sortent des cadres dont nous avons pris l'habitude; elles n'en sont pas moins à examiner.

Et ce rêve d'un ingénieur (p. 98 et suiv.) fiction brillante de l'industrialisme au XXme siècle, critique amère des effets de l'industrie actuelle sur l'homme d'aujourd'hui.

Pour résumer et pour conclure :

On peut recueillir dans cet ouvrage une ample moisson d'idées saines, justes et vraies autant qu'inattendues.

Les vues de l'auteur sortent du grand courant; il y aura toujours avantage à les considérer attentivement et à les discuter, car elles ne sont jamais sans valeur. Si on rejette d'emblée tout ce qui ne rentre pas de près ou de loin dans le cercle des idées habituelles, on ferme la porte à tout progrès essentiel.

Il sera toujours avantageux de prendre une connaissance plus complète des faits que l'auteur a dû simplement mentionner, et qui sont développés dans les livres scientifiques. Il est cependant regrettable que l'auteur n'ait pas indiqué plus souvent ses sources.

Un exercice utile serait de chercher la conciliation des contradictions apparentes ou plus ou moins réelles que renferme ce livre.

Quant aux idées, il suffit de rappeler cette recommandation de

saint Paul : « Examinez toutes choses et retenez ce qui est bon. »
(I. Thess. V, 21.)

Le livre de M. Bettex est d'une lecture attachante, l'attention
du lecteur se soutient facilement. L'abondance des faits ne produit pas de confusion dans les idées et le piquant du style diminue
beaucoup la fatigue de la lecture.

Ces qualités de fond et de forme peuvent rendre compte du
grand succès de ce livre en Allemagne; il suffit de savoir que ce
volume, joint à deux autres de même nature et du même auteur,
ont atteint ensemble le tirage énorme de 25,000 exemplaires.

M. THURY.

CHAPITRE PREMIER

PROGRÈS ?

Combien elle nous paraît majestueusement tranquille, cette terre que nous habitons dans l'espace! Quand, d'un haut sommet, nous en découvrons une partie, comme ses montagnes sont calmes et imposantes, symboles de force et de durée; comme les plaines s'étendent larges et fertiles, sillonnées par le cours régulier des fleuves et comme la mer bleue, sur l'immensité de laquelle se meuvent quelques points blancs, paraît reposer solide sur ses fondements. Elle nous semble inébranlable, cette terre, mère nourrice des hommes, comme l'appelle le vieux Homère.

Et presqu'aussi tranquille est l'humanité qui l'habite. Car cette humanité, ce ne sont pas les quelques milliers qui s'agitent fiévreusement dans nos grandes villes. Ce sont les millions qui, penchés jour après jour sur la glèbe, sèment et récoltent le pain du monde, et dont la vie s'écoule, comptée par les moissons, et qui habitent l'humble demeure bâtie par leurs ancêtres.

Mais quelle fausse impression! Bien loin d'être tranquille, cette terre, ce monde, vu des hauteurs éternelles, vole sans trêve ni repos dans l'espace; et pendant que l'aiguille des secondes avance d'un pas à l'horloge, ce

monde et vous et moi avons franchi 29 kilomètres, et
jamais, plus jamais, nous ne reverrons la place que
nous occupions dans l'espace il y a un moment.

— Où va-t-elle ainsi dans sa course effrénée, cette
terre? Car elle tourne bien autour du soleil son maître,
à la main de fer duquel elle ne peut se soustraire. Mais
lui-même aussi, poussé ou attiré par une puissance
mystérieuse, vogue, vole et l'entraîne vers des buts
inconnus.

Si Dieu, qui seul est le repos, nous accordait, au
milieu de l'immense tourbillon de mondes — que les
anciens déjà appelaient très justement « l'univers »
« le grand Un qui tourne, » — le point fixe que demandait Archimède pour soulever la terre, comment cette
terre nous apparaîtrait-elle? Nous verrions une petite
étoile poindre dans la distance, puis grandir, devenir
comme la lune pour remplir deux heure après la moitié
du ciel; puis ce globe immense passerait plus vite qu'un
boulet de canon, et pendant quelques minutes nous ne
verrions qu'un tourbillon effrayant de mers bleues et
de déserts jaunes, de hautes montagnes et de larges
plaines, de sombres forêts et de neiges éternelles. Et
avant que nous soyons revenus de notre étonnement,
de notre frayeur, déjà ces images diminueraient et pâli-
raient; mers et continents deviendraient de nouveau
d'immenses taches sombres ou claires; bientôt le grand
globe reparaîtrait, deviendrait toujours plus petit et
filerait bientôt dans l'espace comme une étoile qui se
perd, emporté par le vent de Dieu à travers les abîmes.

— Et nous aurions vu passer un monde, cette masse
de matière avec ses formes infinies, ses organismes et
ses 1500 millions d'êtres plus immortels que lui, avec
toutes leurs douleurs et leurs joies, leurs soucis et leurs
crimes !

Et comme ce monde se précipite sans relâche à travers les abîmes de l'espace, ainsi l'humanité qui l'habite à travers ceux du temps, sortant d'une éternité silencieuse pour se replonger bientôt dans une autre également mystérieuse. Où était cette humanité il y a dix mille ans, une seconde au grand cadran des cieux ? Pendant ce temps, l'étoile Véga a à peine avancé du demi-diamètre de la lune dans son orbite immense ! Où sera-t-elle, cette humanité, quand une autre seconde céleste sera passée ?

Oui, courte est sa durée et elle date d'hier seulement. Ce morceau de houille que vous prenez pour le jeter au feu, ce sont des végétaux qui, le savant incrédule même vous le confirmera, croissaient sur la terre longtemps avant que l'homme fût ; qui croissaient lorsque encore ni ange, ni archange ne savaient ce que c'était qu'un homme. Car les Elohims n'avaient pas encore prononcé la parole : « Faisons l'homme à notre image. »

Depuis qu'Adam ravi ouvrit les yeux dans la lumière du Paradis, *soixante-quatorze générations* seulement se sont succédées sur la terre avant Jésus-Christ (voir Luc III, 28-38). En comptant avec le vieil Hérodote une génération à 33,3 ans, cela en fait depuis Jésus-Christ jusqu'à nos jours cinquante-sept autres. Donc *cent quarante hommes* seulement, nos ancêtres, nous séparent d'Adam et forment en ligne directe tout l'arbre généalogique de l'humanité ! Une petite chambre de représentants et qui aurait place dans un grand salon. Mais une assemblée vénérable, malgré son petit nombre. D'abord les dix géants séculaires qui, d'Adam à Noé, remplirent la terre de violence et d'orgueil pendant un millier et demi d'années ; puis plus d'un chef de nomades, législateur et fondateur de ville, quelques poètes et quelques sages, et aussi des mendiants, des criminels et des tyrans, d'honnêtes paysans et d'orgueilleux chevaliers. Combien elle serait intéressante, leur histoire, cette biographie de l'humanité! Patience! Un jour, dans les merveilles de l'éternité, nous les verrons, eux, leurs vies et leurs œuvres; car rien ne se perd dans l'univers divin, et les Egyptiens déjà disaient : « Dans l'éther de l'espace sont les archives des Dieux. »

Et pourtant quelle masse imposante, inconcevable, effrayante de pensées, de paroles et d'actions n'a-t-elle pas produit pendant quelques siècles, cette humanité! Combien n'a-t-elle pas, dans ce peu de temps, bâti et détruit, planté et déraciné, parlé et écrit, soupiré, pleuré, ri et maudit; et les royaumes et les empires ont germé et poussé, les civilisations et les peuples ont crû et se sont fanés comme une herbe des champs, que la mort va fauchant toujours. Certes, encore plus imposante que le vol de la terre dans l'espace est la ronde tourbillonnante des esprits sur cette terre. Ils paraissent, disent quelques mots, « font trois petits tours et puis s'en vont. » En dix ans, le temps qu'un enfant reste à l'école, Alexandre, le léopard ailé que Daniel vit dans les visions de Dieu, fait irruption en Asie, brise la puissance des Perses, anéantit la ville de Tyr, fonde Alexandrie, détruit des royaumes et distribue ceux qu'il crée et passe comme un ouragan sur la terre; puis il disparaît, jeune encore, et son empire s'effondre dans le sang. Et n'avons-nous pas vu, il y a cent ans à peine, un lieutenant d'artillerie naguère inconnu, grandir comme un géant, gagner cent batailles, traverser l'Europe avec cent mille guerriers, déposant et faisant des rois d'un mot, et puis lui aussi, disparaître de la scène du monde pour mourir à Sainte-Hélène. Ces souverains qu'il fit, Louis, Murat, Joseph,

Jérôme, où sont-ils avec leurs cours et leurs armées ?
Disparus comme les songes de la nuit. Et que sont devenus les quatre cent mille hommes que sa parole puissante entraîna en Russie, et les pesants régiments de ses
cuirassiers, dont le galop fit trembler le sol à Waterloo ?
Un peu de poussière sur la terre et des ombres pâles
dans le schéol. Et ceux qui ont vu et fait la terrible
guerre de 1870 ? Déjà ils descendent l'un après l'autre
dans la tombe, et bientôt aucun d'eux ne pourra plus
la raconter. Car sans cesse, disaient déjà les Scandinaves, poussent des milliers de feuilles au grand arbre
de la vie Ygdrasil, et sans cesse tombent ses feuilles
mortes. Du lever du soleil à son coucher, des millions
d'humains sont morts parmi les larmes, et des milliers
d'enfants ont ouvert en pleurant les yeux à la lumière,
et toujours les anges qui montent et descendent se croisent sur l'échelle de Jacob, les uns apportant des âmes,
les autres en emportant, hélas ! de bien plus rares, dans
le sein d'Abraham !

Quand on considère ainsi la vie de l'humanité, on
soupire avec Bildad : « Nous sommes d'hier et ne savons
rien ; car nos jours sont une ombre sur la terre. »
(Job VIII, 9.) Par contre on s'étonne à bon droit de
l'assurance avec laquelle l'homme, dont la race n'était
pas hier et ne sera plus demain, qui n'a pas encore eu
le temps de bien regarder ce monde qu'il habite et les
créatures qui le peuplent, qui sait un peu moins que
rien des milliers de mondes qu'il voit à la voûte céleste
et encore moins des cieux et des enfers et de leurs
innombrables multitudes, décrète d'autorité que « la
matière est *éternelle !* » — « Les forces de la nature
sont *immuables !* » — « *De tout temps* l'observation
nous a enseigné que »..... « *Il est impossible* que les
lois de la nature changent jamais. » « *Jamais* il n'y a

eu ni miracles, ni révélations d'un être suprême. » — Comme des éphémères, ces insectes ailés dont quelques espèces ne vivent qu'une heure ou deux, rassemblés sur la feuille ronde d'un nénuphar autour d'un vénérable patriarche âgé d'une heure et demie, l'écoutant avec respect leur démontrer que, de tout temps, l'immense surface de leur étang a été entourée de végétaux grands et verdoyants et que *jamais* cette immense surface liquide n'a été, comme le prétendent des traditions enfantines, recouverte d'une substance dure et transparente, dont une vaine superstition prétend que c'était de l'eau durcie. — (Grande hilarité !)

La terre, avons-nous dit, vole d'un vol infatigable à travers l'espace. Mais où tend l'éternel voyage, qui a déjà emporté un homme âgé de 5o ans à quelques milliards de kilomètres de l'endroit où il a vu la lumière et où il ne reviendra jamais ? Ce grand voyage aussi doit, comme tout ce qui existe, avoir un sens et un but ; mais lesquels ? Phébus, notre soleil, et notre terre avec lui, tombent-ils, en décrivant d'immenses spirales, vers les abîmes toujours plus froids où Dante nous montre Lucifer enseveli dans la glace éternelle ? Ou erre-t-il sans but ni fin à travers les mondes dans les immensités de l'espace ? Ou s'élève-t-il au contraire, comme l'aigle, en cercles toujours plus grands vers des régions inconnues, pleines d'une vie plus chaude et plus lumineuse, et de forces plus terribles ? Nous n'en savons rien.

Et comme les chemins et les destins des soleils nous sont inconnus, de même aussi ceux de l'humanité. Nous savons qu'au commencement Dieu créa les cieux et la terre et qu'une fois il sera tout en tous. Mais nous ignorons d'après quelles lois naissent ou meurent les empires et les peuples ; pourquoi l'histoire du monde tourne en cercles excentriques autour de Jérusalem, son centre, pourquoi toujours un peuple guide et domine les autres, pourquoi l'humanité se presse et s'entasse dans quelques pays, s'étouffe dans quelques grands centres, Paris, Londres, New-York, en se plaignant de manquer d'espace, tandis qu'elle laisse presque vides et inhabités d'autres pays qui étaient une fois les plus peuplés, les plus fertiles et les plus riches du monde, comme la Mésopotamie, l'Assyrie, le nord de l'Afrique, le Mexique aussi trois fois grand comme la France avec 7 millions d'habitants, ou le Texas aussi grand qu'elle et moins peuplé que la Suisse, et les plaines immenses de l'Amérique du Sud !

Nous savons tout aussi peu, pourquoi les peuples meurent. Là où notre civilisation soi-disant chrétienne les touche, ils se fondent et s'évanouissent devant elle, les Indiens de l'Amérique du Nord, les indigènes de l'Australie et de la Terre de Van Diemen, et les Maoris de la Nouvelle Zélande et aussi bientôt les Cafres et les peuplades nègres de l'Afrique. Pour eux tous notre civilisation est un poison mortel. Pourquoi ? Nous n'en savons rien.

Et comme nous nous le sommes demandé pour notre soleil, on peut aussi se le demander pour cette humanité, dans sa marche incessante à travers le temps : Progresse-t-elle vers des buts toujours plus élevés, déchoit-elle de hauteurs déjà atteintes, ou tourne-t-elle dans un cercle toujours le même ? — Questions qui n'inspirent aux modernes apôtres du progrès qu'un sourire de pitié ! Comme si on pouvait douter que l'humanité autrefois barbare, ignorante et sauvage ne devienne chaque jour plus civilisée, plus éclairée..... ils n'osent pas dire meilleure et plus heureuse. Mais de tout temps, chaque siècle s'est cru supérieur à tous ceux qui l'ont précédé. Les Romains faisaient peu de cas des barbares, et à leur tour, les Vandales et Attila méprisaient les Romains et leur empire qu'ils avaient détruit.

Quand on y regarde de plus près, la question du progrès se complique singulièrement. Car enfin avons-nous réussi, à force de chemins de fer et de télégraphes, de sociétés industrielles et de coupons de banque, de cuirassés, de torpilles et de canons-revolvers, à inaugurer une ère de paix et de sécurité, de prospérité et de bien-être généraux ? Il faudrait être bien hardi ou bien ignorant pour oser l'affirmer. Ne voyons-nous pas, malgré les progrès si vantés de la sociologie, de la jurisprudence et de la théologie, la marée du socialisme et de l'anarchie monter de plus en plus et menacer de submerger notre société moderne ? Ne voyons-nous pas les trônes et les religions, la foi et les lois chanceler, et le crime se rire de plus en plus de Dieu et des hommes ? La médecine et la pédagogie se vantent de leurs progrès et l'humanité devient toujours plus faible, malade, névrosée, et la population diminue, et la jeunesse est toujours plus blasée, désobéissante et licencieuse, et le nombre des criminels adolescents augmente dans une proportion effrayante ! Et dans un siècle de prétendue humanité la moitié des peuples s'arme contre l'autre pour l'égorger dans des guerres futures comme nous n'en aurons jamais vu. Enfin le suicide envahit toutes les classes de la société; et l'humanité tout entière et les enfants eux-mêmes paraissent las de la vie.

Si, au contraire, nous étudions l'histoire du monde, elle nous apprend qu'il y a 4000 ans les Ariens et les

Egyptiens, les Assyriens et les Chaldéens se portaient aussi bien, sinon mieux que nous, et étaient tout aussi intelligents. Eux aussi étaient riches ou pauvres, heureux ou malheureux, pieux ou impies; eux aussi parlaient logiquement, étaient sages au conseil et braves à la guerre, avaient des lois justes et des principes moraux; eux aussi se construisaient de belles maisons, plantaient de beaux jardins, se tissaient des vêtements magnifiques, se fabriquaient de belles armes; eux aussi achetaient et vendaient, aimaient et haïssaient, vivaient et mouraient tout comme nous.

Hélas ! l'homme reste homme avec sa petitesse et sa grandeur, son néant et son importance, ses penchants et son caractère individuel. Il y a 4000 ans la mère égyptienne aimait son enfant et en était fière comme les mères d'aujourd'hui; déjà le jeune homme était fier de sa force et la vierge de sa beauté, et le vieillard était morose ou babillard; déjà il y avait des viveurs et des égoïstes, des hommes d'esprit et des imbéciles, des ennuyeux et des bavards, des hommes d'action et des fainéants. Ils mangeaient du garum et nous mangeons du caviar; ils buvaient du vin de Chypre et nous buvons du champagne; ils allaient au cirque et nous allons au théâtre, au forum et nous à la bourse; ils craignaient parfois leurs matrones et nous nos épouses. Est-ce bien différent ? Car toutes ces formes de l'existence et de la société ne sont que les manifestations de l'âme humaine, immuable et éternelle, et même ce que nous appelons des modes ne passe que pour revenir toujours. Les Egyptiens aussi avaient leurs villas, leurs meubles élégants de bambou, leurs divans, leurs échiquiers et leurs bibelots, et nous voyons dans leurs peintures des dames en grande toilette se montrer à un five o'clock tea leurs joyaux; sûrement avec la même

envie mal déguisée que les nôtres et en potinant comme
elles !

Et d'ailleurs, si l'humanité a vraiment progressé,
comment se fait-il qu'elle soit restée corporellement la
même ? Les plus anciens crânes que nous ayons trouvés
sont, nous le verrons, aussi beaux ou aussi laids que les
nôtres. Sommes-nous plus forts que les chevaliers et
les lansquenets du moyen-âge, ou plus beaux que les
anciens Grecs ? S'il existe, ce progrès dont on nous
corne les oreilles, il n'est pas facile à découvrir.

Mais ses apôtres nous trompent par des comparaisons
fausses et manquées, en prenant pour terme les peuples sauvages de l'antiquité et les peuples civilisés d'à
présent. Nous pourrions tout aussi bien comparer les
palais de Ninive et les temples de l'Egypte aux misérables tentes et huttes des Mongols, des Tartares, du
moujik russe ou des tribus nègres d'aujourd'hui. Mille
ans avant que les Helvètes construisissent leurs habitations lacustres (qui ont duré jusqu'à 750 ou 1000 ans
après J.-C.), les immenses et somptueuses cités de
Babylone et de Memphis, de Ninive et de Thèbes, de
Tyr et de Carthage étaient le siège d'une civilisation,
d'une richesse, d'un luxe que nous n'égalons pas même
aujourd'hui. Il est parfaitement certain que nos ancêtres
européens vivaient jadis, vêtus de peaux d'ours, dans
des cabanes pires que celles des Nouveaux-Zélandais ;
mais bien des siècles auparavant les Egyptiens avaient
déjà bâti les temples de Carnac et de Pylos, creusé
l'immense lac Mœris et un canal de Suez ; Fergusson
dit de leurs imposantes pyramides : « Rien n'est plus
merveilleux que l'extraordinaire quantité de science
mise en œuvre dans la construction des chambres de
support, dans l'alignement des galeries en pente et dans
l'accord de toutes les parties de l'édifice, exécutées

avec une telle précision que, malgré l'immense poids de l'ensemble, pas une pierre n'a cédé d'un pouce. Jamais, depuis ce jour, rien de plus parfait n'a été construit au point de vue mécanique. » *(Revue des Deux-Mondes,* 1895.) Nébucadnetzar avait déjà achevé sur l'Euphrate la magnifique ville de Babylone, formant un carré de dix lieues de circuit, avec, au centre, le temple de Bélus et sa tour de 600 pieds, surmontée d'une statue en or du dieu du soleil et entourée de douze temples de différents dieux et de palais s'étendant à perte de vue sur les rives du fleuve. Et cette magnifique résidence ne possédait pas seulement un Jardin des Plantes et un Jardin d'"Acclimatation contenant les animaux et les plantes les plus rares, mais elle renfermait en dedans de ses énormes murailles une surface deux fois plus grande que n'en enferment les fortifications de Paris. (Ninive et Babylone par J. Menant. Paris 1888). Et cette ville était absolument défendue contre l'ennemi par les portes de bronze des quais de l'Euphrate et par ses murailles hautes de 120 mètres et larges à leur sommet de 29 mètres ! Voilà certes une cité à l'aspect de laquelle Nébucadnetzar pouvait bien s'écrier : « N'est-ce pas ici Babylone la grande, que j'ai bâtie pour être la maison de mon royaume, par la puissance de ma force et pour la gloire de ma magnificence ? » (Dan. X, 30.) A côté de cette ville, ces amas irréguliers et confus de maisons qui se perdent dans de sales faubourgs, et que nous appelons des grandes capitales, Paris, Londres, Berlin, Vienne, feraient pauvre figure. La ville antique et classique était une unité sévère, dominée par le temple-palais au centre et fortement bornée par ses murs ; la ville moderne n'est plus qu'un ramassis d'habitations d'hommes qui n'ont pour la plupart ni foi ni loi.

Il est certain que les anciens habitants de la Gaule

se nourrissaient de glands et de viande de cheval; mais longtemps avant eux, le roi Assuérus qui régnait sur 120 provinces fit un festin à tous ses princes et ses serviteurs, les puissants de la Perse et de la Médie, « montrant les richesses glorieuses de son royaume et le faste magnifique de sa grandeur pendant cent quatre-vingts jours. Et quand ces jours furent accomplis, le roi fit à tout le peuple qui se trouvait à Suse, la capitale, depuis le plus grand jusqu'au plus petit, un festin de sept jours, dans la cour du jardin du palais du roi : des draperies blanches, vertes et bleues étaient attachées par des cordons de byssus et de pourpre à des anneaux d'argent et à des colonnes de marbre blanc; les lits étaient d'or et d'argent, placés sur un pavement de marbre rouge et blanc, d'albâtre et de marbre noir. Et on donna à boire dans des vases d'or, les vases différant les uns des autres, et il y avait du vin royal en abondance. » (Esth. I, 4-7.) — Quel luxe ! — Voilà certes une fête autrement grandiose que les bals de l'Elysée ou les réceptions les plus brillantes de l'empereur d'Allemagne ou de la reine d'Angleterre ! Comme aussi les demeures de Sennachérib, d'Assurbanipal et de Sargon, ces temples-palais-forteresses, élevés au-dessus des débordements de l'Euphrate sur d'immenses terrasses comme sur des rochers artificiels, avec leurs soixantaines de salles et leurs taureaux d'albâtre et leur luxe étaient autrement beaux et imposants que les palais-casernes de nos souverains !

Il est établi que, mille ans avant Jésus-Christ, les rives de la Seine étaient des bois marécageux, habités par le renne, l'ours, l'aurochs et quelques sauvages armés de haches de pierre; mais cent ans avant, l'astronome chinois Tshen-Kong avait déjà calculé que l'inclinaison de l'elliptique est égale à 23° 54′ 2″. (Valeur actuelle : 23° 27′ 22″.) Et six cents ans auparavant déjà, il y avait à Ninive, nous l'apprenons par les tablettes du roi Sargon d'Agane, une bibliothèque publique, où l'on pouvait, en donnant son nom et son adresse au bibliothécaire de service, prendre des ouvrages scientifiques, contenant par exemple des observations et des tables sur la planète Dilbat ou Istar (Vénus), (Flammarion, Les étoiles, p. 759 et J. Menant, Ninive et Babylone, p. 141).

Il est vrai que du temps d'Hengist et Horsa, les Anglais étaient encore un peuple barbare, allant à la pêche dans leurs « curraghs » corbeilles d'osier revêtues de peaux de cheval ; mais il est non moins vrai que, sept siècles auparavant, la fière Tyr était la reine des mers, que ses marchands étaient des princes et faisaient des affaires et brassaient des millions comme n'importe quel Crésus américain d'aujourd'hui. Quant à leurs vaisseaux, ils construisaient, nous dit Ezéchiel, tous leurs doubles bordages avec le cyprès de Sénir ; ils prenaient le cèdre du Liban pour faire la mâture ; avec les chênes de Basan ils faisaient les rames ; ils faisaient les ponts d'ivoire enchâssé dans le bois des îles de Kittim. Le fin lin brodé d'Egypte était la voile du vaisseau et lui servait de pavillon ; le bleu et la pourpre des îles d'Elisha étaient sa tente. (Ezéch. XXVI 5-7.) Et avec ces magnifiques galères ils allaient chercher l'étain de Cornouaille, l'ambre de Königsberg, l'argent d'Espagne, dont ils faisaient même leurs ancres, les singes et les paons de l'Inde et faisaient sous Hannon le tour de l'Afrique, découvrant des gorilles vingt-cinq siècles avant qu'on en apportât à Paris.

C'est ainsi qu'on pourrait, et on l'a fait, remplir des livres avec la description des grandes civilisations des Hindous et des Egyptiens, des Assyriens et des Perses,

des Phéniciens et des Carthaginois, des Grecs et des
Romains, de leur luxe et de leurs arts, de leur industrie, de leur commerce, de leurs machines de guerre,
de leurs légions et de leurs phalanges, de leur architecture et de leurs statues, des trésors d'un Crésus, du
luxe d'un Néron et des festins d'un Lucullus. Ces peuples savaient aussi fondre et élever d'énormes statues
de bronze, comme le colosse de Rhodes, dont les débris
pesaient encore, 880 ans après sa chute, 7200 quintaux. Ils savaient construire des galères bien autrement
somptueuses que nos yachts et des vaisseaux à éperon
d'airain comme l'Alexandria de Hieros II, grande comme
un de nos cuirassés, et celui encore plus grand de
Ptolémée Philopater, monté par quatre mille matelots,
au sujet duquel l'amiral von Henke remarque : « L'antiquité paraît avoir mieux connu que nous le secret de
relier solidement de telles masses de bois ! » Et l'ingénieur qui le construisit sut quelques années plus tard le
tirer à terre pour le réparer ; tâche délicate et difficile !
Ils savaient, comme on le voit aussi dans leurs momies,
tisser des étoffes si fines qu'une dame égyptienne pouvait s'envelopper toute entière dans son châle et le tirer
à travers sa bague ; aussi le directeur des tisseries bien
connues d'Appenzell déclare-t-il que nous ne pouvons
rien faire de semblable. Ils savaient fabriquer des couleurs qui ont encore de l'éclat comme on le voit dans les
portraits de El-Fajuns ; s'ils avaient peint avec nos
couleurs d'aniline, elles auraient disparu il y a longtemps, et nous prétendrions que ces peuples ne savaient
pas en fabriquer et étaient probablement daltonistes !
Et quels admirables chefs-d'œuvre d'orfèvrerie ne nous
ont-ils pas laissés ! Par exemple les parures des prin-
cesses Halthor-Sut et Sent-Senbet découvertes dans la
pyramide de Dochschur ; colliers d'améthistes et de tur-

quoises, montés en or, coquilles et autres objets en émail cloisonné dont un connaisseur dit qu'elles dépassent en pureté de goût et en excellence de main-d'œuvre tout ce que nous produisons aujourd'hui. Telle aussi la broche étrusque représentant trois abeilles sur fleur d'or qu'un orfèvre parisien déclara inimitable, comme ils savaient aussi fort bien, mille ans avant Jésus-Christ, placer avec des crochets d'or des dents artificielles. Et comme ils s'entendaient à graver des gemmes, par exemple la *gemma Augusta* avec douze figures sur un tout petit espace, l'*achates Tiberianus* à Paris et tant d'autres ! — Mais nous n'en finirions pas, si nous voulions raconter toutes les merveilles de l'art antique, l'armure de Démétrius Poliorcète qui bravait à soixante pas les traits d'une machine de guerre (Plutarque) ; leur pisciculture bien plus avancée que la nôtre, les scies de saphirs avec lesquelles les Pharaons faisaient scier avec une exactitude admirable leurs blocs de granit et de porphyre, trois mille ans avant qu'on célébrât, lors du percement du Gothard, l'emploi de perforateurs de diamants, comme un triomphe de la science.

Quant à la statuaire des Grecs et des Romains, inutile d'en parler ! Tous nos Canovas modernes ne feront pas une tête de femme comme la Junon Ludovisi, et en fait d'architecture, le Parthénon l'emporte de beaucoup sur nos gares, nos théâtres et nos palais d'expositions universelles.

Même le nouveau monde a eu jadis ses civilisations et ses arts. Le compagnon d'armes de Cortès, Bernal Diaz, nous décrit avec enthousiasme la richesse et le luxe, la vaisselle d'or et les manteaux brodés de plumes de colibri de Montézuma, et comment les Espagnols, à l'aspect de Mexico, de ses temples et de ses palais couverts de plaques d'argent et d'or, étincelants au milieu d'un lac bleu, s'arrêtèrent muets d'admiration, quoique, dit-il, « nous eussions vu en Espagne Séville et Grenade, la perle du monde! »

Vraiment il faudrait être, ou d'une ignorance crasse ou sottement vaniteux, pour mépriser de si grandioses civilisations, et nous croire bien plus avancés, parce que nous voyageons en chemin de fer, envoyons des télégrammes et possédons des machines à coudre et des albums de photographies et de timbres-poste!

Mais où sont maintenant ces puissants empires, ces riches civilisations? — De pauvres pêcheurs font sécher leurs filets où s'élevait autrefois la fière Tyr, la reine des mers. Quelques badauds de Cook se promènent à travers les ruines de Palmyre, et le lion se repose et le chacal glapit sur d'informes amas de décombres qui furent jadis les palais de Nébucadnetsar; de pauvres Fellahs vivent dans des huttes d'argile à l'ombre des anciens temples de l'Egypte; à la place où fut Carthage, plus que des marais et des sables, et Mexico est devenu une sale petite ville de troisième rang!

Que penseraient du progrès et de la civilisation ces princes et ces souverains d'autrefois et ces riches marchands de Tyr et de Carthage, s'ils revenaient au monde et voyaient l'état actuel de pays qui, comme la Mésopotamie, la Perse ou le nord de l'Afrique, étaient de leur temps si peuplés et de vrais greniers d'abondance?

Il est vrai qu'en revanche, les Français et les Anglais, les Allemands et même les Russes, alors peuples inconnus, se sont quelque peu civilisés; mais ne l'oublions pas, plus de la moitié de l'humanité, 450 millions de Chinois, 180 millions d'Hindous, 50 millions de nègres, les Tartares et les Arabes sont restés absolument stationnaires! Vis-à-vis de ces faits imposants et indiscutables, on a l'impression que l'humanité comme telle ne progresse pas ; mais que la somme d'esprit que Dieu lui a une fois pour toutes départie, passe d'un peuple à l'autre, et que chacun l'emploie selon ses dons et ses talents particuliers. De tout temps l'humanité, c'est-à-dire le grand, ou les grands peuples qui marchaient à sa tête, ont concentré leurs efforts vers le but qui leur paraissait désirable, et de tout temps ils l'ont plus ou moins atteint. Les Egyptiens voulaient fonder un fort état hiérarchique et symbolique, et se cloîtrer dans leur vallée du Nil, et ils l'ont fait. Nébucadnetsar voulait la monarchie absolue dans tout son éclat, son pouvoir et son luxe, et il a réalisé son idéal (voir Daniel II, 27-28). Les Grecs voulaient exprimer en tout et partout l'idée de la beauté et de l'harmonie, et ils y ont réussi ; les Romains, être les puissants maîtres du monde, et ils le sont devenus. Pour les Hindous, le monde était un immense poème mystique ; pour les Egyptiens un portique de l'éternité, pour les Grecs le temple de la beauté, pour les Romains la cité et le camp retranché de la force. Nous en avons fait une manufacture et un comptoir ; car gagner pour jouir ensuite, voilà notre devise et notre but. Nous n'avons plus de grande idée dominante, mais nous savons faire des affaires avec notre politique et nos traités commerciaux, notre industrie, notre commerce et nos sciences naturelles. Le Prof. Huxley l'avoue : « Les meilleures des civilisations modernes me paraissent être la manifestation d'un état de l'humanité sans idéal digne de ce nom, et n'ayant pas même le mérite de la stabilité. » (*Revue des Deux-Mondes*, octobre 1896.) Nous n'estimons plus la pensée que pour ce qu'elle rapporte ; mais aussi nos génies, Victor Hugo et Tennyson, Verdi et Wagner, Meissonier, Daudet et Ibsen, meurent millionnaires au lieu de mourir de faim ; et c'est toujours ça de progrès.

Car, pour du génie, l'antiquité n'en manquait pas non plus. De ce qu'ils n'avaient pas encore trouvé le téléphone ou les dynamos parce qu'ils ne les cherchaient pas, il serait faux de conclure que les Anciens fussent moins intelligents ou moins spirituels que nous. Si un Solon, un Platon ou un Pythagore, un Pindare ou une Sappho reparaissait en vêtements modernes dans un des premiers salons de Paris, il saurait, après s'être promptement orienté, nous enchanter comme de son temps par son esprit, ses vues originales, ses brillants aperçus sur l'art et la politique, la vie, la femme et la poésie. Il n'en coûterait guère à un Aristote de se mettre au courant de toute notre science, ou à un Annibal, que Napoléon Ier proclamait le plus grand général de tous les temps, de comprendre la guerre moderne, ou à un Archimède nos machines, et ils seraient encore aujourd'hui aussi grands en tout cela qu'ils l'étaient de leur temps. Car enfin ces hommes et ces héros dont Plutarque nous a raconté la vie, nous le cédaient-ils en noblesse et en grandeur d'âme ou en courage, en constance, en énergie, et en force de caractère, enfin en vertu ou en esprit ?

C'est une grande illusion que de croire qu'il nous ait suffi d'avoir, par un travail incessant, amassé comme des fourmis depuis quelques milliers d'années quelques millions de faits, pour valoir ou en savoir en proportion plus que nos ancêtres. Trop souvent nous ressemblons à ces sots qui héritent des millions que leurs pères ont gagnés. Le vrai savoir consiste aussi peu dans la multitude des faits que la vraie richesse dans les sommes qu'on dépose à la banque et dont on ne sert pas. Un Platon, un Sénèque se construisaient, du peu qu'ils savaient, une idée de Dieu, de l'homme et de l'univers autrement grande que notre science matérialiste, comme Newton vit, dans la chute d'une pomme, la loi de la gravitation et ses conséquences. Mais notre jeunesse est trop lasse d'apprendre pour pouvoir encore penser, et le père Vanderbilt avait tant à faire à gagner des millions qu'il ne sut jamais parler correctement ou écrire sans faute la phrase la plus simple ; et l'ignorance de l'histoire universelle, celle de la pensée humaine, des grandes lois de l'âme et de la nature caractérisent aujourd'hui une bonne partie de ce qu'on appelle la bonne société et le beau monde.

Il y a, pour la culture, pour le développement intellectuel, pour le niveau spirituel d'un peuple une mesure infaillible, c'est sa langue. Le « Parle afin que je te voie » de Socrate, s'applique aussi bien aux peuples qu'aux individus. Leur langue monte ou baisse, s'alourdit ou s'affine, s'endort ou se réveille, s'abrutit ou s'ennoblit, se matérialise ou se spiritualise comme eux et leur histoire. Or, que nous apprend la comparaison des langues anciennes, du Sanscrit, de l'Hébreu, de l'Arabe, du Grec, du Latin avec les langues modernes ? Parlons-nous plus poétiquement que Sacountala et Homère, plus noblement que Sophocle, dont l'historien Ranke dit que jamais l'homme n'a parlé langue plus belle et plus pure, ou plus logiquement que le Phédon ; ou plus laconiquement et avec plus de justesse que les Spartiates ? Certes, non ; et Lamartine qui dit que le livre de Job est le plus beau qui ait jamais été écrit, et Bossuet admirant la majesté d'Esaïe, ne sont pas les seuls qui aient déclaré inimitable le langage de l'Ancien Testament. Et toute notre éducation classique et universitaire n'est-elle pas basée sur l'étude du grec et du latin ? Voilà, pour quiconque pense logiquement, des preuves suffisantes et irréfragables que nous ne dépassons les Anciens ni en grandeur morale, ni en force intellectuelle, et Schopenhauer dire « de la dégradation croissante des langues qui, plus elles sont anciennes, plus elles sont parfaites, comme le prouve le Sanscrit » un argument décisif contre la théorie d'un progrès de l'humanité.

Même quant aux sciences naturelles et à l'idée que nous nous faisons de l'univers, il est de mode de croire et de dire que nous avons énormément dépassé les Anciens ; mais les vrais savants ne sont point aussi enthousiastes, parce qu'ils distinguent fort bien entre l'accumulation des faits et des découvertes et les grands problèmes de la science, et ils avouent que nous ne sommes pas plus près de leur solution qu'il y a trois mille ans. Ainsi l'astronome anglais Proctor termine son livre « Our place amongst infinities » par les mots : « Pouvons-nous dire avec raison que nous connaissons l'univers mieux que les Anciens ? Nous savons bien des choses qu'ils ignoraient et nous en expliquons quelques-unes qui leur semblaient inexplicables ; mais la voûte étoilée, telle que nous la voyons aujourd'hui, est encore plus énigmatique et incompréhensible qu'elle ne le paraissait aux astronomes de l'antiquité. » Et Dubois-Reymond, ce Français d'origine que l'Allemagne admire, écrit : « Depuis Epicure qui connaissait déjà l'immutabilité de la force et de la matière, et depuis Platon et Aristote, le monde matériel et spirituel ne nous est pas devenu plus compréhensible. » Et ailleurs : « Depuis 200 ans on n'a pas plus fait de progrès dans la déduction des phénomènes de la pensée et des états de la matière, que dans la connaissance de ce qu'est la matière et la force. *On n'en fera jamais.* » Et il finit par son célèbre : « Ignoramus » et « Ignorabimus. » (*Ueber die Grenzen des Naturerkennens*, Leipzig, 1891.)

Mais nous aurions pu nous épargner toute cette discussion à propos du progrès et la résoudre en posant dès l'abord la question fondamentale : L'humanité est-elle maintenant plus heureuse qu'autrefois ? Car, être heureuse, voilà ce qu'elle veut ! L'âme a soif de bonheur, parce que c'est pour lui qu'elle est créée, et quelque différentes que soient et aient été l'idée que les hommes s'en sont faite et la manière dont ils ont poursuivi et poursuivent encore le bonheur — les uns dans la richesse et les autres dans la pauvreté, les uns dans la science et les autres dans l'ignorance, les uns dans la religion et les autres dans l'incrédulité, — tous veulent être heureux et le fou qui désire être pleinement et vraiment malheureux, est encore à naître. — Sommes-nous plus heureux que nos ancêtres ? Non, répondent non seulement les millions d'hommes qui, le cœur plein d'amertume et de murmure, voudraient aujourd'hui renverser tout ordre établi pour fonder sur ces ruines une nouvelle société, mais aussi les philosophes, les penseurs, les sages qui forment la tête de l'humanité. Toute leur littérature, toute leur philosophie est pessimiste, tous ils répètent : Nous ne croyons plus à rien, nous n'espérons plus rien, nous n'aimons plus rien ! Quelle différence entre la philosophie calme et sereine d'un Platon, d'un Épictète, d'un Sénèque et celle de Kant, Schopenhauer, Hartmann, prêchant le découragement et le suicide final de l'univers. Qu'ils sont amers et sombres, notre roman et notre théâtre modernes avec leur illusion factice, non pas du bonheur, mais au moins de la jouissance, dans le luxe et la luxure, dans l'adultère corporel et spirituel, avec le suicide final de rigueur, seul remède connu au désenchantement inévitable. Et on vient encore nous vanter les immenses progrès de la civilisation, des lumières, de l'intelligence! — Fi de ces progrès! et qu'ils soient maudits, s'ils ne servent qu'à nous pousser vers les abîmes du désespoir et de la mort!

Chose remarquable, ce sont, parmi les apôtres du progrès, les naturalistes qui se contredisent le plus! D'un côté, ils nous prêchent le triomphe décisif de la science et des lumières sur l'ignorance et la superstition; de l'autre, ils enseignent que la terre vogue vers la mort glacée, que les soleils s'éteindront les uns après les autres dans l'espace, et qu'un jour l'univers ne sera plus qu'un cadavre gelé, immobile et muet. Et le savoir et la pensée, et la haine, et l'amour, et la vie, tout disparaîtra avec la chaleur, dévoré par le terrible froid de l'espace incommensurable. Voilà certes un beau progrès, et il vaut bien la peine de s'en enthousiasmer! Mangeons et buvons, car demain nous mourrons, voilà, si telle est la vérité, une philosophie plus simple et plus logique!

Si enfin, sur la question du progrès, nous consultons les religions, ces immenses et universelles manifestations de l'esprit humain, — car il n'y eut jamais, quoiqu'en aient dit des voyageurs ignorants et superficiels, de peuple athée, — elles non plus ne connaissent pas de progrès humain. Toutes, celle du Patagon et du Tongouse, des Chinois et des Nègres, des Mexicains et des Malais, toutes nous disent que l'homme sue, et soupire, et pleure sur cette sombre terre parce que, créé bon et heureux, il a été banni d'un lieu de délices qu'il cherche partout sans pouvoir le retrouver.

Toutes les mythologies de l'Inde et de la Grèce, de Rome et de la Scandinavie parlent d'un âge d'or primitif et d'une déchéance continuelle, et déjà Manou enseigne les quatre âges du monde et dit que la période actuelle, commençant au grand déluge, s'appelle Kalijuga, l'époque de la discorde. Et bien loin de nous consoler par la perspective d'un progrès futur, elles annoncent que le mal et le crime augmenteront toujours jusqu'à ce que Jupiter et ses dieux, et Odin, et les guerriers du Walhalla périssent dans l'effroyable effondrement d'un monde. Mais toutes elles disent aussi qu'après cette catastrophe « le Père des pères des dieux », comme les Egyptiens appelaient le Grand Inconnu, aura enfin pitié de ses créatures et créera un nouveau monde de lumière et de bonheur.

Même si nous n'avions pas la Bible, nous en croirions plus volontiers ce grand « consensus gentium », cet accord unanime des nations, que les tristes et mesquines théories d'hommes vaniteux, qui se croient faussement les représentants de l'humanité.

Mais, nous dira-t-on, que faites-vous de l'homme primitif et des longs âges de la pierre et du bronze ?

Remarquons d'abord que, sur ce point aussi, il se produit une lente mais vigoureuse réaction. Après avoir cru expliquer les origines de l'humanité en accumulant les dizaines, voire même les centaines de mille ans, pendant lesquelles, dit un savant allemand, « il n'est jamais venu à l'esprit de l'homme paléolithique de mettre un manche à un silex pour en faire une hache », on revient bien à présent de ces théories fantaisistes. D'ailleurs, elles contredisent toute proportionnalité dans l'évolution de l'humanité. Les temps historiques ne remontent, pour l'Europe, pas à plus de 2500 ans. Or, nous arrivons déjà avec ce chiffre, cela est prouvé, jusqu'à l'âge de bronze et même à celui de la pierre. Prétendre qu'auparavant l'humanité est restée 50000 ans stationnaire, c'est croire qu'un enfant qui aurait mis cinquante ans et plus à balbutier quelques sons, serait devenu un homme en deux ou trois ans. C'est dire aussi que cet homme primitif aurait été infiniment moins capable d'évolution que la rose ou que le chien, en d'autres termes, que c'était un homme essentiellement différent de l'homme actuel; pour tout dire en un mot, que ce n'était pas un homme. Mais l'hypothèse gratuite que l'humanité a été 50,000 ou seulement 10,000 ans sur la terre, avant l'époque historique, sans laisser d'autres traces de son passage que quelques silex mal taillés, n'impose plus à personne aujourd'hui. D'ailleurs nous constatons toujours mieux que certains états de civilisations, que nous avions jusqu'ici considérés comme successifs, ont été simultanés, et qu'il y a toujours eu, sur la terre, des races civilisées et des races sauvages. Même le savant historien du matérialisme, Albert Lange, affirme ceci : « L'hypothèse que les périodes successives du mammouth, de l'ours primitif et du renne auraient duré plusieurs milliers d'années, n'est plus soutenable. Tous ces animaux ont vécu ensemble, et l'état de leurs ossements ne nous donne aucune indication de leur âge. » Et il finit par avouer que « quand le géologue Fraas en arrive, dans ses calculs, à des périodes ne dépassant pas les six mille ans bibliques, nous n'avons pas de faits bien prouvés à lui opposer. » Ranke, dans son histoire de l'homme, dit : « Nous n'avons pas encore trouvé des traces de l'homme tertiaire et pas même de celles de l'homme du déluge, c'est-à-dire des dernières couches géologiques. » Le savant anglais Boyd Dawkins va encore plus loin, et prouve que, dans beaucoup de cas, l'homme primitif n'était pas contemporain des animaux dont les ossements se trouvent dans les cavernes qu'il habitait, mais qu'il a vécu plus tard, comme maintenant encore, non seulement dans l'intérieur de l'Afrique, mais même le long de la Loire, des centaines de pauvres gens vivent dans des grottes.

Quant aux silex taillés, E. Robert tenait ceux de la station française la plus importante, Grand Pressigny, pour les restes d'une fabrique de pierres à fusil du siècle dernier, et le célèbre géologue Élie de Beaumont était du même avis. Qu'ils aient eu tort ou raison, le fait n'en prouve pas moins jusqu'à l'évidence combien les calculs fondés sur ces silex sont trompeurs. De même l'archéologue Morlot comptait 8000 ans pour l'âge de la pierre et celui du bronze ensemble ; mais Troyon, connu par ses travaux sur les tumulus de la Crimée et les habitations lacustres de la Suisse, n'arrive qu'à quinze siècles avant Jésus-Christ, et d'autres savants, comme Fraas et Forel, ne font pas remonter les plus anciens débris lacustres à plus de mille ans avant Jésus-Christ, c'est-à-dire au temps de Salomon, et *plusieurs siècles après* la période la plus brillante de l'art égyptien. Enfin nous savons maintenant que l'époque de la pierre et du renne a duré dans les Gaules *jusqu'à César !* Et elle a duré chez certains peuples, par exemple chez les Maoris de la Nouvelle-Zélande, jusqu'au XIXᵉ siècle. Bien plus, on peut encore acheter à Botzen dans le Tyrol des couteaux en silex, taillés exactement comme ceux de l'âge de la pierre, et Troyon disait à l'auteur que les pêcheurs du lac de Zurich se servent encore à présent d'anneaux en pierre comme ceux des lacustres, avec la seule différence, ajoutait-il, *que les anciens sont bien mieux taillés et plus soigneusement polis.* Quelles belles conclusions n'en tireront pas les archéologues futurs, et combien de siècles et de milliers d'années n'intercaleront-ils pas entre ces pêcheurs et les millionnaires de Zurich !

Citons encore quelques exemples du peu de valeur des conclusions tirées d'anciens crânes. Le professeur Vogt regardait comme simiesque le célèbre crâne d'Engis, trouvé en 1831 ; le géologue Lyell le croit caucasien ; le professeur Huxley le trouve si beau « qu'il pourrait avoir appartenu à un philosophe » et le professeur d'anatomie Théodor Landzert le compare aux plus beaux crânes classiques des Grecs ! — Quant au crâne aussi célèbre de Néandre dont on a voulu faire le type de l'homme antédiluvien et simiesque, Virchow dit : « Je nie que ce soit un type, et d'ailleurs je n'y trouve aucune ressemblance avec le singe. » Le docteur Pruner Bey qui en a mesuré la capacité, trouve qu'elle dépasse celle des crânes actuels et le tient pour celui d'un Celte dans les temps historiques (Figuier, *L'homme primitif*, p. 101). Enfin le professeur Davis le tient pour le crâne d'un idiot, tombé dans les temps modernes dans cette fente de rochers ! Certes, le professeur Fraas a bien raison de se moquer de ces résultats de la science et de dire qu'ils ne prouvent qu'une chose, c'est que nous ne savons rien de certain sur l'homme primitif. Ces crânes accusent aussi peu leur âge que des ossements ou des haches de pierre. Quant à leur forme, Alfred Fouillée (La Psychologie des peuples, *Revue des Deux-Mondes*, 1895) a montré combien certains anthropologistes darwinistes se fourvoient en voulant classer les peuples ou les individus d'après la longueur ou la largeur des crânes. Il y a eu de tout temps des crânes de toute forme, crânes d'intelligents et crânes d'idiots, et le Dr Pruner-Bey dit qu'il n'y a pas de type qui ne se retrouve dans les grottes de Solutré. Ajoutons que, dernièrement, deux anthropologistes allemands, O. Ammon et V. Poschinger se disputaient sérieusement sur la question de savoir, si Bismarck était dolichocéphale ou brachycéphale. Et puis quelques savants prétendent reconstruire sur de telles différences l'histoire de l'humanité.

Quant aux conclusions à tirer de dépôts fluviatiles, le professeur Fraas a montré par les alluvions du Nil qu'il a étudiées sur place, combien elles aussi sont risquées.

Que l'homme primitif, pour l'appeler ainsi, ait été contemporain du mammouth dont on a trouvé dans la grotte de Bruniquel un dessin assez réussi sur ivoire, ne prouve en aucune manière qu'il soit plus vieux que la chronologie biblique. Il est au contraire très vraisemblable que les mammouths dont nous trouvons les cadavres gelés et parfaitement conservés dans les marécages glacés du Taymir, de la Léna et de la Petschora, avec la chair desquels les Toungouses et les Jacoutes nourrissent quelquefois leurs chiens et dont l'ivoire est exporté en grandes quantités à Londres, étaient contemporains du déluge, et ont peut-être péri dans cette catastrophe. Ainsi l'homme primitif aurait vécu, d'après la Bible, pendant quinze siècles avec ces animaux, espace de temps qui suffit amplement comme durée des époques de la pierre et du bronze sur toute la terre.

Quant à l'assertion que cet homme primitif ressemblait au singe, elle est d'une fausseté démontrée. Le squelette de Menton, qu'on regarde comme le plus ancien trouvé jusqu'à présent, nous offre un crâne comparable aux plus beaux crânes actuels. « L'angle facial », dit Figuier, « ne diffère point du type des races les plus intelligentes » (*L'homme primitif*, p. 119).

Au contraire, les hommes antédiluviens étaient de puissantes natures, pleines d'une force indomptable, et hautaines comme nous les décrit la Bible dans le chant de Lémech et dans le cinquième chapitre de la Genèse.

Même les crânes de Cromagnon, dit Broca, montrent dans leur moitié inférieure une force et des penchants presque bestiaux, et dans la partie supérieure un développement frontal et cérébral des plus remarquables et indiquant une haute intelligence. Ce sont ces héros plusieurs fois centenaires dont toutes les mythologies racontent les exploits et les combats contre les monstres et les dragons, les Titans qui se révoltèrent contre les dieux et voulurent escalader l'Olympe, les Hercule et les Thésée, les Odin et les Thor, et ce petit-fils de Caïn, Thubal-Caïn, maître-forgeron de tous les outils d'airain et de fer (Genèse IV, 22), dont le nom s'est perpétué dans la mythologie sous celui de Vulcain. Cette race de géants a, de bonne heure, nous raconte la Bible, bâti des villes, forgé les métaux, inventé des instruments de musique et rempli la terre de violence (Gen. VI, 13) ; tandis que les races inférieures, fuyant leur tyrannie insupportable, se réfugiaient dans des pays non encore habités, et menèrent longtemps une vie sauvage dans les cavernes et les grottes de la terre ; car il est plus que probable que les quelques centaines d'habitants des grottes de Cromagnon, d'Aurignac et de Solutré ne représentent que l'exception, et que les peuplades des Gaules ensevelissaient, comme le croit un savant, soigneusement leurs morts. Ces fortes races que l'Orient et plus tard Rome adorèrent, comme les Kébirim, les Cabires (les grands, les forts), construisirent l'Arche d'une dimension supérieure à nos cuirassés, furent à même bientôt de bâtir aussi les immenses substructures de Balbeck et les temples et les pyramides de l'Egypte, sans avoir à se civiliser lentement pendant des milliers d'années. Car jamais l'humanité n'a manqué d'une tête, et jamais non plus elle ne sera tout entière civilisée et éclairée. Nous commençons à comprendre qu'il ne

suffit pas pour civiliser des peuples barbares, de leur
vendre des cotonnades, des fusils et de mauvaise eau-
de-vie ; et les milliers de prolétaires qui, à Londres, à
New-York, à Berlin, vivent dans des caves, se nourrissent de balayures ou de rapines, et mènent une vie
plus misérable à tous les points de vue que celle des
sauvages, ces rats de la civilisation moderne, ne
témoignent pas en faveur de notre temps ; comme aussi
la révolution sociale que nous prédisent les anarchistes,
exercera difficilement une influence bienfaisante et civilisatrice sur l'humanité.

Où voyons-nous encore des hommes heureux, paisibles, satisfaits de leur sort, de mœurs vraiment saines
et morales ? Est-ce dans les foyers, dans les centres de
civilisation, dans nos grandes capitales, ou bien est-ce
dans les vallées paisibles des Pyrénées, de la Suisse,
du Tyrol, de la Norvège, voire même du Caucase et du
Thibet, où notre civilisation n'a pas encore beaucoup
pénétré, et où les voyageurs s'étonnent de trouver
encore des hommes sains, forts et courageux, et des
femmes, comme le dit Mᵐᵉ E. Massieu des Tibétaines,
« belles comme des statues antiques, aux yeux pleins
de la joie de vivre ? »

« Depuis cent ans, » dit Arsène Dumont (Dépopu-
lation et Civilisation, p. 243, Paris 1890), cité par
M. F. Brunetière, « l'Europe occidentale a fait plus
d'inventions que l'humanité tout entière depuis vingt
siècles. Mais l'immensité des résultats matériels acquis
devait être compensée par une somme équivalente de
douleurs et d'angoisses provenant de la lutte de
l'homme contre l'homme. Les deux genres de lutte
étant engendrés par une même passion pour l'argent,
la puissance de ces bienfaits dans le domaine matériel
mesure exactement la grandeur de ses désastres dans le

domaine humain ! » Et M. Brunetière ajoute : « A la bonne heure, et voilà parler ! Mais voilà ce que l'on oublie, quand on s'emplit la bouche de ce grand mot de progrès. » — « Hélas ! une seule chose est certaine qui est que nous marchons, mais une chose est douteuse, problématique et inquiétante qui est de savoir si nous avançons. » (La Moralité de la Doctrine Evolutive, p. 48 et 50.)

Non, le progrès ni la civilisation, n'ont apporté le bonheur à l'humanité.

Il y a des chrétiens et même des historiens non chrétiens qui font dater le progrès de l'apparition du christianisme, et lui attribuent une grande mission civilisatrice. Je n'y crois pas. Si Jésus-Christ avait voulu civiliser le monde, avec quelle facilité n'aurait-il pas pu le faire en venant au monde comme le fils d'un empereur romain (il aurait pu quand même mourir sur la croix), pour introduire, comme souverain du monde, une nouvelle ère de civilisation chrétienne et de progrès spirituel, par des lois vraiment humaines, l'abolition de l'esclavage, la protection des arts et des sciences et le développement rationnel du commerce et de l'industrie. Comme il aurait pu facilement nous indiquer la machine à vapeur et les meilleures applications de l'électricité ! Comme il aurait bien su résoudre les problèmes sociaux et mettre fin à toute misère et à toute maladie par l'augmentation des produits nutritifs et la vraie médecine, secondée par des forces miraculeuses. Tout cela n'eût été qu'un jeu pour lui, car c'est, nous dit la Bible, « par Lui et pour Lui que sont créées toutes choses ». (Hébr. II, 10). Mais que voyons-nous au contraire ? Ce

Dieu-homme ne s'inquiète ni d'arts ni de sciences, ne s'occupe ni de politique, ni de législation, et refuse même dans un cas bien clair de rendre la justice en s'écriant : « Qui m'a établi juge entre vous? » Et quand, mené devant le représentant du plus puissant empire du monde, celui-ci lui demande compte de sa doctrine, Jésus, bien loin de profiter de l'occasion pour lui montrer son immense mission civilisatrice, lui répond brièvement : Mon royaume n'est pas de ce monde !

« De quoi servirait-il à l'homme de gagner le monde entier s'il faisait la perte de son âme? » Voilà le point de vue auquel se place Jésus-Christ. Si l'homme se convertit, il devient par cela même suffisamment civilisé; s'il ne se convertit pas, il n'y a pas de civilisation qui puisse le sauver. Toute sa civilisation a-t-elle sauvé l'âme d'un Pharaon, ou tous ses raffinements un Néron ou un Caligula? Ce n'est pas la civilisation, mais le ciel que le Christ est venu apporter à l'humanité; mais elle a méprisé son don. Je prétends même que dans une humanité composée uniquement de vrais chrétiens, le commerce et l'industrie, les arts et les sciences ne se seraient pas autant développés qu'ils l'ont fait dans les grands empires païens et qu'ils le font aujourd'hui. Ces chrétiens, l'exemple des prophètes, des apôtres, celui d'un Calvin et d'un Pascal, ou de communautés religieuses comme les frères moraves nous le montrent, se seraient contentés d'une existence simple et modeste, auraient méprisé le luxe et la jouissance, et, attachant peu de prix à ce qui n'est que passager, se seraient peu inquiétés d'inventer des chemins de fer ou des télégraphes, ou même de peindre de beaux tableaux ou de sculpter de belles statues; car le vrai chrétien dit comme son maître : Mon royaume n'est pas de ce monde.

Les sociologues plus ou moins chrétiens d'aujour-
d'hui qui, quelquefois, tout en niant la divinité de Jésus-
Christ, voudraient faire honneur au christianisme de
notre culture et de notre civilisation, de notre progrès
et de notre humanité, voire même de nos arts et de nos
sciences, lui rendent vraiment bien peu service et le
décrient plutôt qu'ils ne le servent. Car si ce christianisme est la seule religion véritable, aussi élevée
au-dessus de toutes les autres que son Dieu l'est
au-dessus de tous les faux dieux de tous les temps,
alors ses fruits, une civilisation et une culture chrétiennes, les sciences et les arts chrétiens, devraient être
incomparablement supérieurs à tout ce qu'ont produit
l'antiquité et le paganisme. Or personne n'osera prétendre qu'il en soit ainsi, et que Saint-Pierre de Rome
et Notre-Dame de Paris ou de Rouen soient aussi supérieurs au Parthénon ou au temple de Carnac que la
vérité l'est à l'erreur. Les madones de Raphaël ne
valent pas la Vénus de Phidias ou la Junon Ludovisi ou
l'Apollon du Belvédère, et le Moïse de Michel Ange
n'est pas plus majestueux qu'un Jupiter de Phidias.
Quant au protestantisme, son art religieux est si pauvre
et si froid vis à vis de l'art catholique, qu'il faudrait en
conclure la grande infériorité de son principe religieux,
si nous admettons que le christianisme doive nécessairement développer l'art et la science.

Il est certain que l'art et la nature sont tous deux
d'origine divine, et que cette dernière renferme toutes
les lois du premier. Mais il ne faut pas confondre divin
avec chrétien. L'univers, la grande révélation de Dieu à
toute l'humanité, est divin; l'Evangile, révélation spéciale de Jésus-Christ à quelques-uns, est chrétien.
Comme il n'y a pas de nature chrétienne, il n'y a pas
non plus d'art chrétien; mais seulement un art qui se

met au service de l'église, qu'elle soit catholique, grecque ou autre. Et Courbet n'a pas tort, lorsqu'il s'écrie : « Qu'un peintre ne vienne pas me peindre un ange ou un portrait de Jésus-Christ ! Il n'a jamais vu ni l'un ni l'autre. »

Ce n'est point par effet du hasard, mais par un dessein arrêté de Dieu que, tandis que nous possédons tant de médailles, de bustes, de statues, des souverains de Babylone, de Ninive et de Rome, et même les momies authentiques de quelques pharaons, nous n'avons, au contraire, pas un seul portrait d'un prophète, d'un apôtre ou de Jésus-Christ. Aussi toute illustration de la Bible est pour le moins discutable. La représentation réaliste et naturaliste, même à supposer qu'elle fût vraie, détournerait nécessairement l'attention du sens profond pour l'attirer sur des accessoires, et la représentation idéalisée est fausse d'emblée. Dieu sait bien pourquoi il n'a pas publié de Bible illustrée, tout facile qu'il lui eût été d'inspirer dans ce but un ou plusieurs Bézaléels. Mais toute la Bible, depuis le commandement : « Tu ne te feras point d'image taillée », et la parole prophétique : « Il n'y a point en lui d'apparence pour nous le faire désirer », jusqu'à celle de Paul : « Nous ne connaissons plus Christ selon la chair », prêche l'affranchissement de l'esprit des liens de la matière ; tandis que le culte des images dans les églises grecque ou catholique, et celui des idoles chez les peuples primitifs, montre où aboutit l'alliance des deux éléments dans la religion.

Il n'est pas même vrai que le christianisme, devenu religion d'Etat sous Constantin, ait, en tant que telle, humanisé et civilisé le monde. L'immoralité et la licence étaient pires à la cour de Byzance que sous Titus, Adrien et Marc-Aurèle, et elles devinrent pires

encore dans la Rome soi-disant chrétienne des Borgia ;
et nous devons les plus grandes cruautés dont l'histoire fasse mention, l'inquisition avec ses bûchers et ses
procès de sorcières, à une fausse idée du christianisme,
comme aussi toute la civilisation du moyen-âge ne
valait pas, en tant que civilisation, celle de l'antiquité
classique.

Il est absurde de croire que le christianisme civilise
et rende heureux des peuples qui se disent chrétiens,
mais qui ne le sont pas. La foi ne sauve que celui qui
la possède, mais non pas son voisin qui s'en moque,
comme par une espèce de contagion. Celui-ci n'en a
qu'une plus grande condamnation, et cela aussi est vrai
de peuples entiers. Quelle amère ironie que de prétendre que toute la civilisation moderne des peuples
européens d'Archangel à Gibraltar avec leur incrédulité
et leur impiété, leur impuissance vis-à-vis du socialisme
et de l'anarchie, leur culte de l'argent et leurs scandales, leurs guerres et leur haine, leur littérature licencieuse et leurs représentants athées, soient des produits
respectables de la doctrine du Christ !

Le monde a toujours été, est encore et sera toujours
l'ennemi de Dieu. Jésus-Christ a envoyé ses disciples
dans le monde comme des brebis au milieu des loups,
et en leur prédisant qu'il les haïrait, comme il l'a haï.
Ils sont bien le sel qui empêche la corruption absolue
de ce monde et personne ne peut nier qu'ils n'aient
exercé et n'exercent encore dans ce monde une influence
bienfaisante ; mais le civiliser n'a jamais été leur mission, ni leur but, et toutes les fois qu'ils l'ont cru,
l'événement a prouvé qu'ils faisaient fausse route.
Certes, Christ aurait aimé pouvoir prédire aux siens
qu'ils convertiraient le monde et lui apporteraient aussi
le bonheur terrestre ; mais bien loin de là, il compare la

fin de l'humanité à celle des hommes avant le déluge, dont il dit qu'ils ne crurent point jusqu'à ce que le déluge vint et les emporta tous. Et pourquoi les terribles châtiments de la fin, dont l'Apocalypse est remplie, si l'humanité devait un jour se convertir tout entière, comme le prétendent certains chrétiens, qui confondent les prophéties relatives au millénium et à la nouvelle terre avec celles de la fin du monde.

Pour la Bible, l'histoire de l'humanité est composée de deux courants, l'un celui des peuples de la multitude qui descend par le chemin large à la perdition, l'autre celui des individus élus, formant le petit troupeau, qui monte, par le sentier étroit et rapide, à la vie. Parole dure ! qui peut l'ouïr ? Mais à cela Jésus ne répond que : « Voulez-vous aussi vous en aller ? »

La Bible nous présente donc un tableau du monde où le mal ira en croissant jusqu'à sa destruction ; et elle nous montre d'autre part les destinées divines d'une portion de l'humanité s'élevant par des types toujours supérieurs aux précédents, d'une crainte de Dieu générale comme celle de Job, au peuple de Dieu et à l'église de Christ qui est l'Epouse de l'Agneau. Quant à un progrès continuel de l'humanité, elle ne le connaît pas.

Mais, nous dira-t-on, quelle triste croyance ! Comment ! Cette pauvre humanité tournerait donc sans avancer dans un cercle toujours le même, et toutes ses aspirations vers l'infini ne la feraient pas avancer d'un pas ? — A cela nous répondrons par une autre question : A qui la faute ? Certes, pas à Dieu ? Où lui a-t-il commandé de s'exterminer furieusement dans de sanglantes guerres et d'employer chaque année, dans l'Europe seule, des milliards à enseigner à des millions de jeunes gens forts et robustes, l'art de tuer autant que possible de leurs semblables ? Nous a-t-il ordonné de dépenser dans un luxe faux, dans des jouissances pernicieuses, dans des devoirs menteurs et conventionnels de société, dans des plaisirs fous et abrutissants, notre argent et notre temps, notre force et notre santé ? Veut-il que, par une concurrence effrénée, par un égoïsme brutal dans le combat de la vie, nous cherchions à écraser sans pitié ceux de nos semblables qui se trouvent sur notre chemin ? — Non ! — Bien au contraire. Ce Dieu et père de tous les hommes nous ordonne, nous prie, nous supplie de mieux comprendre nos propres intérêts, de vivre en paix les uns avec les autres sur cette terre, où il a donné à chacun place au soleil ; il nous implore de ne pas nous laisser tromper par l'apparence, de rechercher les vrais biens, de croire en lui, à son amour, à sa bonté, de recourir à lui dans tous nos besoins, de lui demander le pain quotidien qu'il est prêt à nous donner. Et il nous promet mille fois qu'alors il nous bénira abondamment ; qu'il éloignera de nous la maladie et la détresse et nous fera plus de bien que nous ne le pourrons imaginer, car, dit-il, « ce n'est pas volontiers que j'afflige et que je contriste les fils des hommes » (Lam. III, 33). Et afin que nous ne doutions pas qu'il puisse remplir ses promesses, il nous fait dire par son prophète : « La main de l'Éternel n'est pas devenue trop courte pour délivrer, ni son oreille trop appesantie pour entendre ; mais vos iniquités ont fait séparation entre vous et votre Dieu, et vos péchés lui ont fait cacher de vous sa face pour ne pas vous écouter. » (Esaïe LIX, 1, 2.)

Et ce Dieu tout-puissant adresse aux hommes qu'il a créés cette touchante prière : « Revenez à moi, car je

suis bon et je ne garderai pas ma colère à toujours. »
(Jér. III, 12.)

Mais qui croit à ses paroles? Qui écoute ses prières?
Nous n'avons pas besoin de Lui! s'écrie une génération aveugle et perverse. Nous sommes sages et savants
et rien n'est plus impossible à notre science! Nous
saurons bien avec des traités commerciaux, des droits
protecteurs, et une agriculture rationnelle nous procurer le pain quotidien et même le fabriquer chimiquement. Nous nous enrichirons par le commerce et l'industrie; notre médecine, toujours en progrès, nous
sauvera de la maladie et de la mort; notre raison nous
dira ce qu'il faut croire, notre sagesse ce qui est vrai.
Nous saurons bien nous tirer seuls d'affaire!

Est-il étonnant qu'abusée par de tels mensonges,
cette triste et pauvre humanité ne progresse pas? La
branche peut-elle croître séparée du tronc qui lui donne
la sève, le ruisseau couler séparé de sa source, la créature vivre sans le Créateur? Comme il n'y a pour la
terre d'autre source de chaleur et de vie que le soleil,
de même il n'existe pour tout ce qui est créé, qu'une
seule formule de progrès : *plus près de Dieu!*

Mais la Bible, supérieure aussi en cela à l'incrédulité,
ne nous laisse pas désespérer. Si, d'un côté, elle ne nous
prédit pas une terre convertie, par les progrès de l'industrie et de la science, en un immense hôtel-pension
avec ascenseurs et éclairage électrique, où l'humanité
délivrée de l'ignorance et de la superstition, du joug des
prêtres et des rois consommera en paix des produits
chimiques à bas prix, elle nous annonce tout aussi peu
que, dans quelques millions d'années, cette humanité,
réduite par le froid cosmique à évacuer Paris, Londres,
Berlin, Pétersbourg pour aller chercher à l'équateur un
peu de chaleur, y périra enfin misérablement de froid.

Dieu a donné à toute chose sous le soleil et au soleil
même son temps; l'éphémère, la plante annuelle et
bisannuelle, tout arbre et tout animal a son temps de
vie; comment l'humanité n'aurait-elle pas aussi le sien
fixé par son Créateur. Le prophète Daniel, auquel Dieu
montra les destins des peuples, nous révèle qu'à partir
de Nébucadnetsar il y aurait quatre grandes monarchies, clairement indiqués par les quatre animaux
(Dan. VII) et la statue de Nébucadnetsar (Dan. II).
Nous sommes les débris de l'empire romain et les dix
doigts de la statue; et bientôt la pierre non taillée
de main d'homme roulera, qui réduira ces royaumes en
poussière, et Jésus-Christ, redescendant du ciel, fondera le royaume qui ne passera jamais.

Il est plus que probable, d'après les grandes analogies de la Création, de la loi mosaïque et de la durée
des empires cités plus haut, que Dieu a fixé pour la
terre une semaine de six milliers d'années de travail et
d'épreuves, dont le règne de mille ans de Jésus-Christ
et de ses Saints, clairement annoncé dans l'Apocalypse
(Apoc. XX, 1-6) sera le grand sabbat et le Jubilé. De
terribles jugements le précéderont. Les forces des cieux
seront ébranlées, les sept tonnerres de Dieu rugiront;
la grêle du ciel écrasera les impies, la peste et la famine
les dévoreront, les tremblements de terre renverseront
leurs villes, et les fleuves ne leur offriront plus que du
sang à boire; car les sept anges verseront sur la terre
les coupes de la colère de Dieu.

Mais ici aussi à qui la faute? Pendant six mille ans
les hommes ont souillé la terre de leurs crimes et de
leurs impuretés, l'ont remplie de violence et d'exac-
tions, et se sont exterminés mutuellement dans des
guerres épouvantables. Pas une pierre qui soit pure de
sang humain, et leurs blasphèmes montent d'âge en âge

vers le ciel ! Et une si immense coulpe resterait sans châtiment ? — Mais quand la tempête de la fureur divine et ses éclairs auront détruit les méchants et purifié la terre, ce Dieu s'apaisera de nouveau envers sa création. Il luira comme le soleil après l'orage, et ses enfants entonneront sur la nouvelle terre le grand hymne de joie et de reconnaissance, l'éternel Te Deum, accompagné par les chants de toute la création, et par l'harmonie des sphères et les harpes des anges.

Et voilà ce que j'appelle *progrès*.

CHAPITRE II

L'ÉVOLUTION ACTUELLE

Plus d'un lecteur aura trouvé étrange que, dans le chapitre précédent, nous ayons nié le progrès. Car enfin, nous dira-t-on, le progrès, il est facile de s'en convaincre, est la loi universelle de la création. Tout être, tout organisme obéit à un besoin impérieux de développement, tend à devenir autre et plus qu'il n'est, veut en un mot *croître*. Non seulement l'animal et la plante, mais le cristal même obéissent à cette loi. Et l'humanité qui, elle aussi, l'histoire nous l'apprend, forme un tout organique, ferait seule exception à cette grande loi ? A cela nous répondrons que cette humanité, — et ce fait nous explique bien des énigmes de l'existence — ne se trouve plus dans son état normal et original. Elle n'est plus telle que Dieu l'a créée. Au lieu de progresser vers Lui, elle s'en éloigne. Celui qui nie le péché originel, la chute, ne trouve pas de solution aux mystères de la vie. Celui qui l'admet, non plus, c'est vrai ; mais au moins sait-il pourquoi ces mystères sont là, et pourquoi il ne peut pas les résoudre. Il est certain que si l'humanité n'avait pas fait fausse route, elle irait de progrès en progrès et serait devenue réellement toujours plus éclairée, toujours meilleure et toujours plus heureuse, en un mot toujours plus divine. Hénoch, cet homme qui marcha avec Dieu, et que Dieu prit à lui, sans qu'il passât par la mort, après qu'il eut vécu la grande année de 365 ans, un an pour un jour (v. Gen. V, 23), nous est donné comme un exemple de la manière dont une vraie humanité serait remontée à Dieu par des cycles toujours plus grands, comme l'aigle s'élève vers le soleil en décrivant de plus hautes et plus vastes spirales. Mais elle est tombée, cette humanité, et nous ne nous faisons pas d'idée de la grandeur de cette chute. Nous, pauvres mortels conçus dans le péché, empoisonnés jusqu'à la moëlle des os par le mal, nous ne pouvons nous représenter ce que fut l'homme créé à l'image de Dieu, sans péché, vivant au milieu d'une création, elle aussi, sans tache ni souillure, et en communion directe et continuelle avec Dieu, la source de tout bien, de tout bonheur et de toute lumière. C'est bien là une preuve de notre chute que nous ne nous représentons Adam que comme un enfant innocent ! Un être qui voyait Dieu et parlait face à face à ce soleil central de l'univers, devait nécessairement et par ce seul fait dominer les plus grands hommes de tous les temps, d'autant et plus encore que les cîmes des Alpes et de l'Himalaya dominent un tas de sable ! Et la Bible nous en donne une preuve dans Gen. II, 19, 20. Nommer tous les animaux de leur nom propre, juste et significatif ; voilà certes une entreprise à laquelle tous nos savants ne suffiraient pas. Que ferions-nous si Dieu nous transportait sur Jupiter ou Saturne, et que là, faisant défiler devant nous des milliers d'êtres absolument nouveaux, tous différents et tous admirables, il nous ordonnât de les nommer !

Nous disons donc qu'en effet le progrès, c'est-à-dire la progression vers Dieu à travers toutes les formes de l'existence, depuis l'atome jusqu'au chérubin, progression qui n'est possible qu'en tant que Dieu attire à soi sa créature et que la créature se laisse attirer par lui, est bien la loi fondamentale de l'univers. Mais nous disons aussi que le péché a interrompu cette grande marche vers Dieu à travers les abîmes du nombre, de l'espace et du temps, et que dès lors l'humanité n'est plus qu'un voyageur égaré qui, sans s'en apercevoir, tourne dans des cercles, sans but.

Mais comme Dieu ne perd jamais son temps, il met à profit cette pause pour l'évolution de ses créatures dans le bien et le mal. Non qu'il leur révèle des principes nouveaux ; car ce Créateur se repose maintenant de tout son travail jusqu'au jour où il recommencera sa création incessante et éternelle par la grande parole : « Voici, je fais toutes choses nouvelles. » Mais en attendant, sa Providence fait évoluer sous sa direction les grandes idées qu'il a données à cette humanité. Avant le déluge, c'était celle de la fière et forte individualité, ne connaissant ni frein ni loi, le temps des géants et des Titans ennemis de Dieu, de ces Jupiter et de ces Hercule, des Odin et des Thor et d'Osiris dont les histoires de tous les peuples racontent les hauts faits. Après le déluge, c'est, au contraire, l'idée, apparaissant une seule fois dans l'histoire, de cette humanité tout entière réunissant ses efforts vers un seul but, la construction de la tour qui devait s'élever jusqu'aux cieux, symbole gigantesque de cette association grandiose de l'homme contre Dieu. Puis c'est l'idée d'un peuple de Dieu, appelé par lui et séparé de tous les autres, qui domine longtemps l'histoire du monde. En lui il révèle au monde les principes de la loi divine, de la théocratie, et plus tard en David, la notion du roi prophète, en Salomon celle du roi philosophe et dans les prophètes celle du voyant qui reproche et avertit. Lorsqu'enfin le peuple d'Israël est rejeté, Daniel nous le montre remplacé par quatre grandes monarchies, dont chacune correspond à un type de bête féroce montant de la mer, et aussi à un des quatre métaux, l'or, l'argent, le cuivre et le fer, dont parlent tant de mythologies. Après la chute de l'empire romain, c'est l'idée de l'état-église, du pouvoir temporel et spirituel, ce mélange de fer et d'argile, dont l'évolution prédomine pendant des siècles, jusqu'à ce qu'arrive la Réformation. Pendant 400 ans elle a été le levain qui a fait fermenter la pâte; et maintenant qu'elle a accompli son œuvre, Dieu permet et guide l'avènement de la révolution sociale. Toutes ces idées successives ne sont point, comme le croit souvent un christianisme pessimiste, des essais réitérés, mais infructueux de Dieu pour rappeler à soi l'humanité, essais qu'il s'afflige de voir avorter toujours, jusqu'à ce que, fatigué de leur inutilité, il se décide en sa colère à mettre en pièces son œuvre imparfaite. Ce sont des étapes successives, voulues et dirigées par Lui, pour produire l'évolution toujours plus complète de tous les germes du mal contenu dans le péché originel, leur révélation toujours plus claire devant les immenses populations de tous les cieux et de tous les enfers, et les manifestations encore plus grandes et encore plus admirables qu'elles provoquent de sa puissance, de sa sagesse, de sa justice et de sa grâce; et cela jusqu'à ce que, les temps arrêtés d'avance étant venus, et le mystère d'iniquité étant pleinement révélé, Dieu mette en lumière, par un jugement final, toutes ces évolutions successives, et prouve aux anges, aux hommes et aux démons qu'elles ont produit de nouvelles créations inattendues de grâce et de vérité. De sorte que c'est Satan qui, croyant vaincre, a été vaincu et qui, lui aussi, « a fait une œuvre qui l'a trompé. » — Ainsi le mystère de Dieu sera accompli (Apoc. X, 7).

Alors ces quelques milliers d'années de souffrance et de péché n'auront plus été qu'une courte parenthèse entre deux éternités, un nuage passager qui a, un moment, obscurci le soleil, un instant de vertige, de faiblesse et d'erreur, une chose du passé et de l'oubli.

A côté de ces évolutions de grandes idées exprimant les rapports de l'homme avec Dieu, il y a eu de tout temps une évolution parallèle d'idées humaines. Chaque grand peuple n'est au fond que l'évolution d'une telle idée, et ses grands hommes ou son grand homme sont ceux qui la représentent le mieux. C'est ainsi, nous l'avons déjà indiqué, que l'Egypte a poursuivi l'idéal de l'état hiérarchique, dominé par le prêtre-roi et qui tire sa force de l'idée toujours présente de l'éternité; Babylone, c'est la monarchie absolue de par la grâce de Dieu; la Grèce symbolise l'idée de la beauté; Rome, comme son nom même l'indique, celle de la force; les peuples barbares, celle de la vigueur naturelle ; la Renaissance, celle de l'art; les nations civilisées d'aujourd'hui, celle des sciences naturelles et le vingtième siècle aura pour trait caractéristique le commerce intellectuel et spirituel de tous les peuples, la circulation et l'échange de toutes les idées.

La phase d'évolution dans laquelle nous nous trouvons est donc autre que celles qui nous ont précédées, mais il ne s'ensuit pas qu'elle soit plus haute ou meilleure. L'Etat actuel paraîtrait à juste titre méprisable à l'Egyptien ou à l'Assyrien, notre faiblesse et notre irrésolution (voir le concert européen dans la guerre grécoturque et l'affaire de Crète) seraient incompréhensibles aux Romains, notre art paraîtrait laid et impur aux Grecs, et nos discussions superficielles et toutes d'intérêt et d'opportunité sembleraient puériles aux forts esprits philosophiques et religieux du moyen âge.

Au point de vue de la Bible et de l'histoire, la marche de l'humanité est donc une suite d'évolutions successives, plus ou moins indépendantes les unes des autres, dont il serait même difficile de prouver la parenté et n'impliquant nullement le progrès. Et voilà en quoi l'idée biblique du monde diffère de la théorie darwinienne.

Dieu n'a pas créé une fois pour toutes une cellule microscopique renfermant toutes les forces nécessaires à une évolution infinie, et puis assisté, les bras croisés, comme un Bouddha, au développement successif et toujours plus élevé de cette cellule, sous l'influence fatale des circonstances, du climat et du hasard. Nous ne nions pas qu'il l'eût pu ; car nous croyons à un Dieu tout-puissant. Mais d'abord sa Parole, à laquelle nous croyons aussi, nous déclare qu'il a créé des types différents de plantes et d'animaux, et répète par dix fois : Chacun selon son espèce ; puis toute la géologie et la paléontologie sont là pour nous prouver qu'il en est ainsi, et que jamais un mollusque n'est devenu un oiseau, ni une baleine un ours. Tout être a bien en soi une faculté d'adaptation aux circonstances extérieures, comme nous le voyons dans les centaines de variétés du chien et de la rose ; mais cette faculté est inexorablement circonscrite dans la formule divine à laquelle elle doit son existence. Dans les six jours de la création Dieu prononça de grands noms ou substantifs inconnus jusqu'alors dans leur sens terrestre aux anges et aux chérubins : jour, nuit, mer, terre, herbe, semence, fruit, oiseau, poisson, reptile, bétail et enfin homme, et évidemment il passe en cela d'un nom, d'une parole, d'une idée à un autre nom, à une autre parole, à une autre idée d'un ordre plus élevé. L'être qui fera suite à l'homme serait l'homme-ange, supérieur à l'ange, comme nous le verrons à la résurrection. Mais tant que Dieu ne prononce pas ce nouveau substantif, ce nouveau logos, l'homme restera homme, et tous ses efforts, durassent-ils cent mille ans, ne le feront pas sortir d'un pouce du cercle magique où sa nature l'enferme.

Or Dieu veut qu'avant de passer à l'état d'homme-ange, l'homme étudie toutes les conditions de sa propre nature et celles de la création actuelle. Il doit « rechercher et explorer par sa sagesse tout ce qui se fait sous les cieux ; c'est l'occupation ingrate que Dieu a donnée aux fils des hommes afin qu'ils s'y fatiguent. » (Eccl. I, 13.) C'est à quoi peine depuis six mille ans l'humanité.

On pourrait croire cette tâche sans fin, car la création contient des pensées de Dieu si profondes, si riches et si inépuisables, qu'il faudrait à un ange cent ou mille ans pour étudier un simple caillou ; car celui-ci renferme toutes les lois de la physique et de la chimie, celles de l'atôme et de la matière, et en outre sa propre histoire.

Mais l'homme aveuglé et affaibli par le péché, et incapable, par là même, de sonder ces mystères, ne doit pas aller si avant. Il ne se servirait de ses connaissances que pour s'élever, comme Satan, au-dessus de Dieu, dans sa propre imagination. Et ainsi il y a une fin à son étude ; et quand il aura bien exploré, par sa sagesse, ce monde et tout ce qui se fait sous les cieux, en d'autres termes, quand l'humanité, s'étant suffisamment assimilé toute cette création terrestre, ne saura plus qu'en faire et commencera sérieusement à s'ennuyer sur ce globe, ce sera signe qu'elle a fini son pensum, achevé sa classe et qu'avant de l'admettre à la classe suivante, Dieu lui fera passer son examen dans le jugement final.

Or, déjà nous voyons apparaître quelques signes précurseurs de la fin. Cette humanité commence à montrer un épuisement, une lassitude qui ne sont plus seulement fin de siècle, mais fin de monde. Ce n'est pas que bien des peuples déjà, les Athéniens et les Romains, n'aient éprouvé la fatigue et le dégoût de la vie. Eux aussi ont connu la convoitise des yeux, la convoitise de la chair et l'orgueil de la vie, et en ont récolté l'amertume du cœur qui leur fit dire comme à nous : le péché aussi n'est que vanité ; mais leur dégoût était moins universel et leur mépris de l'existence plus vigoureux. Ils jetaient avec imprécation loin d'eux la coupe vidée jusqu'à la lie et la rose fanée ; nous, nous contemplons d'un œil indifférent, la tête fatiguée et le cœur vide, ce monde vieux jeu, où tout et nous-mêmes ne sommes plus que blague, pose, égoïsme, avec quelques sottes illusions et un reste de crédule enthousiasme ! Quel désenchantement général ! En fait d'art, nous en avons assez des Vénus et des Apollons, des madones et des descentes de croix, — et nous nous tourmentons à chercher du nouveau et ne trouvons que le grotesque, le laid et le repoussant. Le roman à la phrase tourmentée et absurde, fait de la vivisection psychologique, étudie *con amore* la folie et l'idiotisme ; ou, désespérant du bien, nous écrivons les « Fleurs du mal » et « les Blasphèmes », ou bien nous nous abandonnons, avec d'Annunzio et d'autres aux flots troubles d'un mysticisme sensuel, attrayant et malsain. L'architecture ne sait plus qu'inventer pour ne pas recopier éternellement la Renaissance et le Gothique. Enfin, et ce qui est plus grave, nous avons essayé de toutes les religions et nous en sommes las ! Malgré le mormonisme et le salutisme du reste bien plus estimable, malgré de faibles essais pour rénover le bouddhisme, et malgré les efforts de quelques femmes telles que Mme Blawatzky, Mrs Baker-Eddy ou Marie Corelli, nous prônent d'absurdes théosophies, ni la philosophie, ni la religion ne nous intéressent plus grandement. Les questions religieuses qui, du temps de Constantin et de Luther, agitaient les peuples, ne sont plus des questions populaires, et nous ne nous passionnons plus pour des principes, mais pour un assassin ou une actrice, pour un duel ou pour un divorce.

Et pourtant Dieu, qui donne journellement à son humanité le pain quotidien du corps, ne l'abandonne pas et lui offre aussi le pain de l'esprit. Il nous a ouvert par Copernic, Newton, Herschel, Linnée, Cuvier et tant d'autres, de nouvelles perspectives sur l'univers, nous a donné le télescope et le microscope; car toute invention a lieu à son heure, et doit nous encourager et nous réconforter, nous pauvres pèlerins fatigués, en nous montrant, du haut de ces collines, le grand et beau panorama de la création. Notre tâche, à nous modernes, est d'étudier la nature et ses lois, qui ne sont autres que le penser de Dieu, pour nous élever par cette contemplation jusqu'à ce Dieu lui-même.

Nous avons fait des progrès dans cette étude de la nature. Il suffit, pour s'en convaincre, de citer la chimie, la géologie, la géognosie, la micrographie, la biologie et d'autres branches inconnues aux anciens, ou de nommer Copernic, Newton, Kepler, Linnée, Herschel, Cuvier, Lavoisier, Laplace, Arago, Humboldt, Kirchhoff, Bunsen, Faraday, Tyndall, Helmholtz, Pasteur, Edison et tant d'autres. Du reste nous en avons une preuve encore plus simple. Si l'on veut savoir jusqu'à quel point un peuple est entré dans la connaissance de la création, il suffit de demander de quelle quantité il se sert pour la mesurer. Les anciens, comme les sauvages, mesuraient le monde avec leur pas (de là le mille), leur pied, leur main, palme ou empan, et leur pouce, et il y a cent ans encore, « la ligne » assez mal définie suffisait aux savants. C'est l'astronomie, cette science fondée tout entière sur des mesures exactes, qui a éprouvé, la première, le besoin d'un module du monde plus exact, et qui a trouvé le mètre, ce 1/40,000,000 de la circonférence terrestre et son millimètre fixé à un centième près. Mais ce millimètre ne suffit plus au micrographe d'aujourd'hui qui se sert du micron, c'est-à-dire du millième de millimètre. Et déjà ce micron devient insuffisant; car nous possédons des micromètres qui donnent avec une exactitude suffisante le dix-millième du millimètre. Les corpuscules sanguins, autrefois complètement invisibles, sont devenus pour nous des corps dont nous mesurons les variations de diamètre et d'épaisseur. Et pourtant un tel corpuscule n'équivaut qu'à un *cent vingt-cinq mille billionième*[1] de mètre cube; en d'autres termes, il faudrait à un homme des milliers d'années pour compter ceux que renferme le corps d'un adulte. Et que dire des bacilles dont deux ou trois cents millions auraient place dans un millimètre cube, et dont nous élevons, parquons et cultivons différentes espèces comme des troupeaux de moutons! Tellement nous avons déjà sondé les profondeurs du petit. Et l'astronome, lui, mesure les immensités de l'espace! Une seconde au méridien astronomique, — et les astronomes comptent par dixièmes de secondes, — c'est l'épaisseur d'un cheveu, vu à 10 mètres et plus de distance. Et pourtant cette

---

[1] 1 billion = 1 milliard = mille millions.
1 trillion = mille billions.

seconde observée comme parallaxe d'une étoile, nous dit que ce monde est éloigné à huit trillions de lieues de nous, et c'est avec cette distance effrayante que nous mesurons l'éloignement et le diamètre des nébuleuses !

Quelques savants proposent de prendre pour mesure absolue et invariable l'onde lumineuse du rayon jaune du natrium (= 0,000 590 mm.). Alors nous mesurerons également avec le rayon lumineux le diamètre de l'univers et celui du microbe. Combien la vérité de la création ne dépasse-t-elle pas les conceptions les plus hardies des poètes !

C'est ainsi que Dieu, prenant pitié de notre découragement, nous révèle une poésie de la nature plus grande et plus vraie que celle de l'antiquité, et bien propre, si nous la comprenons, à nous élever à Lui, qui en est l'auteur. Car c'est une erreur de croire que notre temps est moins poétique qu'un autre ; il est probable que la poésie existante, et aussi la faculté de la sentir, sont des quantités constantes et que l'impression contraire, relativement aux temps passés, n'est qu'une illusion de perspective. Nous admirons de loin les bleus sommets d'une montagne qui, vue de près, est faite de sable et de boue comme le terrain que nous foulons aux pieds. De même pour l'antiquité. Le beau, le grand, l'héroïque a survécu parce qu'il en était digne, et toutes les petitesses, les misères et les bassesses d'alors sont oubliées, parce qu'elles le méritaient. Le Romain qui nous impose était souvent aussi petit, prosaïque, ennuyé, blasé et mesquin que nous ; le sage Caton n'était au fond qu'un vieil avare, âpre au gain, sans pitié pour ses esclaves, et en général assommant de morale ennuyeuse qu'il ne pratiquait guère lorsqu'il prêtait sa femme à son ami et la reprenait enrichie ; et César lui-même, au lieu d'admirer les Alpes en les traversant, crut mieux employer son temps à écrire un traité de grammaire.

Notre temps aussi a sa grandeur et sa poésie; il ne faut que des yeux pour les voir et une âme pour les sentir. Comme il est fort, cet express du Gotthard, entraîné par des colosses qui dévorent l'eau et le charbon et respirent la flamme, quand il se précipite à travers la nuit et l'orage, s'élance par-dessus les précipices, entre jusqu'au cœur de granit des vieilles Alpes, pour s'élever en spirales à travers ces roches antédiluviennes et en ressortir haletant toujours, pour ne s'arrêter que devant les flots bleus de la mer du midi, après avoir franchi en un jour deux pays et deux peuples! Comme ils sont beaux les lévriers de l'Océan, l'Alasca et la Touraine, ces palais flottants d'acier, quand, emportant plus d'un millier de passagers et palpitant sous l'effort de leurs puissantes machines, ils filent en cinq jours à travers la tempête, les vagues monstrueuses, les brouillards et les glaces, de l'Ancien Monde au Nouveau! Quelle puissance dans un cuirassé moderne, ce *béhémot* à l'épaisse peau d'acier qui respire la vapeur et la fumée, lance de ses yeux des torrents d'éclairs électriques, rugit avec le canon et blesse à mort avec son éperon! Et le mystère de sa force et de sa vie, c'est son cœur, la puissante machine, cachée au fond de ses entrailles. Descendons la voir! Voilà le géant avec ses énormes membres d'acier, ses bielles comme des bras, ses cylindres comme des ventres de fer. Il est encore immobile, froid, sans force, car il lui manque le souffle chaud de la vie! Mais un commandement retentit; un homme que nous avions à peine remarqué fait mouvoir un levier et voilà tout d'un coup le monstre qui s'anime. Avec de sourds gémissements il étire ses membres, étend ses bielles, et toujours plus vite et bientôt furieux comme un géant captif, il fait tourner, tourner sans trêve ni relâche l'arbre d'acier qui pousse avec une puissance irrésistible ce monde flottant à travers les flots. Mais de nouveau l'homme, son créateur et son maître, saisit un levier. Les mouvements se ralentissent, toute cette vie expire et cet être effrayant redevient muet et immobile.

J'imagine qu'il en doit être ainsi, quand Dieu veut créer des mondes, une nouvelle nébuleuse, ou un univers de quelques milliers de soleils. Une parole ! et partout éclate une vie indomptable. Les planètes dansent autour des soleils flamboyants qui volent à travers l'espace, les comètes se hâtent à leur suite, toutes ces sphères entonnent leur hymne de louange et des millions d'êtres naissent à l'existence sur ces mondes. Puis quand, après quelques instants, ce que nous appelons des milliers de siècles, Il en a assez, Il commande et tout s'arrête ; le chant des sphères se tait, les soleils s'éteignent et cette création rentre dans l'éther éternel.

Mais revenons à notre conception actuelle du monde matériel. Tandis que les anciens, comme Aristote et plus tard Linnée, Buffon, Jussieu, Lamarck et d'autres, s'occupaient surtout de classer les organismes, nous cherchons surtout, par suite des grands progrès de la chimie et de la physique, quelles sont les conditions d'existence générales et communes à tous les êtres, et la question qui nous intéresse le plus est celle de la matière, dont Platon déjà disait : « La matière est quelque chose de très difficile à comprendre. » Déjà Newton enseignait qu'elle est indestructible et rapportait tous les phénomènes de la nature à l'attraction et à la répulsion des atomes. De nos jours, Dubois-Reymond a dit :

« Connaître la nature, c'est expliquer ses phénomènes par la mécanique des atomes ».

Matière et force, voilà ce que nous voyons dans la création ; mais la science doit avouer que, non seulement elle ne connaît ni l'une ni l'autre, mais qu'elle ne sait pas même, si l'une peut exister sans l'autre. Par contre il est sûr que, quand même la matière pourrait exister sans la force, elle n'existerait pourtant pas pour nous. En d'autres termes, ce que nous voyons, sentons, entendons, saisissons de la matière, ce n'est pas elle-même, dont l'essence nous reste éternellement cachée ; mais simplement les forces qui l'agitent. Ainsi la matière est pesante parce qu'elle exerce une force d'attraction ; nous la voyons, parce qu'elle renvoie ou dévie le rayon de lumière ; nous l'entendons, parce que ses molécules communiquent leur mouvement à d'autres molécules, et ainsi de suite. Ses plus petites parties sont agitées de mouvements éternels ; si ces mouvements cessaient, nous ne verrions plus, nous n'entendrions plus, nous ne sentirions plus ces amas de molécules que nous appelons matière. C'est donc une illusion que de parler d'une matière morte. La goutte d'eau qui s'évapore continuellement, le grain de grenaille qui s'oxyde sans cesse, le diamant qui brûle lentement à l'air sont de petits univers d'atomes, des tourbillons de molécules, tournant sans cesse les unes autour des autres, fermant ou ouvrant leurs orbites, se groupant sans relâche de manières différentes, animées d'une force, d'une vie épouvantables et suivant les mêmes lois éternelles que les milliers de soleils qui dansent ensemble dans la nébuleuse d'Andromède.

Comment en sommes-nous arrivés à cette conception d'atomes indivisibles que personne n'a jamais vus ni ne verra jamais ? Tout simplement parce que c'est la seule explication possible au fait fondamental de la chimie, que les atomes ne se combinent pas entre eux en proportions quelconques ; mais d'après une loi invariable. Ainsi huit poids d'oxygène ne s'allient qu'avec *un* poids d'hydrogène ; seize d'O, avec deux de H, mais jamais 1 $^1/_2$ O avec 5 ou 7 $^3/_4$ Ha ; donc 8 poids d'oxygène sont l'équivalent d'un poids d'hydrogène et ainsi de tous les éléments.

Il est étonnant que ces atomes montrent des affinités différentes les uns pour les autres, qu'ils aient des penchants, des goûts individuels bien prononcés et toujours les mêmes. On retrouve ainsi chez ces infiniment petits les mêmes lois qui gouvernent les associations des humains. Ainsi les métaux qui se ressemblent tant et sont certainement apparentés, s'ils ne sont les enfants d'un même père, d'un radical inconnu, n'ont que fort peu de penchant à s'allier chimiquement, et quand ils le font, dit Liebig, leur postérité montre à un haut degré les vertus et les défauts de leurs familles. Les atomes de nature bien différente au contraire sont animés d'un violent désir de s'unir, car là aussi les contrastes s'attirent, et quand ils le font, ils produisent un nouveau corps qui n'a souvent aucune ressemblance avec ses parents ! Quels mystères ! Et pourquoi un atome de fer aime-t-il passionnément l'atome d'oxygène, tandis que l'atome d'or le laisse indifférent ?

Quant au nombre de ces éléments, c'est-à-dire des corps que nous appelons simples, parce que nous n'avons pas encore réussi à les décomposer, Mendeljeff et Lothaire Mayer ont prouvé qu'ils vont se répétant par octaves, où le sol ou le fa de l'une correspond plus ou moins dans ses goûts et dans ses propriétés au fa ou sol de l'octave précédente. La matière aussi est donc elle-même une musique perpétuelle, mais que nous n'entendons pas. D'après cette théorie qui a déjà fait découvrir quelques nouveaux éléments, par exemple le germanium, il y aurait cent éléments, dont nous ne connaissons jusqu'à présent que soixante-cinq.

On peut, dit G. Buchner, partager ces éléments connus selon leur valeur pratique en trois groupes. Le premier groupe en contient dix-huit. Ce sont les corps les plus répandus à la surface de la terre et en même temps les plus indispensables à la vie. Mais pourquoi la vie, ce mystère, a-t-elle besoin, pour se manifester, de ces unités mystérieuses de la matière et pourquoi justement de celles-là ? Nous l'ignorons. Ces éléments sont : l'aluminium, le brôme, le calcium, le chlore, le fer, le fluor, l'iode, le potassium, le carbone, le magnésium, le manganèse, le natrium, le phosphore, l'oxygène, le soufre, le silicium, l'azote, l'hydrogène. On voit que ce ne sont pas précisément ceux qui nous sont les plus familiers.

Le second groupe comprend 23 éléments. Ils ne sont point aussi répandus que les premiers, ni, d'après ce que nous en savons, indispensables à la vie organique. Ils ont certainement leur rôle dans la nature ; mais nous paraissent servir plutôt d'ornement et de parure, former le luxe de la création, si tant est qu'elle en connaisse un. Chose remarquable : ce groupe contient les métaux les plus connus : l'or, le plomb, le cuivre, le platine, le mercure, l'argent, le zinc, l'étain et d'autres.

Le troisième groupe enfin se compose de 22 éléments, fort rares et dont l'utilité nous est complètement inconnue, par exemple le lithium, le tellure, l'indium, le didyme, le zirconium et d'autres, individus mystérieux qui se promènent à peu près incognito sur la terre et dont il nous semble que nous pourrions fort bien nous passer. Et pourtant qui sait, si leur absence ne causerait pas un vide pénible et aussitôt remarqué. « Nous avons là, » dit Buchner de ces différents corps, « une société respectable et intéressante. On y trouve des caractères phlegmatiques et des sanguins, des arrogants et des modestes ; les uns sont doux et tranquilles, d'autres, nerveux et irritables, se mettent à la moindre émotion dans des colères épouvantables ; les uns s'isolent fièrement, d'autres sont sociables et de bonne compagnie ; enfin il y a là des fainéants et des travailleurs, des rois et des vassaux, des aristocrates et des démocrates, en un mot tous les éléments de la société humaine. » *(Die chemischen Elemente.)*

Mais une qualité respectable et commune à tous ces gens-là, c'est une individualité absolument indestructible. Un atome de soufre peut brûler dans une allumette, se volatiliser dans l'acide sulfureux (SO_2), couler dans l'acide sulfurique (SO_3) ou former avec le fer de beaux cristaux jaunes et durs (FS^2), il n'a pourtant changé en rien, ni perdu la moindre de ses propriétés. Délivrons-le de ces associations passagères et il reparaît, toujours le même, avec son attraction, son affinité, son poids spécifique, avec sa force vitale indomptable. Toutes nos machines, toutes les forces de la nature ne peuvent rien contre cette unité de la création ; nos marteaux-pilons de 125,000 kilos ne peuvent pas l'écraser ; nos presses hydrauliques à pressions de 5 millions de kilos ne peuvent pas la comprimer ; nos hauts-fourneaux où l'acier coule comme l'eau ne peuvent pas la fondre. Tous les organismes et l'homme aussi peuvent disparaître de la surface de la terre, cette terre et notre soleil se dissoudre en vapeur dans l'espace, cela ne changera pas d'un iota l'atome d'hydrogène ou d'oxygène. Il n'y a qu'une parole de Dieu qui puisse l'anéantir ! — Et nous parlons encore de la matière morte !

Et l'homme, ce majestueux édifice, est bâti de billions de ces moellons vivants et indestructibles. Il est un monde d'atomes et contient les principaux éléments de la terre. Il aspire et respire l'hydrogène, l'oxygène, l'azote et le carbone ; l'oxyde de fer colore son sang, le carbonate de chaux durcit ses os, le phosphore de son cerveau l'aide à penser. Un homme qui pèse soixante-dix kilos, contient, disent les savants, 44 kilos d'oxygène, qui rempliraient à l'état gazeux 28 mètres cubes ; un homme « gazifié, » serait un fantôme imposant. Liebig remarque là-dessus : « La chimie nous enseigne que l'homme est de l'air condensé, et vit et s'habille d'air condensé. Ce qu'il y a de curieux, c'est que des milliers de ces boîtes d'air condensé se livrent des batailles où elles s'anéantissent réciproquement avec de l'air condensé, parce qu'elles s'envient l'une à l'autre des territoires ou des richesses qui ne sont que de l'air condensé » (*Chemische Briefe,* p. 69). G. Buchner, cité plus haut, a calculé avec une patience bien allemande que 67,000 millions de kilos d'oxygène, 1473 millions de kilos d'azote, 1150 millions de kilos de chlore et presque autant de phosphore ; seulement 143 millions de kilos de fluor et autant de soufre, mais 17000 millions de kilos de carbone, seulement 115 millions de kilos de potassium et de natrium, 71 millions kilos de magnésium, mais 2300 millions de kilos de calcium se promènent sur la terre sous la forme de 1500 millions de Chinois, d'Hindous, de Nègres, de Tartares, d'Esquimaux, et de dames et de messieurs civilisés. Mais un Anglais plus pratique a trouvé une formule plus simple, quoique peut-être moins exacte, pour la composition chimique de l'humanité. L'homme, dit-il, c'est

45 livres de carbone et de nitrogène dissoutes dans cinq seaux d'eau !

Quelle est la grandeur et la forme de ces atomes ? Question intéressante, mais difficile à résoudre. Il n'est pas improbable que leur forme est celle dans laquelle leurs éléments cristallisent. Quant à leur grandeur, Gaudin conclut d'observations microscopiques que la distance d'un atome à l'autre ne peut pas comporter plus d'un dix millionième de millimètre, de sorte qu'il faudrait à un homme 250,000 ans pour compter ceux que contient une tête d'épingle ! — Et Flammarion nous dit que le soleil contient tout autant de *kilomètres cubes !* Quelles immensités dans le petit et le grand. — Le professeur W. Thomson conclut de ses recherches sur l'onde lumineuse, l'attraction capillaire et les mouvements des molécules gazeuses, que le diamètre d'une molécule varie entre un millionième et un cent millionième de millimètre. Enfin Lothaire Mayer calcule qu'un quart de quadrillion [1] d'atomes d'hydrogène pèse un gramme. Ce ne sont là que des approximations ; mais c'est par des approximations que la science doit commencer pour arriver peu à peu à des résultats plus exacts et plus sûrs.

Nous avons cité les molécules. C'est qu'en effet l'atome ne suffit pas à la conception scientifique. Si les atomes, par exemple celui d'oxygène, étaient libres, ils se livreraient de si terribles combats que la vie organique deviendrait impossible. Nous admettons donc qu'ils se neutralisent réciproquement par ce qu'ils sont liés l'un à l'autre à peu près comme des forçats enchaînés dont chacun voudrait se précipiter sur une proie différente, mais qui, retenus par leurs fers, dansent

---

[1] Un quadrillion = 1 million de billions = 1,000,000,000,000,000.

furieusement l'un autour de l'autre. La chaleur seule peut briser leurs liens. Ainsi elle rend leur liberté à l'hydrogène et à l'oxygène de la goutte d'eau et leur permet de nouvelles associations plus de leur goût.

Enfin il faut bien se représenter que ces atomes ne se touchent nullement. Plusieurs savants croient même qu'ils sont aussi distincts les uns des autres que les corps célestes. Et pourtant ils exercent réciproquement des forces terribles d'attraction. Quel monde mystérieux et grandiose ! « Quand, dit Flammarion, (*Astronomie populaire*, p. 398) » 1 kilogramme d'hydrogène se combine avec 8 kilogrammes d'oxygène pour former de l'eau, il se produit un travail capable d'élever de 1 degré la température de 34,000 kilogrammes d'eau, ou d'élever 14 millions de kilogrammes à un mètre de hauteur ! Ces neuf kilogrammes d'eau, en se formant, sont tombés moléculairement dans un précipice égal à celui qui serait franchi par une tonne de mille kilogrammes roulant à 14,000 mètres de profondeur ! »

Et ce n'est pas le moindre mystère de ce monde de la matière que la chaleur, cette vibration de l'éther, cette force mystérieuse et inconnue elle aussi, donne leur vie à ces atomes. Le professeur Raoul Pictet, dans ses expériences si intéressantes sur le froid et ses effets, a prouvé qu'à 200° les acides mêmes n'agissent plus sur sur les métaux. Leurs molécules sont engourdies, sans force ni vie. Un froid absolu, — mais quel est-il ? — tuerait donc la matière qui n'existerait plus comme telle. Et pourtant, des bacilles, des microbes, soumis au froid indiqué plus haut, emmurés dans *un bloc d'air gelé*, se portaient parfaitement bien après ! La vie organique survivant à celle de la matière ! Quels horizons cela n'ouvre-t-il pas à la pensée humaine !

Ainsi le chimiste, quoique plus près de la source d'où

découlent les formes de la matière et des organismes que nous admirons, doit avouer lui aussi qu'il ne comprend pas plus que l'ignorant l'être de cette matière, et dire comme ce sage de l'antiquité, auquel un roi demandait ce que c'est que Dieu : « Plus j'y pense et moins je comprends ! »

Ces forces terribles qui font mouvoir les atomes sont les mêmes qui animent les mondes dans l'espace. L'attraction, la chaleur, la lumière, l'électricité peuvent se traduire l'une par l'autre. Quand nous brûlons un morceau de houille, nous produisons une combinaison de carbone et d'oxygène, qui dégage de la chaleur, que la machine à vapeur transforme en force ; la dynamo en fait de l'électricité ; cette électricité, nous le voyons tous les jours, peut se transformer en lumière ; cette lumière, la photographie nous le montre, produit des combinaisons chimiques, et nous en revenons au point de départ. Une seule et même force meut les soleils, ces atomes de l'espace, et les atomes, ces soleils et centres de force de la matière. De cette constance de la force, découverte par Robert Mayer et prouvée par Helmholtz, il résulte, en pratique, que nous pouvons et pourrons toujours mieux accumuler cette force ou ces forces, amasser des rayons de soleil pour les employer dix ans plus tard ou à cent kilomètres de distance à notre gré comme mouvement ou chaleur, ou lumière, ou électricité, ou force chimique. Cette constance de la force et de la matière est la plus grande et la plus utile découverte du XIXe siècle, comme celle des lois de l'attraction fut la plus belle conquête scientifique du XVIIIe. Non seulement toute force est traduisible par une autre, mais jamais des traductions, aussi multipliées que l'on voudra, ne la diminuent en rien. Le projectile de 250 kilos qui frappe la plaque d'acier d'un cuirassé, perd à la vérité son mouvement; mais celui-ci se transforme en lui et dans la plaque en une chaleur qui reproduirait exactement le mouvement primitif.

Enfin ce que nous appelons nos sensations matérielles n'est que la perception de mouvements moléculaires. Sentir, entendre et voir est la même chose à des degrés différents. Supposons que, enfermés dans une chambre obscure, nous touchions une barre d'acier, vibrant dix à vingt fois par seconde; nous sentirions avec le doigt cette vibration comme mouvement; si elle venait à vibrer de 64 à 32,000 fois, notre oreille percevrait des sons toujours plus aigus; au delà, nous éprouverions une sensation de chaleur; enfin quand les molécules de cette barre imprimeraient à l'éther la vitesse inconcevable de 450 billions et plus de vibrations par seconde, notre œil percevrait une couleur rouge qui passerait bientôt à d'autres teintes et finirait par le blanc incandescent qui les réunit toutes. On peut dire que l'oreille voit le son et que l'œil entend la lumière et il est fort possible que chez certains êtres un seul organe sensible perçoive tous ces mouvements moléculaires comme une seule et même sensation toujours plus intense; ou, si l'on veut, comme différentes nuances d'une seule et même couleur.

Nous ne voyons donc nulle part la matière sans force et tout aussi peu la force sans matière; car nous ne connaissons pas le vide absolu. Mais divers phénomènes nous obligent de plus en plus à admettre que, derrière cette matière grossière que nous connaissons, il y en a une infiniment plus ténue et que c'est en elle que résident les forces qui meuvent les atomes et les molécules de nos corps gazeux, liquides ou solides. Il est remarquable que de tout temps les peuples cultivés, les Hindous, les Egyptiens, les Grecs ont cru par intuition à un éther remplissant l'univers et dont les corps célestes n'étaient qu'une conglomération. C'est ainsi qu'Ovide dit dans ses métamorphoses (I, 67) : « Au-dessus de la terre Dieu étendit l'éther pur et dépourvu de pesanteur, qui n'a rien en soi de la lie terrestre », idée commune à Platon, Spinôza et d'autres philosophes. Secchi a introduit dans la science l'éther déjà admis par Euler et Huygens, comme un fluide remplissant l'espace et dans lequel nagent tous les corps célestes, et plusieurs physiciens supposent maintenant autour de chaque molécule ou atome matériel une atmosphère d'éther condensé, une « dynamide », et croient que c'est elle qui émet la force. Il est impossible de se représenter la ténuité de cet éther. Babinet calcule que la matière cométaire est quelquefois 140,000 millions de fois plus légère que l'air atmosphérique, aussi nomme-t-il les comètes « des riens visibles ! » Mais pour l'éther, les savants en parlent, en s'appuyant sur divers phénomènes, comme d'une matière quelques billions de fois plus légère que toutes celles que nous connaissons sur la terre. Un morceau de l'air le plus raréfié ou d'hydrogène, le gaz le plus léger que nous connaissions, serait donc, vis-à-vis de cet éther, incomparablement plus pesant que le plomb ou l'or comparé à l'air.

Enfin, d'autres physiciens croient que tous les phénomènes de la pesanteur et de l'attraction, ainsi que les mouvements célestes sont dûs, non à une propriété intrinsèque de la matière telle que nous la connaissons, mais à la « poussée » de l'éther, au choc incessant de ses molécules animées de forces effrayantes d'intensité et de vitalité ; théorie, du reste, encore assez obscure. En tout cas, c'est une belle conception que celle d'une

matière inaltérable, plus pure et plus parfaite que nous
ne la connaissons, et animée de forces indestructibles
aussi, et qui ne sont, en définitive, que le vouloir éternel
de Dieu, cette cause des causes.

Plus l'homme a reconnu sur la terre la constance de
la force et de la matière, plus il s'est demandé si cette
matière terrestre est aussi celle qui forme les corps
célestes, et si, là aussi, elle obéit aux mêmes lois et
possède les mêmes forces. Il y a un siècle à peine que
nous ne pouvions espérer de résoudre cette question. Newton lui-même aurait souri ironiquement à
l'idée que nous pussions jamais savoir s'il y a, sur
telle ou telle étoile, de l'hydrogène ou du fer, et peu
avant la découverte de l'analyse spectrale, Dove répondait à l'astronome Zœllner : Nous ne savons pas ce que
sont les étoiles, et nous ne le saurons jamais ! Qui
aurait cru que le rayon de lumière tremblotant qui nous
arrive de la plus petite étoile nous le disait depuis des
siècles ; et qui sait ce qu'il nous dira encore à l'avenir ?
Frauenhofer est le premier qui découvrit dans ce
rayon de lumière, décomposé par le prisme en ses couleurs composantes, des lignes noires ou colorées, plus
ou moins fines, et dont le nombre se monte aujourd'hui
à plusieurs milliers. Kirchhoff et Bunsen trouvèrent, en
1859, que ces lignes correspondent à la composition
chimique de la source de la lumière, et que chaque
élément possède ses lignes distinctives et toujours les
mêmes. Ainsi le natrium forme une forte ligne jaune,
le thallium une ligne bleue, le rubidium trois vertes,
etc!... On peut s'imaginer avec quelle ardeur les astronomes s'emparèrent de cette découverte pour demander,

à l'aide du spectroscope, à ces soleils éloignés, s'ils avaient la même composition chimique que notre terre. Et leur réponse fut étonnante ! Ils nous dirent que, sur eux aussi, se trouvent l'hydrogène, les métaux, enfin les éléments que nous connaissons ; et même le hélium, que nous avions cru quelque temps particulier à notre soleil, vient d'être découvert, par le professeur Palmieri, dans les laves du Vésuve. Nous avons donc maintenant la preuve de l'identité de la matière, immense lien qui fait, de toute la création visible, un seul tout.

Admirable est ce livre de la lumière dans lequel nous apprenons toujours mieux à lire. Norman Lockyer s'occupe depuis des années d'en fixer les lettres et de nous en donner une édition qui comprendra toutes les lignes connues. Cette image du rayon lumineux aura plus de 100 mètres de largeur et contiendra les résultats de plus de cent mille observations et de deux mille photographies des spectres des différents éléments. Et quelle exactitude dans ses indications ! Lang déjà a trouvé que l'analyse spectrale nous prouve l'existence, dans la source lumineuse, d'un cinquante-millionnième de gramme de thallium ! Mais Kirchhoff et Bunsen sont allés bien plus loin, et ont montré que le spectroscope indiquait nettement *un trois mille millionnième de gramme* de natrium, c'est-à-dire une quantité non seulement imperceptible à tous nos sens, introuvable par tous nos réactifs chimiques, mais même invisible dans nos plus forts microscopes. On est presque effrayé de cette révélation infaillible du rayon lumineux : Mais il nous raconte encore bien d'autres choses ! Non seulement il nous décrit la composition chimique des mondes, mais il nous dit encore si un soleil éloigné à plusieurs mille millions de kilomètres de nous se rapproche de la

terre ou s'en éloigne, et avec quelle vitesse il le fait ; et
de même par le dédoublement périodique de certaines
lignes, si tel point lumineux à la voûte céleste est un
soleil unique, ou composé de deux ou plusieurs astres
tournant les uns autour des autres. Ainsi Mizar, l'étoile
double du milieu dans le timon du grand chariot (La
Grande Ourse) qui équivaut en masse à *510 millions de
terres* comme la nôtre.

Mais il s'en faut de beaucoup que nous connaissions
tous les mystères de la lumière, cette sublime création
de Dieu. Le professeur Rœntgen ne vient-il pas de nous
démontrer qu'il existe des rayons jusqu'ici inconnus
pour lesquels le papier, le bois, le cuivre sont aussi
transparents que le verre ! Et, comme toujours, on se
souvient, à propos de cette découverte, de faits anciens
analogues auxquels jusqu'ici on n'ajoutait pas foi. Aris-
tide, l'ami de Marc-Aurèle, raconte dans ses Discours
sacrés, qu'il avait vu ses organes intérieurs ; les prêtres
égyptiens et Hippocrate citent une vision semblable,
que paraissent posséder certaines somnambules ; et j'ai
connu moi-même un capitaine allemand qui me disait
que quelquefois, au bal ou au concert, il lui arrivait de
voir un instant toutes les personnes présentes comme
des squelettes, ce qui lui était souverainement désagréable. Il voyait donc par le rayon Rœntgen, vue que
ses amis traitaient d'hallucination.

Il est difficile d'apprécier à sa juste valeur l'importance de l'identité de la matière dans l'univers. Comme
avant, et même encore après la découverte de l'Amérique, on tenait pour possible que des pays inconnus
fussent habités par des monstres à figure humaine avec
un œil ou avec des cornes ou des oreilles pendant jusqu'à terre, tels que les décrit Mandeville dans son Livre
des Merveilles, de même on admettait, il n'y a pas cent

ans, qu'il pût y avoir dans l'espace des mondes, non seulement composés d'éléments inconnus, mais où la matière obéirait à d'autres lois que celles qui la régissent ici-bas. Mais, comme nous avons reconnu que, sur la terre, tous les types organiques ne varient que dans d'étroites limites, de même, nous voyons au ciel que le Créateur sait produire une variété infinie de mondes tout en restant dans les bornes des grandes lois simples qu'il a promulguées au commencement de la création. Car, tandis que l'homme cherche à atteindre la variété attrayante par des fantaisies extravagantes, il est du caractère de Dieu de produire avec les moyens les plus simples une merveilleuse richesse. Ainsi, quand, en variant simplement la longueur et l'inclinaison de trois axes, il produit les formes innombrables et admirables des cristaux; quand il crée cent milliers de plantes toutes différentes avec leurs feuilles, leurs fleurs, leurs fruits, en donnant à la simple cellule végétale formes diverses et contenus divers; quand, sur le thème si simple « scarabée », toujours composé de trois parties principales avec deux ailes sous élytres, et six pieds, il improvise 300,000 variations, toutes admirables d'élégance et de caractère, toutes en parfaite harmonie de couleur et de forme avec leur pays et sa flore. De même, ce grand artiste sait improviser au ciel, à l'aide de quelques éléments et de quelques lois, cent millions de mondes dont pas un ne copie l'autre, et sur lesquels certainement des centaines de billions d'existences et de formes louent sa sagesse et sa grandeur. Nous savons maintenant que les soleils doubles ou triples qui volent en quelques jours ou en quelques siècles ou en quelques milliers d'années autour d'un centre commun, suivent les mêmes lois et décrivent les mêmes courbes mathématiques que la pierre que l'enfant jette dans l'air. Nous savons que, sur les mondes les plus éloignés, l'oxygène et l'hydrogène forment, en se combinant, de l'eau, ou qu'ils sont gazeux à des températures élevées ; que, là aussi, le fer se rouille en s'alliant à l'oxygène ; que, là aussi, les couleurs sont produites par les vibrations de l'éther ; que, là aussi, existent le cuivre, le plomb, le mercure ; enfin que, là aussi, les aérolithes nous le prouvent, ces substances cristallisent dans les mêmes formes et selon les mêmes lois que sur la terre. En un mot, nous savons qu'aussi loin que s'étendent l'espace et la matière, deux fois deux font quatre et que les trois angles d'un triangle valent deux droits : en d'autres termes, qu'un seul et unique Dieu a pensé pour sa création une seule et unique loi, un seul et même nombre, et la même physique, la même mécanique et la même chimie.

Dieu nous a donné cette belle et grande découverte, comme il le fait de toutes, en temps et lieu convenables, c'est-à-dire au moment où son humanité, lasse de penser, fatiguée de problèmes insolubles et doutant de tout, se demande s'il y a quelque part des principes éternels du droit, du bien, du vrai et du beau, ou bien si tout cela n'est que l'opinion passagère et changeante du pauvre ignorant qui s'appelle l'homme. Ainsi Ibsen écrit : « Qui me dira si sur Jupiter deux fois deux font quatre, et si là le bien est aussi le bien ? » — Ici aussi le brouillard scandinave ! Si Ibsen pensait plus clairement et avait mieux étudié la nature, il comprendrait que Jupiter ne nous serait pas visible, qu'il ne serait pas un globe aplati aux pôles par la rotation, qu'il n'exercerait pas sur les autres planètes une puissante attraction, enfin qu'il n'obéirait à aucune loi connue et n'existerait pas pour nous, si là-haut aussi deux fois deux ne faisaient pas quatre ! Et de même une saine philosophie lui aurait démontré que, comme les anciens le reconnaissaient si bien, le fait que un et un font deux, et deux fois deux quatre, pose et renferme en lui l'idée absolue de la justice et du droit.

Nous ne pouvons pas savoir, dit certaine philosophie moderne, si les lois qui régissent tout notre être, se retrouvent en Dieu et s'il perçoit l'univers comme nous. Cette objection spécieuse à tout le christianisme, — car alors une communion de l'homme à Dieu n'est plus possible, et ils resteraient éternellement des unités irréductibles, — n'est dans sa forme affirmative que la pure et simple négation de la Divinité. Un Dieu dont la pensée ne s'opère pas selon les lois immuables de la logique que je porte en moi, existe aussi peu pour moi qu'une lumière obscure, une chaleur froide ou un son que je n'entends pas. Que toutes les manifestations de l'âme divine soient infiniment élevées au-dessus de celles de l'âme humaine, c'est ce que nous ne nions nullement ; mais il est faux d'en déduire qu'elles n'ont rien en commun. Comme l'alphabet qu'épelle l'enfant contient en germe toutes les beautés et toutes les lois. du langage et de l'éloquence, et toutes les paroles que les hommes ont jamais dites et diront jamais ; comme les dix premiers nombres que l'écolier écrit sur son ardoise renferment les mathématiques tout entières et bien au-delà de tout ce que Newton ou Laplace ou Legendre ont jamais rêvé ; comme la première octave qu'une petite fille tapote sur le piano est la base de toute la musique et des harmonies sublimes d'un Hændel, d'un Mozart, d'un Bach : de même, les lois de la pensée et de l'être dont nous étudions ici-bas quelques atômes, sont les immenses, insondables et éternelles créations et le penser d'un Dieu *qui nous a créés à son image*; et cette seule parole, placée comme un rocher de granit au commencement de la Bible, suffit au chrétien pour réfuter toute philosophie qui mettrait en doute les lois absolues du droit, du vrai et du beau.

Notre terre n'est donc plus une création isolée et sans rapports certains avec d'autres mondes. C'est un membre de la grande famille solaire qui tourne avec ses sœurs les planètes, toutes formées de la même matière, nées de la même naissance, vivant de la même vie qu'elle, autour de leur père commun, le soleil, qui leur distribue sans cesse des torrents de lumière, de chaleur, de force et de vie, et qui est la plus belle image de Dieu que nous offre la nature. Tous ces faits rendent infiniment probable que les planètes, que la science démontre habitables, sont habitées ou l'ont été ou le seront, comme aussi notre propre terre ne l'est que depuis un temps relativement fort court. Mais habité ne signifie pas peuplé d'êtres à notre ressemblance. Toute planète est comparable à un organisme, à un arbre qui, à partir du germe, montre des formes de plus en plus hautes et aboutissant à la fleur et au fruit. Le développement de la vie organique paraît être le but des planètes, et il serait absurde de nier d'emblée que, dans les vastes mers de Mars ou sur les montagnes de Saturne, il n'existât ni un microbe, ni une cellule végétale. Or, si la vie existe là, il est logique de conclure que là aussi elle s'individualisera, par la parole et sous la surveillance du Créateur, en formes toujours plus hautes, pour aboutir à un type dominateur qui sera le véritable habitant de Mars ou de Saturne, quoique ne ressemblant certainement pas à l'homme. Car toute la pensée de Dieu est harmonique, et l'homme n'est pas sur la terre parce qu'il est venu à l'idée du Créateur de le mettre ici au lieu de le mettre sur la lune ou sur Jupiter. Il est, comme l'indique la parole de la

Genèse « afin qu'il domine... » le résultat logique et, dans un sens, nécessaire de toutes les créations précédentes, l'essence, la fleur et le fruit de la terre, une claire manifestation des principes qu'elle contient à l'état d'ébauche ; car, elle aussi, est un individu, un moi spécial parmi les habitants des cieux. Elle aussi cache, comme nous, dans son cœur, un ardent foyer dont les palpitations la secouent quelquefois ; elle aussi est formée comme nous d'éléments solides, liquides et gazeux, et, comme le sang sortant du cœur circule dans nos artères et nos veines pour y revenir enfin, de même l'eau sort continuellement de l'océan pour y retourner par les fleuves et les rivières. Comme la poitrine de l'homme se soulève et s'abaisse par la respiration régulière, de même le sein des océans toutes les six heures ; comme la vie de l'homme se compose de jours et de nuits, de même, cette terre, elle aussi, n'offre alternativement jamais qu'une moitié de sa surface à la lumière, pour la replonger aussitôt dans l'ombre. Et de tout temps l'homme a vu dans les quatre saisons de ce globe une image et un symbole des quatre étapes de sa vie, et aussi de ses quatre tempéraments. Le printemps qui rit et pleure à la fois, où la nature se réveille à la vie, c'est la jeunesse sanguine avec ses milliers d'espérances ; l'été colérique qui mûrit, par ses chaleurs et ses orages, la moisson et les fruits, c'est l'homme fait, le fort dans le combat de la vie ; l'automne voit, avec la douce mélancolie de l'âge avancé, mûrir les fruits et tomber les feuilles et pressent l'approche de l'hiver apathique où les frimas couvrent la terre comme la tête de l'homme, et où tout s'arrête, et s'endort, et se glace sous un blanc linceul. De tout temps, l'homme a senti ces analogies. Lorsque les dieux du Walhalla, racontent les Scandinaves, eurent tué le géant Ymir, ils firent de son corps la terre; ses os devinrent les rochers que les Italiens nomment si bien « l'ossature » de la surface terrestre; sa chair devint la terre, de son sang ils remplirent la mer, et ses cheveux crurent sur les montagnes en sombres forêts.

La Bible aussi confirme cette corrélation intime de l'homme et de la terre. « Tu es terre et tu retourneras en terre », dit-elle à ce roi de la terre. Parce qu'il a péché, cette terre, ce champ sont maudits et ne portent que des ronces et des épines. La terre et lui périront un jour par le feu, et tous deux ressusciteront de leurs cendres, et l'homme vivra éternellement sur la nouvelle terre éternelle.

Il est absolument improbable que le Dieu vivant qui a répandu sur cette terre des torrents de vie et peuplé non seulement les continents et les profondeurs de la mer, mais aussi les glaces des pôles et même l'air, de billions d'existences, n'ait créé quelques centaines de planètes que pour les laisser flotter éternellement dans l'espace comme de grands cadavres muets, où rien ne bouge, rien ne pense, rien ne le reconnaît, ni ne le loue. Longtemps l'homme, toujours de petite foi, a cru que rien ne pouvait vivre sur Mercure, parce qu'il y fait trop chaud *poar nous*, et que Saturne était un désert, parce que *nous* y gèlerions. Mais Dieu nous a ouvert de plus grands horizons et nous a montré que, même sur cette terre, la vie qu'il a créée supporte des différences de température aussi grandes que celles qui existent probablement entre Mercure et Neptune. Ainsi Carl du Prel raconte que Doyère a desséché des rotifères à 153° sur l'acide sulfurique pendant trois semaines, et qu'ils ont survécu! Ainsi le professeur Raoul Pictet, comme nous l'avons dit plus haut, a prouvé que ces petits démons se moquent d'un froid de

—200°! Et même l'homme supporte fort bien en
Sibérie —63° et à Bassora et au Sénégal 40° à l'ombre,
c'est-à-dire des extrêmes qui diffèrent plus que la température de la glace de celle de l'eau bouillante. D'ailleurs, tout dépend de la faculté d'absorption des corps
pour la chaleur, et Tyndall remarque fort justement
qu'une comète, où cette absorption serait nulle, passerait, à la température de la glace, à travers l'atmosphère du soleil chauffée à plusieurs milliers de degrés.
Il est donc aujourd'hui puéril de prétendre que les
températures du système solaire empêchent la vie de se
développer sur les différents mondes qui le composent;
outre que c'est poser des bornes arbitraires à la puissance d'un Dieu vivant et qui aime la vie.

Quant aux formes que revêt la vie sur ces différents
mondes, il nous sera probablement toujours impossible
de les connaître et il est fort inutile de chercher à se
représenter si les habitants de Mars ont des ailes ou
des cornes, ou quatre ou six pieds. Car la terre déjà
nous montre dans les organismes une abondance, une
richesse de formes qui déroute l'imagination. Ainsi, et
quoique les types les plus élevés des végétaux soient
immobiles et enracinés, nous voyons dans nos lacs et
nos mers d'innombrables quantités de lentilles d'eau,
d'algues, de diatomées, de desmidiacées et de bacilles
flottant sans point d'appui, et dont plusieurs, comme
les navicules et les pleurosigmas, montrent des mouvements mystérieux qui paraissent volontaires. Par
contre, et quoique les principaux types des animaux
soient mobiles, des espaces aussi grands que nos continents sont couverts, au fond des océans, de millions
d'animaux enracinés, de coraux, d'éponges, de polypes,
de pinnatules. Si donc nous ne regardons qu'au nombre, nous reconnaissons, non sans étonnement, que la

plupart des végétaux sont mobiles et un très grand nombre d'animaux immobiles. Pourquoi n'en serait-il pas ainsi sur quelque planète où des animaux magnifiques de force et de grandeur, solidement enracinés, étendraient et remueraient leurs bras et leurs trompes comme nos chênes leurs branches, tandis que de superbes plantes, globes de pourpre et d'émeraude, ou coupes de nacre aux franges d'or, aux formes variées comme nos méduses, flotteraient dans les airs ou nageraient dans les mers. Mais si nous voulions préciser davantage leur forme, nous serions arrêtés par l'impuissance complète de l'homme à imaginer de nouveaux types de création. Ce roi déchu ne sait pas dessiner une nouvelle fleur et quand il veut inventer quelque animal nouveau, il ne sait que placer une tête de femme sur le corps d'un taureau et l'appeler sphinx, ou donner à un serpent des griffes, une gueule et des ailes et le nommer dragon ou chimère.

Connaissant ici-bas déjà l'esprit un peu mieux que la matière, il nous serait plus facile d'arriver à quelques conclusions sur la vie intellectuelle de ces habitants des planètes. Le darwinisme exagère l'influence des milieux, et la preuve en est, qu'au fond des océans, dans un milieu constant, toujours à la même température et dans une obscurité, un froid et un silence éternels, ce seul milieu unique et toujours le même n'a pas produit un type unique, mais bien les espèces les plus différentes. Mais il n'en est pas moins vrai que la vie de l'esprit est intimement liée aux conditions de l'existence matérielle. Si les Grecs s'étaient fixés en Tartarie ou les Anglais dans l'Afrique centrale ou les Esquimos en Italie, ils ne seraient pas devenus ce qu'ils sont. Comme un peuple de sourds-muets ne produirait pas des musiciens ni une nation d'aveugles des peintres, on peut affirmer que les habitants les plus développés de Jupiter ne font pas de l'astronomie, ou ce que nous entendons par là ; car les épais nuages qui entourent cette planète, et que nous voyons d'ici agités par des orages terribles et continuels, leur dérobent la vue des corps célestes ; et même s'ils pouvaient s'élever sur de puissantes ailes jusqu'aux confins de leur atmosphère, ils manqueraient de point fixe pour opérer les mesures qui forment la base et la condition de l'astronomie. Si leur planète, comme le croient quelques astronomes, à cause de sa très faible densité, n'est qu'un immense océan d'eau presque bouillante et sans fond, elle peut fort bien être habitée par des sauriens, des sépias ou des octopus gigantesques, ou par des cachalots se mouvant comme des promontoires animés à travers les flots déchaînés ; mais il est évident que, dans un monde pareil, il ne peut être question d'agriculture ni d'architecture, et tout aussi peu de commerce et d'industrie. Si, au contraire, il est vrai — ce que nous saurons probablement un jour définitivement — que, dans la claire atmosphère de Vénus, d'énormes montagnes rocheuses s'élèvent à 3o,ooo mètres et plus au-dessus de la plaine, comme le croient Schrœter et d'autres, et que cette planète, ce qui est certain, offre des contrastes de lumière et d'obscurité, de froid et de chaud bien plus tranchés que ceux que nous connaissons sur la terre, il devient probable que Dieu, qui sait si admirablement adapter la créature à son milieu, a créé là des êtres plus forts et plus développés que nous, et capables, non seulement de résister à ces contrastes, mais de les utiliser pour une vie plus intense. Ne voyons-nous pas ici-bas combien la vie tropicale est plus puissante et plus variée que celle des pôles ? La science nous prouve de plus en plus que le soleil est la vraie source de la vie pour la terre et

que, comme le dit Tyndall, le vent et les vagues, le
torrent et la cataracte, la force de toutes nos machines
et du boulet de canon, celle de nos muscles et la chaleur
de la fièvre qui brûle dans nos veines ne sont que des
manifestations partielles de la puissance solaire. On a
calculé que la force vitale que le soleil nous envoie par
année comporte deux cent mille milliards de chevaux-
vapeur.

Or Vénus en reçoit plus du double. On peut donc
supposer que toutes les manifestations de la nature y
sont plus puissantes, et par conséquent les organismes
aussi. Quant à Mars, sept fois plus petit que la terre, il
nous offre si bien, avec ses jours et ses saisons, son
climat semblable au nôtre, ses pôles couverts de neige,
ses mers bleues et ses continents rougeâtres, l'image
d'une terre en réduction, qu'il y a mille à parier contre
un qu'il est habité par des organismes qui ne diffèrent
pas sensiblement des nôtres.

Disons encore un mot de ce que l'astronomie nous
apprend sur les étoiles. Ici aussi elle a bien grandi
notre conception de l'avenir et celle de la puissance du
Créateur. Déjà Aristarque de Samos tenait avec raison
Sirius pour un soleil plus grand que le nôtre. Nous
savons maintenant qu'il émet quatre à cinq mille fois
plus de lumière que le nôtre, mais nous savons aussi
que d'autres étoiles, comme l'énorme Régulus et
Arcturus, le surpassent de beaucoup. Nous savons que
parmi ces millions de soleils il y en a d'isolés et d'autres
qui se groupent en couples, en sociétés, en troupes, en
peuples; qu'il y en a de pourpres, et d'autres qui sont
azur, jaune d'or ou émeraude; que sur beaucoup
d'entre eux la vie bat de pulsations régulières et qu'ils
se réveillent et lancent tous les ans ou tous les dix ans,
ou tous les cinq cents ou mille ans, dix, cent ou mille

fois plus de lumière, pour se rendormir ensuite ; que plusieurs s'éteignent peu à peu et ne jettent plus qu'une lumière rouge et blafarde, tandis que d'autres, le majestueux Sirius par exemple, augmentent d'éclat éblouissant. Nous voyons tout cela sans en savoir ni le comment, ni le pourquoi, mais nous comprenons toujours mieux que ces soleils, que Dieu a semés comme de la poussière dans l'espace, sont des centres effrayants de force et de vie, des ouragans de feu qui répandent des torrents de lumière, de chaleur et d'électricité, et que ceux-ci, en frappant les corps obscurs que nous appelons des planètes, y produisent ce que nous nommons la vie, pauvre et pâle image de la vie bien plus haute de ces soleils. Et ce n'est pas tout. Lockyer et d'autres savants concluent de leurs observations spectroscopiques et du fait que moins les soleils sont chauds, plus leurs spectres montrent de lignes différentes, correspondant à un plus grand nombre d'éléments, que, dans les foyers incandescents des soleils tout blancs (le notre est jaune) une matière primitive seule, peut-être l'hydrogène, vit d'une vie inconcevable de puissance et d'ardeur, et que les éléments ou ce que nous appelons tels, et à plus forte raison la terre et tout ce qu'elle renferme, ne sont que les produits du refroidissement de cette matière une et primordiale et plus ou moins figée ou affaiblie.

Il ne peut guère être douteux pour un philosophe chrétien que les soleils, en tant que centres de force et de vie, ne soient régis, sinon habités, par des intelligences d'autant supérieures aux hommes que ces corps dépassent la terre en grandeur et surtout en importance cosmique. La Bible favorise en plusieurs endroits cette opinion. Si elle nous parle des anges qui sont des esprits envoyés pour servir ceux qui doivent hériter du bonheur éternel, elle nous parle aussi de puissances, de trônes, de principautés dans les lieux célestes et nous montre dans le livre de Daniel et dans l'Apocalypse des individualités éternelles et gigantesques, dont les unes président au destin et à la chute des empires, et les autres ont puissance sur le feu, se tiennent dans le soleil ou illuminent la terre de leur gloire. Admettre que Dieu a institué l'homme roi de la terre et que ces créations infiniment plus grandioses et plus puissantes, que nous appelons des soleils, ne sont gouvernées que par ce que nous appelons les forces de la nature, est une contradiction, et l'est bien plus encore, si ces soleils ou du moins les plus grands et les plus puissants, sont les laboratoires divins, où, comme le disait déjà le théosophe Jacob Bœhme, s'opère la production, la naissance des éléments. Quels princes de Dieu président là, à ces créations primordiales, et dirigent ces forces divines et causales, dont tout ce que nous appelons nature, n'est qu'un pâle reflet ! Et si, sur les centres les plus incandescents, les plus foudroyants de vie, il n'existe plus qu'*une* matière et qu'*une* force, comment nous représenter une telle existence, nous dont la nôtre n'existe et ne subsiste que par le contraste, dont l'esprit ne conçoit qu'à l'aide de différences et de formes, qui ne vivons que dans la pluralité ? Comment concevoir sur de tels mondes, uns dans leur être, la pensée, l'action et même le bien et le mal ?

Peut-être la découverte d'une matière seule et unique sera-t-elle la plus grande pensée du siècle suivant, comme celle de la constance de la force et de la matière la plus grande du dix-neuvième. Mais il ne s'en suit pas que nous pourrons la réaliser en pratique et arriver à la permutation des métaux que cherchaient les alchimistes, et que plusieurs chimistes d'aujourd'hui ne tiennent plus pour impossible, tant il est vrai qu'il n'y a rien de nouveau sous le soleil. Nous n'y arriverons pas, soit par impossibilité de produire la chaleur nécessaire telle qu'elle existe dans les soleils, soit parce qu'il n'est probablement pas dans les vues de Dieu que l'homme déchu, qui se sert de toutes ses connaissances pour le mal, s'affranchisse à ce point des lois de son existence telles que nous les connaissons aujourd'hui, affranchissement dont la dépréciation presque complète des métaux et des pierres précieuses ne serait qu'une des plus minimes conséquences.

Si le télescope a développé nos notions sur l'infiniment grand, le microscope les a enrichies quant aux infiniment petits, et tous deux nous ont montré sur quels simples fondements et de quels simples éléments Dieu a bâti sa création. A l'aide de cet œil artificiel, mais construit d'après les mêmes principes que l'œil naturel, le botaniste a découvert, non sans étonnement, que les milliers de végétaux si différents qui couvrent les surfaces de la terre, et leurs fleurs si belles et leurs fruits si savoureux, les champignons et les algues, les mousses, les lichens et les palmiers, la pomme de terre comme la rose, le roseau comme le chêne ne sont composés que d'une seule forme, la cellule. C'est ce petit sac formé de celluloïde, matière semblable à la corne, généralement microscopique, long quelquefois de plusieurs millimètres, aux parois tantôt d'une minceur extrême, comme dans la chair juteuse de la fraise, tantôt épaisses et durcies comme dans le noyau de pêche, et qui brille de toutes les couleurs, selon qu'il est rempli de différents liquides, ou reste blanc quand il ne contient que de l'air, comme dans le lis et toutes les fleurs blanches, ou devient vert dans la feuille et l'herbe, quand de nombreux granules de chlorophylle verte nagent dans son suc incolore. C'est cette outre ou outricule qui, ronde partout où elle est en liberté, se change par la pression réciproque en cellules hexagonales dans la moëlle de sureau, ou s'étire en longs cylindres dans la tige, ou forme par la résorption des parois intermédiaires, des tuyaux ou « vaisseaux » encore plus longs qui conduisent aux différentes parties du végétal la sève, le suc laiteux et d'autres liquides. C'est enfin et toujours cette cellule qui, dans l'admirable pollen des fleurs, cette poussière vivifiante et génératrice, revêt les ornements les plus variés et paraît tantôt hérissée de piquants, ou nervée comme le melon ou couvert de réseaux comme dans les liliacées. Dans les conifères les cellules allongées du bois s'épaississant de plus en plus, laissent pourtant de petites places rondes qui, recouvertes seulement d'une mince peau, servent de pores à travers lesquels s'opère l'endosmose de la nourriture liquide. Enfin c'est toute une étude et des plus attrayantes, que celle des formes toujours variées, toujours parfaitement adaptées à leur but spécial, de cette cellule végétale, de ce moellon avec lequel Dieu sait construire des édifices si différents.

Et l'animal aussi, grand ou petit, qui nage dans les mers, rampe sur la terre, s'élève dans l'air, n'est qu'un amas, une montagne, une monde de cellules. Cellules sont nos cheveux et les poils, si élégants sous le microscope, de la souris et de la chauve-souris, cellules notre cœur et notre cerveau qui en contient d'après Meynert et Beale plusieurs centaines de millions ; cellules nos os et notre peau ; et comme les anthères d'un sapin, par exemple, renferment des centaines de millions de grains de pollen, ainsi d'innombrables cellules aplaties comme des jetons, nagent comme corpuscules sanguins dans nos veines, portent partout la force et la vie et se transforment en chair, en muscles, en nerfs et en os. Une goutte de notre sang en contient de trois à quatre millions, les veines d'un adulte 60 *billions*, et leur génération s'opère si énergiquement que deux heures après un bon repas leur nombre a déjà augmenté du quart.

Et de plus forts grossissements nous ont révélé un monde effrayant dont l'humanité n'a rien su pendant des milliers d'années. La terre, l'eau et l'air sont remplis de trillions et de quatrillions de petits êtres à la fois œuf et semence, non plantes et non animaux, et pourtant doués d'une effroyable énergie vitale. Leur terrible poison anéantit les poissons dans la mer, les insectes et les plantes sur la terre, et l'homme aussi tombe devant eux comme l'herbe devant la faux, quand ils s'appellent typhus, choléra, peste. Quelles mystérieuses existences! Elles se partagent, se fendent en une ou deux heures en deux, puis en quatre, en huit, en seize et anéantiraient en peu de jours le monde, si d'autres forces, inconnues aussi, ne les arrêtaient. Qu'est-ce que la fécondité d'une plante de pavot, par exemple, qui produit en un an 30,000 semences, ou celle de l'esturgeon avec trois millions d'œufs, vis-à-vis de ces vibrions, monades, bactères, bacilles, microbes, dont quelques-uns engendrent en vingt-quatre heures plus de 16,000,000 d'individus, en deux jours 281 billions, en trois jours jours 47 trillions!

Mais ce sont là les derniers vestiges de la vie organique. Un philosophe, Leibnitz, je crois, s'est demandé, si la création n'était pas infinie dans le petit comme dans le grand, et si la plus petite goutte d'eau ne contenait pas des systèmes solaires habités. Nous savons maintenant que non. Tout admirablement construit qu'est un rotifère ou une daphnis, l'on voit au-dessous d'eux les organes disparaître et les organismes se résoudre rapidement en formes mathématiques, le cercle, le triangle, l'hexagone, ornés seulement de raies ou striés, et la monade n'est plus que la cellule ronde primitive de la plante et de l'animal. Puis le vide se fait, et nous ignorons combien il dure jusqu'à ce que paraisse le monde mystérieux et plus terrible des molécules et des atomes que jamais microscope ou instrument quelconque ne nous montrera, puisque lui aussi est composé et bâti de ces atomes.

C'est cette connaissance agrandie de la nature et de ses lois qui nous met en état d'inventer et de construire le télégraphe, le téléphone, la dynamo, le phonographe, le microphone d'Edison et bien d'autres appareils non encore connus et au moyen desquels nous saurons toujours mieux faire servir à nos buts la lumière, le son, l'électricité ; grandes et belles découvertes, si nos buts étaient grands et beaux, s'ils tendaient à Dieu ; mais jolis joujoux seulement, si nous ne les faisons servir qu'à notre vanité, à notre avarice, à la jouissance matérielle ! Car ces admirables adaptations de la science, comme on les appelle, n'ont en elles-mêmes aucune valeur morale. De voyager en train express ne nous a pas rendus meilleurs ; de traiter nos affaires par télégrammes ne nous a pas faits plus honnêtes ; le téléphone ne nous a pas enseigné à être véridiques, et la photographie n'a pas ennobli l'art. Qu'on puisse se servir de ces inventions pour faire du bien, nul ne le nie ; mais l'homme étant plus mauvais que bon, il est logiquement présumable qu'il s'en servira pour faire plus de mal que de bien.

Il est du reste à remarquer que ces sciences naturelles nous fournissent une conception du monde qui se rapproche de plus en plus de celle des théosophes de tous les temps. « Plus la science progresse, » dit avec raison M. Jean Payot, « plus elle s'éloigne de la réalité pour s'enfoncer dans l'abstraction. » (*De la Croyance*, Paris 1896). — Que notre parole résonne à travers les espaces, fasse le tour de la terre pour revenir à nous; que le monde est un immense phonographe, qui pourra rendre et réciter un jour tout ce qu'il a entendu; que toute la vie sur la terre est le produit des effluves de tous les astres et surtout du soleil; que l'éther qui remplit l'espace est la source et la mère de toutes les forces; que la force est lumière et la lumière force; que tous les éléments sont le produit d'un seul vrai élément; qu'il y a un rayon lumineux et par conséquent une vision qui perce les corps opaques; que le feu, comme le disait déjà Bœhme, révèle la nature de toute chose; ce sont là des vérités que la science a, depuis des siècles, taxées d'absurdités mystiques, mais auxquelles elle arrive pas à pas; et notre physique, dans l'ancien sens de ce mot, se rapproche de plus en plus de la physique biblique.

Jetons un coup d'œil sur les résultats pratiques de cette perception plus juste et plus étendue de la nature, sur ce que nous appelons notre civilisation.

Elle se manifeste parfois dans des choses, où beaucoup de gens ne vont pas la chercher; par exemple dans l'énorme consommation que nous faisons de papier et de fer. Que serions-nous au dix-neuvième siècle sans eux ? Le papier, c'est cette matière porte-pensée que le Chinois a inventée et qu'il révère tant. Il lui a fallu longtemps pour arriver en Europe et détrôner le parchemin si durable et si cher. En 650 on en faisait à Samarcande· en 800 à Bagdad, en 1100 au Caire; mais ce ne fut qu'en 1340 que la première papéterie fut fondée en France, et ce n'est que dans ce siècle que nous avons commencé comme les Chinois à faire du papier de bois, de paille et d'alfa. En Autriche et en France, des milliers de sapins, de saules et de peupliers servent à la correspondance du monde. On ne voit pas trop pourquoi nous employons mille fois plus de papier que nos ancêtres. Nous ne pensons pas plus qu'eux; mais dans ce siècle bavard, nous en sommes venus à ne plus pouvoir garder nos pensées pour nous; bonnes ou mauvaises, il faut les communiquer à autrui et en inonder le monde. Nos ancêtres écrivaient plus rarement; mais des lettres longues et sérieuses, où ils pesaient leurs paroles et disaient bien et longuement ce qu'ils voulaient dire. Aujourd'hui la carte postale détruit le style épistolaire. J'arrive à Naples et vais voir Capri. Vite une carte à la maison : « Vu la grotte bleue! Superbe! pur outre-mer et cobalt. Mais on est écorché! Cinque lire par heure de bateau, Addio! P. S. Demain le Vésuve! » Et puis les impressions s'évaporent et on n'écrit jamais la lettre qu'on voulait écrire.

Et le journal aussi tue le livre.

Au siècle prochain nous ferons encore plus ample consommation de papier. Les Américains en font déjà des roues de wagons, des tonneaux, des vases et des canots. En Europe la coupole de l'observatoire de Greenwich et celle du palais de justice de Bruxelles sont en papier mâché et à la fois légères et solides, et le Conseil municipal de Londres en a recommandé l'emploi pour les monuments publics.

Heureusement que la consommation du fer ou plutôt de l'acier qui ne coûte pas plus et même moins, fait contre-poids à celle du papier trop mou. Autrefois un chevalier revêtait trente kilos de fer, pour se protéger contre les épées et les piques des lansquenets ; aujourd'hui, — il n'y a rien de nouveau sous le soleil, — nous habillons nos vaisseaux et nos forts de plaques d'acier pesant 30,000 kilos l'une pour les protéger contre des projectiles de 300 kilos et plus, lancés par des canons de 40 à 80 tonnes ! Mais il nous faut bien plus de fer encore pour entourer la terre d'un réseau de rails sur lesquels hennissent nuit et jour des chevaux de fer, tandis que des baleines, de fer aussi, sillonnent toutes les mers.

La métallurgie a sa poésie. De tout temps le forgeron qui façonnait à l'aide du feu mystérieux le soc de charrue et l'épée du guerrier, a été lui aussi un héros, a imposé aux peuples, et la mythologie a fait du premier, de Thubal-Caïn, un dieu, dont Homère a décrit les chefs-d'œuvre. Mais qu'est la forge antique et celle du moyen-âge, vis-à-vis de nos hauts fourneaux ? Tel département français n'employait pas en un an, au siècle passé, la dixième partie du fer que produit en un jour l'usine du Creuzot, qui couvre 400 hectares et occupe 15,000 hommes.

Alors un haut fourneau de quatre mètres de hauteur fournissait mille kilos de fonte par jour ; à présent un tel de quinze mètres en donne 125,000 ! Et telle usine en possède sept ou huit. Jour et nuit ce foyer dévorant, avivé par un ouragan d'air brûlant que lui insufflent des machines de 700 chevaux, avale par heure 15,000 kilos de minerai et de coke ; toutes les deux heures il vomit 10,000 kilos de métal liquide ; et cela dure jour et nuit, sans trève ni repos, toute sa vie qui est de quinze ans ; il faut alors le démolir et le reconstruire à nouveau. De puissantes machines s'emparent du métal à peine refroidi. Au lieu des petits marteaux d'autrefois, mûs par quelques sources modestes, les marteaux-pilons de 125,000 kilos, dont les coups font trembler la terre à quatre kilomètres, lui font suer ses impuretés, l'aplatissent et lui donnent la forme voulue. Des laminoirs géants en font des feuilles ou des rubans ; des presses hydrauliques couchent et façonnent, comme de la pâte docile, des plaques de cuirassés de six mètres de longueur, et de 50 centimètres d'épaisseur ! Et avec quelle élégance et quelle précision travaillent ces machines monstrueuses ! Ce marteau-pilon casse une noisette sans en endommager l'amande et des grues électriques transportent sans bruit d'énormes arbres d'acier sur des tours où ils sont centrés avec la roue de Palmer à un *centième de millimètre près !*

Mais tous ces métaux, le fer, l'acier, le bronze, l'aluminium, ne sont que les formes tenaces et pourtant flexibles de la matière dont nous nous servons pour emmagasiner et transmettre la force. La force ! voilà ce que nous cherchons aujourd'hui partout, ce dont nous ne pouvons avoir trop. Depuis que nous avons découvert le moyen d'enchaîner ce Protée à cent faces qui reluit dans le rayon de soleil, rugit dans la cascade, résonne dans l'orgue, vibre dans le fil télégraphique et dort dans la poudre, la dynamite, la mélinite, jusqu'à ce que l'homme le réveille pour détruire son semblable et ses œuvres, il nous a fascinés. Pas de ville grande ou petite, pas de village qui ne le veuille pour le forcer à éclairer ses rues, à chauffer ses maisons, à labourer ses champs, à couper sa moisson et à battre son blé. Car le bœuf patient est trop lent à notre gré ; puis il demande des égards, des ménagements et veut être traité en créature raisonnable. Nous voulons aujourd'hui des animaux domestiques d'acier, animés par l'éclair, qui travaillent sans relâche, qui obéissent sans murmures, qui ne tombent pas malades et qu'on puisse rejeter au haut fourneau quand ils sont vieux. Et nous n'en sommes qu'au commencement. La machine à vapeur n'était déjà pas mal, c'était un progrès en regard de la vénérable roue à eau, à barbe verte, qui allait clapotant doucement, monotone et ruisselante. Mais cette machine et la locomotive haletante, enfumée et assourdissante ne seront bientôt plus que de la vieille ferraille. A quoi bon faire venir à grands frais, de Givors ou de l'Angleterre, de la houille pour la transformer en force avec déchets de cendres et de fumée? Le monde n'est-il pas plein de force? Il ne s'agit que de la ramasser, de l'emmagasiner et de la forcer à faire ce qu'on veut. La pluie, le ruisseau, le fleuve, l'eau qui court et qui coule, le vent, l'océan qui monte et s'abaisse, ce sont des forces à notre service, et déjà, au moyen de la chute du Rhin, un cordonnier de Bâle peut coudre ses semelles, un paysan de Constance labourer son champ et un savant de Zurich éclairer et chauffer son laboratoire. La force utilisée par la roue à eau, c'était la monnaie de fer lourde et non transportable des Spartiates; la machine à vapeur c'est la force en pièces de cinq et de vingt francs; l'électricité, c'est le papier-monnaie, la lettre de change, le chèque. Nous pouvons télégraphier la force et nous le ferons toujours mieux.

Évidemment l'électricité nous rendra de grands services le siècle prochain. D'abord comme source commode de chaleur et de lumière. On peut, dit le Prof. Haüssermann, produire avec son aide une chaleur de 3000°, tandis que celle de la flamme d'hydrogène ne dépasse pas 1800°. Cette chaleur, qui fond le quartz, nous servira à produire les carbides, le carborundum qui a presque la dureté du diamant, et le carbide de calcium, facteur si important pour la production de l'alcool tiré des matières inorganiques. Des applications encore plus importantes de l'électricité nous seront fournies par l'électrolyse, trouvée par Davy en 1807, c'est-à-dire la séparation des éléments, par le courant électrique, en négatifs et positifs; elle nous a déjà donné la galvanoplastie, c'est-à-dire l'art de recouvrir, dans le bain électrique, un corps de forme quelconque, d'un métal voulu. On peut aussi enlever le noyau, et il reste le vase, mat ou poli à volonté. C'est aussi à l'aide de l'électrolyse que nous commençons à séparer l'aluminium de l'argile, à blanchir la laine, la toile, la cire, le papier, ou à tanner le cuir en fort peu de temps, et même à faire mûrir les fruits plus rapidement, à donner de l'âge au vin jeune encore, à vieillir du bois pour la fabrication de violons précieux, enfin à purifier dans les grandes villes l'eau des cloaques. Un de ses plus beaux emplois sera la décomposition de l'eau en hydrogène et oxygène. Quand cette opération pourra se faire à bas prix, *l'eau deviendra le combustible universel de l'avenir*. Elle sera aussi sa poudre. Déjà en Allemagne, on fait sauter les roches les plus dures avec des cartouches de 20 centimètres de longueur, chargées d'eau, qu'un courant décompose en 40 heures en un mélange d'oxygène et d'hydrogène que l'étincelle électrique allume. Il va sans dire que cette force mystérieuse et universelle nous servira aussi de plus en plus dans nos maisons, du grenier à la cave, à la cuisine, à l'étude et au salon, de bonne à tout faire, et que l'homme lui trouvera nombre d'applications nouvelles utiles ou absurdes, ingénieuses ou plaisantes, et il n'est pas impossible que le voyageur, sportsman de l'avenir, n'emporte dans son carnet avec ses banknotes, une force de quelques chevaux pour l'aider, le cas échéant, à passer à la nage un bras de mer, à gravir une montagne, à courir sur la glace, que sais-je encore ?

En tout cas cette nouvelle force accélérera notre vie, la rendra encore plus courte et plus agitée, et nous et nos enfants plus inquiets et plus névrosés que nous ne le sommes déjà. A force de vaincre le temps et l'espace, nous n'aurons bientôt plus le temps ni la place de rien faire largement, commodément, solidement et à loisir.

Et pourtant toutes ces forces, l'eau et la vapeur, la chaleur et l'électricité, telles que nous les employons, ne sont que des dérivés, des produits de la grande force vitale que le soleil nous envoie, et c'est à cette source inépuisable qu'il faudrait aller puiser et que nous puiserons probablement un jour, au lieu d'en ramasser à grand'peine quelques gouttes par ci par là. Ce soleil darde continuellement d'innombrables calories sur toute la surface de la terre. On entend par calorie la chaleur nécessaire pour élever d'un degré la température d'un kilo d'eau, et qui, transformée en travail mécanique, soulèverait *425 kilogr.* à un mètre en une seconde. Pour autant que nous le savons, elles tombent en pure perte par millions sur l'immense Sahara et sur l'Arabie, sur tant de plaines sablonneuses et désertes, comme sur les toits de nos grandes villes. Il n'y aurait qu'à ramasser ces rayons solaires pour nous chauffer pendant l'hiver avec le surplus de la chaleur d'été. Une petite portion des calories qui tombent sur l'Egypte, suffirait à mouvoir toutes ses machines, ses bateaux à vapeur et ses chemins de fer futurs. Si à l'aide de pompes solaires nous arrosions et rafraîchissions le Soudan et la Mésopotamie, nous ne ferions qu'imiter sur une fort petite échelle le soleil qui pompe les eaux des mers à dix mille mètres de hauteur pour en asperger toute la terre. Ainsi on évalue l'évaporation de la Mer Morte seule à quatre millions de tonnes *par jour*. Ce sera pour les ingénieurs de l'avenir un beau problème à résoudre que de trouver les appareils les plus propres à emmagasiner ces rayons si pleins de force, peut-être comme A. Mouchot en avait déjà donné l'exemple à l'exposition de Paris, par d'immenses tournesols en métal poli, plantés par milliers sur les rives du Niger et du Nil, du Tigre, de l'Euphrate et du Gange. Peut-être alors l'industrie, qui toujours va chercher la force à bon marché, refluera vers les tropiques et couvrira d'usines solaires les bords au moins du Sahara, et l'humanité la suivra et retournera aux lieux qui l'ont vu naître.

Le présent contient les germes de l'avenir. Faisons abstraction d'un côté des prophéties, de l'autre des questions sociales et des combats qu'elles amèneront, et examinons le développement matériel probable du monde dans le siècle suivant.

D'abord le transit, soit des voyageurs, soit des marchandises, atteindra des proportions colossales. Sur des chemins de fer, ou plutôt d'acier, à voies formées de quatre ou six rails combinés et de dix mètres et plus de largeur, des wagons électriques, lancés toutes les dix minutes comme nos tramways, atteindront, espèrent les ingénieurs, des vitesses de 200 kilom. à l'heur. Et ces wagons ne seront plus de petites boîtes, où, parqués comme des brebis et pouvant à peine étendre les pieds, nous nous imaginons voyager confortablement, mais de vrais hôtels garnis. Mais à côté de ces lignes uniquement destinées aux voyageurs, d'autres plus massives et plus larges serviront au transport d'énormes magasins en tôle pour le blé, l'huile, le vin, le pétrole, etc.

Comme sur la terre, les grandes lignes de transit s'accentueront aussi de plus en plus sur l'océan. On créera de grandes routes maritimes, par exemple entre Bordeaux et Panama, Londres et le Cap, larges de cinquante kilomètres, éclairées à la même distance par des phares flottants en acier, bien ancrés, montrant aux grands transatlantiques, par des verres de couleur différente, la route qu'ils doivent suivre pour s'éviter, tandis que le fretin des petits navires devra se tenir sur les bords. Et ces phares serviront en même temps de magasins de réserve, de stations télégraphiques et de postes de sauvetage. Mais à côté de ces palais flottants et d'énormes vaisseaux-magasins défiant l'orage, les mers seront toujours plus sillonnées par d'élégants yachts montés par des amateurs toujours plus nombreux, qui voudront échapper au bruit et à l'ennui des villes, toujours plus désireux de retrouver sur la mer le calme et la santé pour leurs nerfs surmenés. Ce yacht de l'avenir, comme je l'ai décrit dans le journal *Le Yacht* (1884), ressemblera au scarabée aquatique, au dytisque par exemple, qui tantôt déploie ses ailes de gaze pour voler, tantôt les replie et les cache sous ses élytres pour plonger dans les eaux dont, grâce à un magasin d'air, il explore le fond à loisir. Tantôt enfin ce yacht grimpera à terre avec sa dynamo et s'emboîtera sur des rails pour courir les continents ou aller faire des parties de traîneau effrénées sur les banquises du pôle nord.

Que nous sommes loin aujourd'hui déjà de l'Angleterre de 1669, où il était défendu à une diligence de faire plus d'un trajet par semaine ou de parcourir plus de trente milles anglais (45 kilom.) par jour !

Et les hôtels prospéreront ! Que n'inventeront-ils pas pour attirer les touristes ? — Tickets de voyage valables pour un an pour tout l'Ancien ou pour le Nouveau Monde; avec coupons bleus, rouges et jaunes de Ire, IIe et IIIe classe pour entretien complet par vingt-quatre heures dans les hôtels, etc., etc.

Espérons que tous ces moyens de communication perfectionnés amèneront une répartition plus rationnelle de l'humanité sur la terre; espérons aussi que l'humanité comprendra enfin que sa tâche la plus importante est de cultiver cette terre. L'homme ne vit pas et n'a jamais vécu de houille, d'acier ou de verre; il lui faut du pain, du vin, de l'huile, de la viande pour sa nourriture, du coton, de la laine, du cuir pour ses vêtements, et l'agriculture, l'élève des bestiaux et la pêche feront toujours la base de son existence. Il serait bien beau que les peuples se jurassent enfin, sinon une paix éternelle, du moins une paix de cent ans. On pourrait alors occuper utilement les millions de jeunes gens forts et robustes qui perdent actuellement plusieurs années à apprendre l'art de se détruire mutuellement. On pourrait leur faire d'abord assainir la Mésopotamie en y plantant quelques millions d'eucalyptus; puis ils la canaliseraient selon les admirables plans des anciens Babyloniens. Ensuite ils reconstruiraient Ninive et Babylone et quelques douzaines de petites ville, et on y déporterait quelques centaines de millions d'hommes inactifs et inutiles qui encombrent et empestent nos capitales et nos États. Alors ces régiments de braves ouvriers iraient reconstruire Carthage et coloniser le nord de l'Afrique, creuser dans le Sahara des puits artésiens et y planter des palmiers; enfin y construire des chemins de fer électriques. Là-dessus, il leur resterait encore à défricher à peu près toute l'Amérique du sud et à cultiver rationnellement les pampas et les bois de l'Amazone et de l'Orénoque, grands comme dix fois la France, à l'aide de charrues et de moissonneuses électriques. Nous n'aurions alors plus à craindre de quelque temps l'excès de population, car on a calculé que la terre convenablement cultivée, pourrait nourrir quarante fois plus d'hommes qu'elle n'en porte actuellement. Enfin ces cinq millions de travailleurs que nous entretenons maintenant en pure perte, pourraient embellir la terre et servir l'humanité en plantant çà et là sur des îles ou des pentes de montagnes, des steppes ou des landes incultes quelques millions d'arbres fruitiers, le cocotier et le bananier, le poirier et la vigne. Et s'il leur restait du temps, on les employerait à creuser quelques canaux utiles; celui de Panama avant tout, où bientôt se fonderait, à ce carrefour de quatre continents, un entrepôt des produits et des marchandises de toute la terre; puis d'autres canaux, de la mer Baltique à la mer Noire, de celle-ci à la mer Caspienne, etc. Enfin ils amèneraient la mer à Paris, à Rome, à Berlin, et relieraient par d'immenses ponts d'ixium, le métal de l'avenir, la France à l'Angleterre, l'Italie à la Sicile, la Turquie à l'Asie, Gibraltar au Maroc et l'Inde à Ceylan.

Je ne sais que trop que la plupart de ces belles idées ne se réaliseront pas. Cette pauvre humanité qui se vante tant de ses progrès et de ses lumières, trop possédée par les démons de l'égoïsme, de la cupidité et de la haine, est trop incapable de réunir ses efforts pour les appliquer à des buts communs et vraiment raisonnables; mais il n'est pas impossible que quelque compagnie d'actionnaires, qui promettrait à ses commandi-

taires de brillants dividendes, n'exécutât quelques-uns
de ces projets.

En tout cas l'association produira de grandes choses
au siècle prochain. Nous avons à peine commencé à
réaliser ce qu'il est possible d'atteindre en concentrant
sur un point le travail et les capitaux de milliers d'individus. Il est probable que ce principe se manifestera
aussi dans la ville future. Bâtie selon un plan uniforme
d'après les règlements d'hygiène et de police, elle deviendra peu à peu un bloc régulier d'habitations toutes
du même genre, peut-être couvert d'un immense toit de
verre, ayant au centre comme cœur un accumulateur
central qui répandra dans tout l'organisme la lumière,
la chaleur et la force. Peinture qui nous paraît hazardée
et fantastique, mais que l'avenir dépassera certainement
encore ! Il y a cent ans qu'on se moquait des chemins
de fer comme malsains, dangereux, impraticables. Il
fallait au moins, disait-on, les enfermer dans des parois
de planches ! Nous sommes toujours et en toutes choses
des hommes de petite foi.

Les fruits de l'association changeront même la vie
domestique. On ne comprendra pas, en l'an 2000,
qu'une fois, dans une ville de 100,000 habitants, 10,000
cuisinières aient allumé à grand peine trois fois par jour
trente mille petits feux pour cuire, en produisant de la
suie, de la fumée et de la cendre, trente mille repas
différents, qu'une cuisine *centrale,* pourvue de fourneaux électriques, et cinq cents cuisiniers cuiront alors
bien plus vite, mieux, au moins dix fois meilleur marché et sans tant de déchets. Ne voyons-nous pas déjà
que, sur un vaisseau de guerre, quatre ou cinq hommes
font vite et bien la cuisine de six ou sept cents.

Le chauffage aussi subira une révolution complète.
Nos cheminées et nos poêles n'existeront plus long-

temps. De beaux globes de verre opaque, vrais soleils de l'appartement, où brûlera de l'eau décomposée, et réglés à volonté par un robinet, les remplaceront bientôt, et nos petits-enfants contempleront avec étonnement, dans leurs livres d'images, des cheminées et des ramoneurs, réminiscences effrayantes d'un ténébreux et barbare XIXe siècle.

Les suites intellectuelles du transit, si développé, sont faciles à pressentir. L'humanité deviendra toujours plus cosmopolite; les murs et les barrières tomberont toujours plus entre les peuples; toutes les idées, tous les systèmes, toutes les théories, tous les arts et toutes les sciences deviendront plus ou moins le bien commun de tous les hommes; et on appellera cela le progrès, la propagation des lumières. Nous verrons plus tard quelle valeur il faut accorder à ce qu'on entend par là. Ce qu'il y a de sûr, c'est que les langues des peuples, ce symbole infaillible de toute leur vie, perdront de leur caractère et de leur individualité, de leur force et de leur profondeur, de leur saveur et de leur pittoresque pour devenir, elles aussi, plus ou moins cosmopolites et s'enrichir à la fois de centaines de termes internationaux, de nombreuses locutions plus ou moins jolies, spirituelles et psychologiques, qui nous serviront à exprimer brièvement nos impressions à la vue de tant de paysages et de caractères différents. La grammaire et l'orthographe de ces langues deviendront toujours plus simples, plus pratiques et plus pauvres, à l'exemple de l'anglais, où le même mot sert de substantif et de verbe, où le verbe est si défectueux et l'article et l'adjectif complétement pétrifiés. Il n'y aurait qu'à régulariser ses verbes irréguliers pour en faire une langue à apprendre en six semaines, de manière à pouvoir s'en servir pour tous les buts pratiques, ce qui n'arrivera pas à l'allemand ni au russe, tandis que le français est trop élégant et personnel pour devenir jamais la langue des multitudes et être parlé sur le marché du monde.

Par contre une langue vraiment universelle et fabriquée de toutes pièces, comme l'ont rêvée les inventeurs du « volapuk » et de la « pan lingua », restera toujours une absurdité. Jamais l'Hindou ne parlera comme l'Esquimo, ni les bergers des Alpes comme le marin ou le pêcheur. Mais il est fort probable qu'on inventera pour le commerce une espèce de tachographie, composée de cinq à six cents signes parfaitement suffisants et internationaux dont l'un signifiera : expédier, mandare, versenden, to send ; l'autre : marchandise, goods Ware ; le troisième payer, to pay, pagare, bezahlen, et ainsi de suite. Puis le signe produira une expression correspondante, et nous aurons une langue commerciale à part.

Les ombres ne manquent pas à ce tableau de l'avenir.

Ainsi nous avons parlé de l'énorme développement du transit et de la facilité des communications. Mais il est difficile de dire quel bien véritable ils nous apporteront. Le mouvement rapide exerce sur l'homme un charme mystérieux, et quand il a volé avec l'express pendant quelques heures à travers un pays, il s'imagine presque avoir fait quelque chose. Mais quand on retrouve à Nice ces Parisiens qui, en route, se sont plaints amèrement d'un retard de vingt minutes, et qu'on les voit à l'hôtel après le dîner se demander en baillant : Où irons-nous passer la soirée et tuer le temps ? on ne comprend pas très bien pourquoi l'homme est tellement et toujours pressé de quitter une misère pour se jeter dans une autre, et on pense à Pascal qui dit : Tout le malheur de l'homme vient de ce qu'il ne sait pas tenir en place. Hélas ! il porte partout son ennui et sa tristesse ; en voyage, comme dit Mme de Staël, « on ne trouve que ce qu'on apporte », et Loti prétend « qu'on n'est bien qu'ailleurs ». Quant aux affaires, les marchands de Tyr et de Carthage n'avaient pas besoin de bateaux à vapeur, et ceux de Venise, de Gênes et de Nüremberg de chemins de fer pour amasser des richesses.

Somme toute, on se demande dès maintenant avec quelque effroi, si l'énorme appareil de locomotion dont nous avons besoin et les dépenses de matériel, d'argent et d'hommes qu'il comporte, sont vraiment rentables. Si dans cent ans tout le monde voyage, qui restera à la maison et que deviendra la famille ? — Il est bon et sain pour l'homme fort et pour le penseur de voir beaucoup de choses et beaucoup d'hommes ; car partout il sait démêler, sous la forme changeante, la loi immuable. Mais le voyage rend les faibles et les superficiels encore plus faibles et plus superficiels. A chaque nouvelle opinion, à chaque nouvel usage et à chaque nouvelle religion, ils perdent un peu des leurs, et regardent finalement le monde comme une grande foire, pleine de bruit et de blague, où tout est relatif et toute croyance affaire individuelle. Et ils perdent la notion de l'absolu qui seul donne quelque valeur à l'existence. Le world-trotter est une des tristes figures de notre civilisation.

Il existe pour le temps et l'espace une loi de corrélation, une harmonie de la nature que l'on ne transgresse pas impunément. La vitesse de translation normale de l'homme est celle du piéton, un mètre par seconde, comme celle de l'escargot est d'un millimètre. Le piéton utilise donc l'espace normalement. De plus grandes vitesses peuvent être pratiques pour atteindre un but ; mais l'esprit n'a pas le temps de profiter de ce qu'il voit. Je ne dis pas que l'emploi de la vapeur et de l'électricité soit immoral, mais je dis que nous sommes trop peu développés pour employer convenablement ces forces. Nous ressemblons à l'enfant à qui on donne un billet de mille de francs et qui en découpe les jolies figures pour son livre d'images. Sur la nouvelle terre, l'homme ressuscité saura, non seulement employer ces forces, mais il les produira. Il sera un centre de force ; il luira comme le soleil, annulera la pesanteur, se transportera en un instant où il voudra, sera lumière et chaleur, éclair et tonnerre !

Ne nous laissons pas non plus éblouir par les avantages de l'association. Au fond nous n'y gagnons rien. Un billet de mille francs n'est pas plus que 100,000 pièces d'un centime ; il est seulement plus commode. Dans l'association il doit même y avoir en définitive plutôt perte que profit. Les arbres serrés d'une forêt s'appuient les uns sur les autres et résistent ainsi mieux à l'orage ; mais, chacun le sait, leur développement individuel en souffre. De même quand douze hommes d'esprit et de talent se réunissent pour former un comité ; ses décisions, loin d'être douze fois plus géniales, sont en général moins spontanées, moins énergiques et moins sages que si un homme seul avait pris la chose en main. Les forces s'émoussent, se neutralisent et s'annulent réciproquement. Aussi de tout temps l'homme fort a évité l'association, et le faible l'a recherchée pour se sentir les coudes et cacher sa faiblesse, son irrésolution et son ignorance derrière celles des autres. Le paysan Riquet, arrivant à Paris en souliers poudreux et le bâton à la main, pour exposer à Louvois son plan de canal du Midi, et qui exécute seul ce magnifique travail, m'impose autrement que la société du canal de Panama. Et l'association gouvernementale, les parlements, ne portent pas actuellement en France, en Autriche, en Italie, en Belgique des fruits qui appellent le respect.

En pratique aussi nous nous faisons illusion sur les résultats de l'association. Un transatlantique de première classe est un de ses beaux triomphes. Mais le passager de première que l'on embarque comme colis de valeur pour le déposer en bon état dans tel ou tel port, n'a, fût-il actionnaire, absolument rien à dire dans l'affaire et n'en retire qu'un confort plus ou moins amollissant. L'Anglais ou le Norvégien qui, seul avec un ou deux amis, traverse l'Océan sur un petit yacht qu'il a gréé lui-même, fait bien davantage ; aussi chacun l'admire et personne n'admire le passager de première. Quand un sportsman tue, en Afrique, à cent mètres, un rhinocéros avec un express-rifle et une balle explosive, il se sert des résultats de l'association, de la pensée et du travail de centaines d'hommes qui ont peu à peu produit cette arme. Mais le grand chasseur Baker pacha avoue qu'il s'est senti petit garçon vis-à-vis d'une tribu nègre dont les hommes vont, avec d'excellentes épées qu'ils ont forgées eux-mêmes, chercher le lion dans son repaire et le tuer en combat singulier. Et n'avons-nous pas vu des expéditions scientifiques comme celle du commodore Franklin, pourvues de toutes les ressources, des instruments et des armes de la civilisation, périr misérablement dans les solitudes glacées, où l'Esquimo vit gai et content avec sa famille. Ainsi le Dr Kane, bloqué par les glaces dans la nuit polaire, vit avec étonnement son guide, un jeune Esquimo, lui annoncer qu'il voulait retourner chez lui, c'est-à-dire parcourir seul cent milles anglais, braver les orages et les ours blancs et retrouver sa hutte de neige. Et il arriva en bonne santé.

Dans l'association, l'individu abdique donc, au profit d'une idée commune, sa part de liberté, de volonté et aussi jusqu'à un certain point, de responsabilité, et les résultats sont quelquefois imposants; mais il y perd en individualité, en force et en courage. Il en est de même des inventions et des « admirables applications de la science », dont nous sommes si fiers. Ce sont les résultats de l'association de la pensée. Il n'y a rien de bien surprenant ni de bien admirable à ce que l'homme se soit aperçu, après quelques milliers d'années, que la vapeur est une force, que le monde est plein d'électricité, et que l'eau chauffée en vase clos se décompose en oxygène et hydrogène, et nous devrions plutôt avoir honte de ce qu'il nous a fallu tant de siècles pour découvrir cela. Si la machine à trois cylindres de quinze mille chevaux, que nous admirions dans le premier chapitre, était sortie telle qu'elle du cerveau de Watt, comme Minerve de celui de Jupiter, il faudrait certes s'incliner! Mais sa genèse est tout autre. En voyant la vapeur soulever le couvercle d'une théière, il vint à l'esprit de l'inventeur qu'elle pourrait bien aussi soulever un piston dans un cylindre. Un petit garçon s'avise, pour aller jouer, d'attacher des ficelles au balancier et de lui faire ouvrir et fermer à sa place les soupapes; et voilà le tiroir trouvé. Puis, d'essais en essais, souvent manqués, quelquefois réussis, nous en sommes arrivés avec mille peines à cette belle machine, que Watt n'entrevoyait certainement pas, même en rêve. Voilà l'histoire de nos inventions! Perçue plus ou moins clairement, la part du hasard et beaucoup de tâtonnements, de force et de travail perdus. Et le résultat théorique reste fort imparfait. Nos meilleures machines à vapeur ne rendent pas la moitié de la force qu'elles avalent, et le moindre moucheron qui danse pendant des heures au soleil se moque de nos ballons prétendus dirigeables.

La fabrique montre bien les côtés nuisibles de l'association. Tandis que l'agriculture, cette première vocation de l'homme, respectée à bon droit à l'égal de la force des guerriers et de la sagesse des prêtres par les grands peuples de l'antiquité, exige le travail individuel et intelligent, la fabrique idéale est celle où l'ouvrier ne fait tout le jour qu'un seul et même mouvement; car c'est ainsi qu'il produira la plus grande quantité possible de produits uniformes. Elle est donc en contradiction directe avec la nature qui exige, de chaque organisme individuel, qu'il accomplisse à lui seul toutes les fonctions de sa vie. Aussi a-t-elle engendré l'amer et aigre socialisme. L'homme ravalé à l'état de machine, sent qu'il n'est pas dans ce monde pour pousser deux mille fois par jour un levier; et d'un autre côté, l'atmosphère mécanique et matérielle dans laquel il vit, l'amène peu à peu à croire que l'univers n'est qu'une machine où il n'y a que de la matière et de la force.

La machine se venge, comme tout ce qui n'est pas divin. Les Égyptiens et les Assyriens savaient bien ce qu'ils faisaient, en n'employant que des forces vivantes. Eux aussi auraient pu inventer des machines et savaient arroser les jardins suspendus de Babylone par d'immenses pompes mues par l'Euphrate; mais ils auraient cru commettre un sacrilège en faisant fabriquer par des machines les images de leurs dieux. La machine se venge! Que furieuse quelquefois, elle saisisse l'homme, son créateur, l'écrase contre le mur en faisant jaillir son cerveau et son sang ou lui arrache à plaisir un membre après l'autre, c'est peu de chose, ce qui est plus grave, c'est qu'elle lui ôte l'esprit qu'il a mis à la faire, le pétrifie et ne le rend plus. La chiourme des galères gagnait plus à ses efforts pour vaincre le vent et les vagues, que le mécanicien à regarder tranquillement marcher sa machine et à l'huiler de temps en temps. Celui-là perd qui, au lieu de se former une écriture individuelle et à lui correspondante, se sert du type-writer ; celui-là aussi qui fait faire ses calculs par l'admirable machine arithmétique de Babbage, et de même celui qui, à l'aide d'un appareil rotatif, fabrique en un jour mille mètres de photographies, au lieu de dessiner une bonne esquisse d'après nature. C'est ainsi que les procédés phototypiques tuent la magnifique gravure sur bois, et que le télégraphe et le téléphone mécanisent la parole. Nous nous vantons de vaincre la matière, le temps et l'espace et ce sont eux qui nous vainquent ; car ils sont invincibles.

Comme ils se trompaient, les sociologues qui croyaient que l'association nivellerait les positions sociales et les fortunes. Nous avons aujourd'hui des milliers de prolétaires, plus pauvres que ne le fut jamais un serf russe, et à côté d'eux, à Berlin et à New-York, le milliardaire. Le culte de l'argent nous envahit de plus en plus ; et rien n'abrutit davantage. L'Amérique, cet idéal du progressiste, nous a déjà montré deux financiers, James Gould et Vanderbilt le père, qui ont commencé avec rien, qui laissèrent à leur mort quelques centaines de millions, et qui sont restés toute leur vie des rustres égoïstes, plus ou moins haïs de chacun et si ignorants que l'un d'eux n'a jamais su écrire une phrase sans faute.

Tout ce qui brille n'est pas or. Ce sera bien joli et bien pratique, quand nous n'aurons plus qu'une monnaie, un tarif postal, un billet de chemin de fer, etc., mais pourtant! Quand, du Spitzberg au détroit de Magellan, dans tous les hôtels du monde, les mêmes garçons, dans les mêmes fracs, offriront aux mêmes touristes, dans les mêmes complets, le même rostbeaf avec les mêmes pommes frites, le monde aura perdu quelque chose.

Remarquons pour finir l'inconséquence de notre civilisation. Nous enseignons à nos fils, dans nos lycées, qu'une fois, les guerriers jusqu'alors invincibles d'Hannibal perdirent leur vaillance en un hiver dans les délices de Capoue; que Cyrus et ses jeunes Perses devaient à leur sobriété leur force et leur santé, et nous leur racontons comment les jeunes Lacédémoniens s'exerçaient à supporter les nuits glacées, la chaleur du soleil, la faim et la douleur; et puis nous les grondons quand ils s'exposent à un air frais sans foulard ou au soleil sans chapeau, et leurs mamans les mettent dans un lit bien bassiné et envoyent chercher le docteur quand ces pauvres chéris toussent un peu! Toute l'histoire universelle nous enseigne que dès que les peuples ont recherché le luxe et la jouissance, ils ont bientôt perdu l'antique vertu et la force primitive. Nous le croyons en théorie; en pratique nous cherchons incessamment le luxe et la jouissance; des milliers d'hommes se consument à inventer des choses inutiles et à nous épargner un mouvement ou un pas de plus, et nous les en remercions et cherchons à rendre notre vie toujours plus confortable et commode, toujours plus molle et efféminée, et nous méprisons ces peuples qui jadis évitaient par principe ce luxe et ces inutilités et savaient rester simples et forts.

Et pourtant et malgré tout, l'homme reste ce qu'il est, et nous ne sommes pas plus petits que nos ancêtres. Sauvage ou civilisé, Grec, Français ou Chinois, qu'il conquière le monde ou pleure, blasé sur tout et dégouté de la vie, l'homme, ce pèlerin lassé sur la sombre terre, comme l'appelle Gœthe, reste un roi déchu, une majesté de par la grâce de Dieu, un Elohim tombé du ciel, en spectacle aux démons, aux anges et à Dieu même. Il ne s'est pas donné sa grandeur et il ne peut pas se l'ôter. Grandes sont sa pauvreté et sa faim; le monde entier ne saurait le rassasier. Grandes aussi la méchanceté et l'impiété de son cœur, grande sa prière et grand son blasphème. Grande aussi sa pensée, celle du nomade et du Grec, de l'Egyptien et du moderne, grands son art et sa science, sa philosophie et sa religion, car toujours il y met toute son âme avec ses grandes aspirations, sa grande foi et son grand doute, ses grands désirs, et sa grande douleur, et son grand désespoir. Et toujours il lutte avec Dieu et le diable, et joue la grande partie dont l'enjeu est son âme, et ne sait à qui la vouer pour trouver qui apaise enfin la soif qui le dévore et mette fin à son tourment.

Il est grand et misérable, ce fils de la poussière! Prométhée, il a ravi à Jupiter le feu et la foudre, et les force à le servir, à porter sa parole, à le porter luimême à travers les continents et les océans. Il dessine avec le rayon de la lumière les astres du ciel et les infusoires et l'intérieur de son corps; il se forge des serviteurs puissants et soumis, et dans sa haine, dans sa fureur, il contraint les forces de la nature à détruire ses ennemis et à le détruire lui-même. Et pourtant qu'il est malheureux ! Il nage dans un univers plein de force et se sent si faible ; dans un monde plein de vie et il sent le ver de la mort qui le ronge ! Partout de la lumière et il a les ténèbres dans le cœur ! Hier il est tombé dans ce monde, il ne sait lui-même d'où ; il travaille, il sue, il combat pour sa vie, car cette nature veut le détruire, puis il pâlit, penche la tête et meurt ; et demain il est oublié. Les autres ne demandent pas ce qu'il est devenu, où il est allé ; ils ont trop à faire ; eux aussi doivent travailler, suer, courir, jusqu'à ce que leur tour vienne.

Fatigué de la lutte, reconnaissant l'inutilité de ses efforts pour faire de ce monde un paradis, non, un endroit où la vie soit supportable et paisible, las de soi et des autres, l'homme moderne se tourne vers la nature, espérant trouver dans ses lois immuables et dans l'étude de ses phénomènes uniformes et réglés quelque calme et quelque certitude pour son âme agitée à tous les vents. Et ici aussi Dieu ne l'abandonne pas. Il lui ouvre les yeux, lui montre sa sagesse, sa toute-puissance, sa bonté, ses merveilles dans cette création, pour voir s'il ne pourrait pas ainsi le rappeler à Lui, diriger en haut ses regards, lui faire apercevoir le doigt du père qui lui montre le ciel.

Voilà l'évolution actuelle telle que nous montre la Bible : un nouvel essai de Dieu de rappeler à Lui, par la nature, son enfant égaré. Il lui jette des pièces d'or qui toutes portent son effigie ; mais l'homme les regarde, secoue la tête et ne reconnaît pas son père. « Nous n'avons pas de père et n'en voulons point ! » s'écrie-t-il ; « orphelins, nous sommes nés du néant ; néant est toute notre vie et bientôt nous retomberons avec tout ce qui nous entoure dans le néant éternel. »

Et il appelle cette nuit : « les lumières du progrès. »

CHAPITRE III

LES CHRÉTIENS & LA SCIENCE

Les découvertes de la science nous montrent un univers toujours plus grand, plus magnifique, plus plein de forces admirables et terribles. Elles nous le montrent aussi toujours plus un, régi et gouverné jusque dans ses recoins les plus éloignés par les mêmes lois, auxquelles obéissent également l'infusoire et la baleine, l'atome et le soleil. Elles nous disent même qu'il n'y a probablement qu'une force, qu'une matière et qu'une loi, celle du nombre fondé sur l'unité, merveilleux symbole du Grand Un, de Dieu.

Si l'on recherche comment se comportent les chrétiens de nos jours à l'égard de ces grandes révélations du penser divin, on ne peut qu'être étonné de leur attitude vis-à-vis de faits qui devraient les intéresser encore plus que les gens du monde, puisqu'ils peuvent y contempler, comme dans un miroir, la sagesse, la grandeur de leur Père Céleste. Mais ce sont souvent les plus sincèrement pieux qui, au lieu de prendre le temps et la peine d'étudier ces grands résultats, se contentent, après quelques remarques ironiques sur la non-infaillibilité de la science ou l'impiété de tel ou tel savant, de se retirer sur le terrain de l'édification pure, où ils se croient à l'abri de la dure logique des faits et de la mathématique inflexible de l'univers. Comme si toute connaissance n'était pas aussi édification, et la création du monde un fait tout aussi divin et digne de contemplation que sa rédemption ! — La parole divine ne repose-t-elle pas tout entière sur la création ? La loi de Moïse n'est-elle pas fondée sur la conception divine de la nature ? David ne cherche-t-il pas aussi dans cette nature des sujets d'adoration et d'édification ? Et ne voyons-nous pas Jéhova lui-même, s'adressant à Job du milieu d'un tourbillon, lui prouver, par de majestueux tableaux empruntés à la nature, qu'il a parlé sans intelligence ? — Et de quoi nous parlent les prophètes ? Avant tout de l'accomplissement des promesses que Dieu a faites à son peuple d'Israël, puis de la rédemption de cette nature qui soupire sous le poids de nos iniquités. Enfin l'Apocalypse nous décrit une nature éternelle, dans laquelle nous vivrons à toujours, comme étant la réalisation et l'idéal de la nature créée par Dieu au commencement.

La Bible est donc pleine de la nature. Comment la contemplation de celle-ci et son étude ne seraient-elles pas édifiantes ? Celui que l'univers tout entier n'édifie pas, n'a pas encore vraiment saisi ce qu'est l'édification, c'est-à-dire comme le mot l'indique, la construction spirituelle de l'homme intérieur en Dieu. J'accorde qu'il y a une édification spéciale basée sur notre sainte foi. Mais n'est-il pas écrit que « l'homme vivra de toute parole qui sort de la bouche de Dieu », donc aussi du premier chapitre de la Genèse et des descriptions de la nature dans Job ?

Une certaine tendance piétiste considère à tort la matière comme une chose que Dieu a bien créée au commencement, mais qui, depuis la chute, imprégnée de péché et rejetée par le Créateur, n'est plus gouvernée que par quelques lois naturelles et vouée à une destruction finale. Elle regarde cette nature comme une vanité des vanités et la création comme une œuvre de Dieu que Satan a réussi à gâter irrévocablement. « Je rends grâce à Dieu », me disait un chrétien, auquel je parlais de la chute du Rhin, « de m'avoir tellement détaché des choses de ce monde, que je ne ferais plus deux pas pour aller voir cela ! » Singulière manière, pour un enfant de Dieu, de louer son Père, en méprisant ses œuvres ! Ces gens méconnaissent que cette création est pleine d'idées divines, que le cristal, la plante, l'animal, l'homme sont des créations éternelles, des paroles d'un Dieu qui ne se dédit jamais, des êtres qui ne subsistent que par sa volonté, « car par Lui nous avons la vie, le mouvement et l'être. » (Apoc. XVII, 28). Ils ne comprennent pas que cette nature est tout entière une révélation de la divinité, donnée par Dieu aux hommes pour qu'ils puissent le trouver. (Rom. I, 19, 20).

Cette ignorance a deux conséquences fâcheuses. D'abord le chrétien se nuit à lui-même en négligeant ces occasions que Dieu lui donne d'élever son idée de l'univers, son monde intellectuel et l'horizon de sa pensée, et cela n'est pas sans inconvénient pour sa vie religieuse. Dieu nous a placés au milieu de cette nature et nous a donné des sens pour la percevoir, afin que nous apprenions à penser, à voir, à entendre, à sentir, pour arriver par là à la vue, à l'ouïe et au sentiment spirituels, comme nous le voyons dans chaque enfant qui vient au monde. Si la création est inutile à notre développement spirituel, Dieu aurait aussi bien pu nous parquer tous et pour toute notre vie dans des cellules de moine. Mais l'homme a été créé un tout ; il ne peut pas laisser s'atrophier sa perception de la nature, sans que cela nuise aussi à ses perceptions religieuses. Il ne peut pas penser clairement et fortement dans l'abstrait, s'il ne s'est pas exercé à le faire dans le concret. S'il n'a du visible lui-même que des idées incomplètes, mal définies, brouillées, comment pourrait-il en avoir de claires, de définies et d'arrêtées sur l'invisible ? Il est à craindre qu'il ne se contente de sentiments, d'impressions et de sensations. Or la sensation, la nature nous l'apprend, n'est pas une action de l'organisme, mais simplement une qualité passive, qui, trop développée, affaiblit la force de résistance et l'énergie vitale. Ce n'est pas avec des sensations que l'homme intérieur se nourrit, croît et se développe.

Mais ce dédain plus ou moins prononcé pour la nature et son étude, nuit encore d'une autre manière à bien des chrétiens de nos jours. Il les isole de l'humanité pensante ; ils perdent peu à peu le contact avec sa vie intellectuelle et font nécessairement à leurs contemporains l'effet d'esprits étroits, pétrifiés dans leurs croyances et qui préfèrent se réfugier dans le surnaturel plutôt que d'écouter et de croire les vérités les plus simples et les plus évidentes. Ils sont cause qu'un jeune étudiant pouvait dire : « Toute ma conception chrétienne de l'univers s'écroule devant cette conception bien autrement grandiose de la science. » Car, on l'a dit avec raison, le Dieu du naturaliste d'aujourd'hui est plus grand, plus puissant et plus infini que celui de beaucoup de chrétiens.

Il serait temps qu'une théologie croyante prît à cœur de nous donner une conception de la nature fondée à la fois sur la parole du Créateur et sur les faits de sa Création. La tâche serait autrement grande et autrement utile que ces disputes sans fin avec une théologie

incrédule et une critique décidée d'avance à ne pas
croire.Ce n'est pas par des réfutations que l'on guérira
la mort spirituelle qui produit ces négations. Quand une
théologie orthodoxe aurait prouvé l'absolue authenticité
et la vérité de la Bible du premier verset jusqu'au dernier, l'incrédulité dira encore en ricanant : Tout cela ne
me prouve pas qu'il y ait un Dieu ! Et eux et nous
n'en serons pas plus avancés. C'est par la foi qu'il faut
combattre l'incrédulité; ce n'est pas par la démonstration, mais par le souffle de Dieu, l'esprit de vie et de
feu qu'on pourra vivifier ces ossements morts. Prou-
vons à ces gens, non pas que la Bible est naturelle,
mais que la nature est biblique.

Chez d'autres chrétiens cette indifférence vis-à-vis
de la nature et des sciences naturelles est le fruit d'un
engourdissement général intellectuel et spirituel, produit
lui-même par les soucis de cette vie. Ils ont tant à faire
à gagner le pain du corps qu'ils n'ont plus le temps ni
la force de chercher le pain de l'intelligence et de l'âme,
et en cela ils agissent directement à l'encontre de la
Parole divine qui dit : « Recherchez premièrement le
royaume de Dieu et sa justice et toutes choses vous
seront données par dessus ». « Ne vous mettez point en
souci de votre vie. » Mais il y a de ces chrétiens qui
vous expliquent que la parole : « Ne soyez pas en
souci pour le lendemain », signifie qu'un chrétien a le
droit, et même le devoir d'économiser pour ses enfants
et petits-enfants. Comme si les lis des champs et les
oiseaux des cieux économisaient pour leur progéniture !
Au lieu de bénir Dieu de ce qu'il veut lui-même prendre
soin de nous et nous décharger de toutes nos préoccu-
pations matérielles, en ne nous laissant que le soin de
faire jour par jour la tâche qu'il met devant nous,
nous nous parons comme de vertus de ces soucis inu-

tiles et nuisibles, et trouvons mauvais, et appelons coupable imprévoyance la conduite du chrétien qui marche les yeux levés vers le ciel et ne s'inquiète du lendemain ni pour lui ni pour les siens.

« Vous ne pouvez servir Dieu et Mammon. » C'est ce que sent le monde lui-même qui est l'esclave de l'argent; aussi respecte-t-il involontairement celui qui en fait son serviteur et non pas son maître, et exige-t-il d'un chrétien un complet désintéressement, avant de croire à sa sincérité.

« A moi sont l'or et l'argent, dit le Seigneur, et je les donne à qui je veux. » « Cher chrétien », dit le pasteur Zahn, « le bon Samaritain qui te trouva dans ton sang et versa dans tes blessures l'huile et le vin, payera aussi les quelques deniers dont tu as besoin dans l'hôtellerie de ce monde, jusqu'à ce qu'il revienne et te prenne avec lui dans sa maison éternelle. » — « Si Dieu nous a donné son Fils unique, ne nous donnera-t-il pas aussi toutes choses par dessus? » — Seigneur, augmente nous la foi !

Le devoir du chrétien, que l'esprit de Dieu a convaincu de la vérité de la Bible, est de conformer toutes ses idées à cette parole, et il les y retrouvera enrichies et fécondées; de faire rentrer toute la création dans ce cadre pour l'y retrouver plus grande; de vérifier par cette pierre de touche tous les systèmes et toutes les opinions, pour séparer la balle du grain; de mesurer à ce mètre tous les grands hommes et toutes les grandes choses de ce monde, afin d'arriver de plus en plus à une conception divine de l'homme et de l'univers. Ne craignons pas que cette étude de la nature nous éloigne de Dieu ou même nous porte à nier son existence ! Ceux qui disent avoir perdu la foi par ces études, ne l'ont jamais possédée. Comment ! la création enseignerait à renier le Créateur ? Et il y a des chrétiens qui en déconseillent l'étude parce qu'elle pourrait mener à l'incrédulité ? A-t-on jamais vu le fils d'un grand artiste refuser d'étudier les chefs-d'œuvre de son père par crainte que cette étude ne diminuât son respect pour lui ou même ne le portât à douter que ce père ait jamais existé ! Loin de nous ces hésitations et ces scrupules faux et malsains ! Dieu est mon père et la création est son œuvre. Moi, son enfant j'ai le droit et le devoir de contempler et d'admirer l'héritage paternel !

Le malaise que ressentent bien des chrétiens lorsqu'ils entendent parler de sciences naturelles, a sa source dans le sentiment plus ou moins fondé qu'ils s'y entendent trop peu, ou même qu'ils n'y entendent rien du tout. Eblouis par les nomenclatures techniques et scientifiques, par les grands mots et les grandes phrases dont maint savant aime à faire parade, par l'amas de faits cités, ils se disent qu'à moins d'être du métier, ce sont choses difficiles à comprendre et qu'il est impossible de se former un jugement indépendant. Cela peut être plus ou moins vrai pour des questions secondaires et spéciales ; mais les grandes questions qui intéressent l'humanité ont cela de beau, qu'elles sont à la portée de tous ceux qui veulent y consacrer un peu d'intelligence et de peine. Ainsi il suffit de quelques heures d'attention et de quelques notions élémentaires de géométrie pour se convaincre, non seulement que l'astronome peut mesurer la grandeur et la distance des corps célestes, mais encore pour comprendre comment il le fait. Et de même, il n'est point nécessaire d'être versé dans la physique, la chimie ou la géologie, pour saisir les grandes lois et les grands faits sur lesquels s'échafaudent ces sciences, et qui sont bien autrement importants, même au point de vue théorique, que des détails spéciaux, fussent-ils des plus intéressants. Ainsi dans l'astronomie, il faut se faire une idée des méthodes d'observation et de leur contrôle, mais il n'est pas nécessaire à tout homme instruit de refaire les calculs de l'astronome. Il devrait avoir une idée claire de la formation des couches de l'écorce terrestre et connaître les principaux types de la paléontologie, par exemple l'ammonite et quelques espèces répandues, comme Am. Bucklandi, Am. Amaltheus ; mais il est inutile qu'il connaisse toutes les espèces, leur provenance et leurs noms latins. De les savoir ne changerait rien à son jugement, et il est au contraire rare qu'un spécialiste ait des vues étendues et élevées.

Enfin il faut apprendre à distinguer entre un fait et son explication. Un fait est ce qui peut se démontrer mathématiquement, par exemple, que les trois angles d'un triangle équivalent à deux droits ; ou ce que l'expérimentation peut reproduire à volonté, par exemple, que de l'oxygène et de l'hydrogène produisent de l'eau en se combinant ; ou enfin ce qui est prouvé par des témoignages suffisants ou avérés, comme la chute des bolides ou météores. Un fait, c'est une vérité contre laquelle il n'y a pas de théorie qui tienne, qui ne se plie pas à nos systèmes ; aussi un homme d'esprit s'écriait-il avec dépit : « Il n'y a rien de si bête qu'un fait. » Ce fait brutal n'est en soi ni bon, ni mauvais, ni pieux, ni athée. Depuis que le monde existe, et aussi longtemps qu'il existera, on n'a jamais découvert un fait, et on n'en découvrira jamais un qui prouve qu'il n'y a pas de Dieu, ou que l'âme n'est pas immortelle, ou que Dieu ne s'est pas incarné pour mourir à cause de nos péchés. Jamais un fait quelconque ne prouvera que les morts ne ressuscitent pas. Ainsi le fait que des millions de pierres n'ont jamais exercé la moindre attraction sur l'aiguille magnétique, ne prouve pas que c'est impossible, puisque l'aimant naturel le fait. Tout notre savoir n'est au fond qu'un calcul de probabilité. Nous appelons hypothèse acceptable une probabilité de 99 pour cent; théorie, une probabilité de 1000 contre un ; certitude, une probabilité de quelques millions contre un ; et pourtant ces conclusions ne sont guère plus solides que celle qui consisterait à affirmer que puisque la terre n'a jamais été mise en pièces par une comète, il est impossible que cela arrive demain ou l'année prochaine.

Le fait isolé n'a pas de valeur en soi; il ressemble à l'écriture hébraïque et n'est qu'une consonne privée de son. Il faut le remplir de sons, de forces, de voyelles, pour qu'il signifie quelque chose. Ou bien si l'on veut, les faits sont des mots qui, pris isolément, ne nous disent rien. Là — hier — maison — trois. Il faut les coordonner pour qu'ils donnent une phrase, et ne pas prendre le sujet pour le régime et vice versâ. « Aucun phénomène pris à part, dit Bacon, ne s'explique lui-même; sa coordination seule avec ce qui l'a précédé et ce qui l'a suivi, mène à la connaissance. » Dites à un paysan que la ligne d'hydrogène de Sirius se déplace vers le rouge du spectre, cela lui est parfaitement égal; ce fait est pour lui complétement vide de sens. Dites-le à un homme versé dans l'astronomie, c'est lui dire que ce soleil s'éloigne de nous avec une rapidité presque inconcevable; et s'il est doué d'imagination, c'est lui montrer cet océan de feu volant à travers l'espace.

A-t-on coordonné les faits, il s'agit d'en trouver l'explication, en les rapportant à des principes généraux et déjà prouvés, en voyant s'ils s'y adaptent ou s'ils les contredisent et dans quelle catégorie déjà connue on peut les ranger. Une telle classification du fait peut exiger des connaissances étendues. Mais il y a aussi une explication qui n'est que l'idée favorite d'un homme employée comme doublure intellectuelle et spirituelle du fait pur. Le fait est donc quelque chose d'absolu; l'explication est relative et subjective; je suis libre de l'admettre et de la rejeter, et on voit tous les jours les faits les plus simples interprétés de manières différentes ou même opposées.

La science aussi a ses goûts et est sujette à des modes. La terre passant continuellement de l'aphélie au périhélie dans sa révolution autour du soleil, la circulation de l'eau à sa surface, les vents alizés et les moussons sont une image de la circulation de l'esprit humain qui en revient toujours à certaines idées, et déjà Salomon a observé ce cycle de toutes choses et en a conclu qu'il n'y a rien de nouveau sous le soleil. Ce sont les vents et les courants de l'esprit qui impriment à la science son caractère, qui la poussent vers tel ou tel genre de conclusions, qui lui rendent telles et telles théories sympathiques ou antipathiques, en un mot, c'est l'esprit du temps qui lui imprime son cachet, qui lui donne sa couleur. Ainsi les philologues nous vantent l'étude de l'antiquité classique et de ses langues comme la source d'une belle et noble idéalité; comment se fait-il que cette étude, qui a produit au XVIe siècle des savants tels que Luther, Mélanchthon, Érasme et tant d'autres, n'ait pas préservé ce siècle de la barbarie des mœurs et de la plus sombre superstition? Et pourquoi la science moderne, dont les apôtres du progrès ne peuvent assez prôner la mission civilisatrice, reste-t-elle impuissante vis-à-vis de l'anarchie, qui nous promet l'écroulement dans le sang de toute la société actuelle ?

Or, comme la science et les arts des Hindous étaient métaphysiques, ceux des Egyptiens religieux et ceux du moyen-âge philosophiques, les nôtres ont le cachet négatif, nihiliste et niveleur qui caractérise notre époque. Notre épuisement nerveux, notre anémie spirituelle ont pour premier résultat que nous ne pouvons plus supporter le miracle qui nous devient de plus en plus antipathique. Il est curieux et intéressant de voir comment cette incapacité se retrouve dans la tendance de la science moderne à éliminer de plus en plus toute manifestation subite des forces qu'elle appelle naturelles, mais vis-à-vis desquelles elle se sent impuissante. Plus de cataclysmes et de catastrophes dans l'univers ! s'écrie-t-elle ; car tout cela c'est encore, pour l'homme, l'ombre du géant derrière le rideau. Plus de créations successives, plus d'espèces séparées, plus de nouvelles étoiles ou de soleils disparus, ce ne sont que des variables à longues périodes de révolution. Et surtout plus de fin du monde subite par le feu ; pas de déluge universel. L'univers s'est fait tout tranquillement, les couches géologiques de même et sans convulsions.

« La vie, dit Schleiden, est probablement d'abord apparue sous la forme d'une petite boule glutineuse » (*eines schleimigen Klümpchens.* Das Meer, p. 80). A la bonne heure ; voilà qui est tranquillisant ! Et de même, disent nos savants modernes, ce monde ne mourra que dans bien, bien des millions d'années, et cela tout doucement et presque sans s'en apercevoir.

C'est ainsi que l'idée du feu central répugne à cette science. Quoiqu'elle admette avec Laplace que les corps célestes se sont formés d'un brouillard cosmique, que les planètes ont une même origine et étaient jadis de petits soleils qui vont se refroidissant toujours, théorie selon laquelle le feu central aurait absolument existé, elle nie ce que prouvent les centaines de volcans encore en activité ou déjà éteints, les sources thermales et l'accroissement de température avec la profondeur; et va chercher les explications les plus hasardées plutôt que de convenir que la terre est encore un océan de feu recouvert d'une couche solide relativement mince. Pourquoi? D'abord parce qu'il est de mode de nier tout ce que nos pères ont cru et de faire à tout prix du nouveau. Mais je pressens ici une raison plus intime et plus profonde. Cet océan de feu nous est inconsciemment désagréable parce qu'il nous rappelle de la manière la plus pénible l'enfer et la Géhenne. Comme il est plus rassurant de ne se représenter là-bas que d'énormes masses refroidies de trachyte et de basalte!

Et de même les volcans sont de tout petits feux locaux, produits peut-être par des gisements de pyrites de fer; l'identité fréquente de leurs laves et la correspondance de volcans éloignés s'explique par des canaux, des fentes, allant de l'un à l'autre, etc.; enfin il n'y a pas de quoi avoir peur dans ce monde, disent les savants modernes. Mais les tremblements de terre et les éruptions volcaniques nous montrent aujourd'hui encore des cataclysmes soudains, et l'on a vu en 1759 le volcan Jorullo surgir à 1600 pieds de hauteur *en un jour*, au milieu d'un pays dont la surface s'élevait et s'abaissait « comme les ondes de la mer »; l'Hécla rejeter en 1783 en peu d'heures des fleuves de lave de 80 kilomètres de diamètre, et suffisants à former la plus haute montagne de la terre. Enfin récemment encore, le 26 août 1883, le volcan Kracatoa s'est abîmé en un instant dans la mer avec la moitié d'une grande île à 500 pieds

de profondeur, avec une détonation qui fit trembler
la terre à des centaines de kilomètres de distance, produisant une vague qui fit en peu d'heures le tour du
globe et changeant tellement la surface du petit archipel
que les marins ne pouvaient plus se servir de leurs
cartes. D'ailleurs il est évident que le refroidissement
d'un corps en fusion comme notre globe n'a pu s'opérer
sans déchirements répétés de la surface, sans réactions
violentes de l'intérieur liquide contre la croûte qui se
resserrait toujours plus, sans combats terribles entre le
feu et l'eau. — Quand la théorie du quiétisme dans les
sciences naturelles sera passée de mode, on ne concevra
pas que des hommes sérieux l'aient adoptée.

Car Dieu veut qu'avec toutes ses belles théories cette
humanité reste dans des transes continuelles ; il ordonne
aux cyclones de briser contre les écueils ses cuirassés,
aux tremblements de terre de renverser comme des
châteaux de cartes ses palais et ses villes ; aux météores
d'effrayer ses capitales comme dernièrement Madrid,
aux inondations de submerger des districts entiers de
la Chine ; car ce Dieu veut sauver les âmes, dût-il en
coûter les corps, et Il sait que ses châtiments sont nécessaires, pour que l'humanité ne pourisse pas dans
l'orgueil et l'égoïsme.

Le *darwinisme,* et la théorie de l'évolution telle qu'il
nous la présente, nous offrent un exemple frappant de
la manière dont tant d'hommes confondent une hypothèse avec la science des faits eux-mêmes, et de l'entraî-
nement qu'exerce sur eux une théorie dont les pensées
fondamentales leur sont sympathiques, même quand les
faits les plus connus la démentent. Vu la place que

l'évolution occupe dans le mouvement scientifique actuel et l'inquiétude qu'elle a inspirée et inspire encore à tant de chrétiens, il vaut la peine de s'y arrêter.

Lamark déjà avait cherché à prouver dans sa « philosophie géologique », que le règne animal forme une chaîne non interrompue, commençant aux infusoires et finissant à l'homme. Lui aussi expliquait le développement des organismes par leur adaptation aux circonstances. Ainsi, disait-il, la girafe vit dans l'intérieur de l'Afrique, où le terrain brûlé et aride la force de se nourrir des feuilles des arbres. L'habitude de hausser la partie antérieure du corps et de tendre le cou pour atteindre sa nourriture lui a donné sa forme actuelle, etc. Cuvier lui opposa la constance des formes de tant d'espèces et l'identité complète des Ibis et des chats momifiés de l'Egypte et des nôtres; mais Lamark aussi réclamait déjà « un temps énorme » à l'appui de son hypothèse.

Du reste remarquons ici que ce père du darwinisme était loin d'être athée. « Partout et toujours, dit-il, « la volonté du sublime auteur de la nature et de tout ce qui existe est invariablement exécutée. » (Philosophie zoologique, t. I, p. 114.)

Darwin porta, lors de l'expédition du Beagle en 1831-1836, son attention sur les variations que subissent les organismes et surtout les animaux sous l'influence du climat, de la nourriture, de la culture et en général du changement des conditions de leur existence. Il fit là-dessus les observations les plus intéressantes. En étudiant les changements produits dans le cours de plusieurs générations, il remarqua chez quelques organismes une faculté étonnante d'adaptation à ce que le darwinisme appelle les milieux, ou si l'on veut une facilité d'acclimatation. Enfin il crut trouver que ce sont les individus les plus doués de cette faculté qui résistent le mieux dans le combat de la vie, et qui se propagent le plus entre eux par sélection naturelle.

Ces idées ont une grande importance et Darwin serait resté sur le terrain des faits, s'il s'était borné à poser en principe :

Premièrement, que l'espèce possède une certaine plasticité qui la rend capable, jusqu'à un certain point, d'adaptation aux milieux dans lesquels elle vit, adaptation qui se manifeste plutôt à l'extérieur, par exemple dans la couleur et l'épaisseur du poil, qu'à l'intérieur, où le squelette, les dents, les entrailles, la voix même changent peu.

Secondement, que cette faculté d'adaptation a des bornes, et que lorsqu'elles sont atteintes, l'individu meurt et l'espèce disparaît. Plus les formes se rapprochent du type original, plus elles sont viables ; et plus elles s'en éloignent, plus elles sont passagères et de faible vitalité.

Troisièmement, que, les influences extérieures et quelquefois factices redevenant primitives et normales, par exemple quand la culture cesse, l'espèce reparaît dans toute sa pureté primitive.

Mais la tentation, nous l'avouons, était forte et l'idée séduisante de se représenter cette plasticité de l'espèce comme infinie dans un temps infini. Alors le mot espèce n'a plus qu'une valeur relative et pour un temps plus ou moins court, et on peut déduire toutes les espèces d'un type, d'une espèce, d'une forme simples, primordiales et uniques, soit d'une cellule douée de facultés de développement et d'adaptation illimitées.

Avec cette théorie, Darwin quittait le terrain des faits pour s'aventurer sur celui de la spéculation et de l'hypothèse. Il faut du reste lui rendre cette justice, qu'avec la modestie du vrai savant il le reconnut lui-même, espérant qu'on réussirait à trouver les chaînons (missing links) qu'il savait fort bien manquer encore. Mais, comme toujours, les disciples allèrent plus loin que le maître, et nombre de savants s'emparèrent avec ardeur d'une théorie aussi simple, aussi féconde et qui flattait tellement les penchants secrets de leur cœur, car même chez les savants, c'est « du cœur que procèdent les sources de la vie. » Quelle satisfaction de pouvoir enfin annoncer au monde que la science avait définitivement mis au rebut la vieille cosmogonie de la Genèse et relégué le Dieu créateur jusqu'aux derniers confins de son univers. Encore un effort et l'on en serait définitivement débarrassé! Ainsi Spiller, ce naturaliste philosophe dont quelques-uns de nos voisins d'outre-Rhin font tant de cas, écrivait : « Malheureusement Darwin croit encore qu'un créateur a insufflé la vie à la cellule primordiale. » (*Das Leben,* p. 81.)

On ne voit pas trop ce que ces savants y ont gagné, et on ne comprend guère comment M. Sabatier peut dire que « la théorie de l'évolution ascensionnelle rend inutile le miracle. » (*Esquisse d'une philosophie de la religion,* p. 89.) Cette théorie nous dit-elle le grand miracle, l'origine des choses? Que Dieu crée à neuf chaque moucheron et chaque éléphant, ou ait créé une fois une seule cellule avec toutes les possibilités et tous les germes de l'évolution qui s'accomplira grâce aux temps, aux circonstances, aux milieux créés par ce même Dieu, la somme du miracle dans l'univers n'en reste pas moins constante, et comporte dans l'un et l'autre cas la création tout entière de cet univers. Dieu n'en reste pas moins la cause première et unique de toutes les causes et de tous les effets. Les darwinistes substituent simplement au miracle successif et en détail, le grand miracle unique et père de tous les autres; et ce n'est pas la foi au miracle qui nous empêcherait d'accepter la théorie de l'évolution.

Mais il y a des gens que l'éloignement soulage, et que des millions d'années rassurent. Ils trouveraient de toute absurdité de croire que Dieu ait créé, il y a un quart d'heure, une cellule; mais qu'il l'ait fait dans la nuit des temps, ils trouvent cela admissible, sinon scientifique. Qu'une ânesse ait, avec l'aide de son Créateur, prononcé quelques mots, quel enfantillage! Mais que tous les ânes du monde en viennent une fois, sans savoir pourquoi, à parler, ceci c'est de la science évolutionniste et sérieuse!

Et plus d'un chrétien sincère se demanda avec inquiétude, en voyant l'enthousiasme avec lequel le monde savant accueillait cette découverte, s'il n'était pas temps de réformer ses idées vieillies d'un Dieu créateur et de les remplacer par des conceptions plus modernes et plus éclairées?

Mais les faits inexorables et brutaux ne se plient pas aux théories, si belles qu'elles soient.

La plasticité des organismes n'est pas illimitée. C'est ce que nous voyons déjà autour de nous. Tous les jardiniers du monde ne sont pas encore parvenus à faire d'une pomme une poire, si rapprochées que soient ces formes. Le prince de Schaumburg a essayé longtemps et à grands frais de produire une race hybride du lièvre et du lapin, et il n'y a pas réussi. Le mulet, produit de l'âne et de la jument, est stérile. Les nombreuses variétés du pigeon, c'est Darwin lui-même qui cite ce fait, abandonnées sur une île déserte, redeviennent le pigeon sauvage avec ses anneaux foncés autour des jambes. Et de même l'espèce primitive reparaît toujours dans la rose et le chien retournés à l'état sauvage, et tous les horticulteurs savent avec quelle rapidité nos fruits les plus délicats, poires, fraises et autres, reprennent à l'état de liberté leur forme et leurs sucs primitifs.

L'espèce seule est durable, les variétés passent. Le blé trouvé dans les tombes égyptiennes, les graines de bluets et de trèfles tirées des plus anciens tumulus produisent des plantes toutes semblables aux nôtres. Enfin l'homme lui-même, cet organisme si délicat, soumis à des influences si diverses, vivant dans des milieux aussi différents que les glaces du pôle et le brûlant Sahara, soumis pendant des siècles dans les castes de l'Inde et de l'Egypte à une sélection rigoureuse, n'a absolument pas changé dans ses caractères fondamentaux, et le squelette de Menton, le plus vieux que nous connaissions, pourrait, nous l'avons vu, avec sa capacité crânienne et son angle facial, être celui d'un Parisien bien constitué. Les organismes n'ont donc point changé pendant quatre mille ans au moins. Admettre qu'ils changent pendant des temps infiniment longs, est une hypothèse aussi gratuite que celle que les métaux, ces éléments si ressemblants, se permuteraient dans des billions d'années et que le fer deviendrait de l'or. Du reste appeler à son aide l'infini ou ce qui revient au même une longueur incalculable de temps pour prouver une théorie scientifique, c'est faire de la spéculation métaphysique. Avec l'éternité tout devient possible, et un microbe dévore l'univers.

Mais nous avons, sur les temps fort longs pendant lesquels la vie a existé sur notre planète avant la création de l'homme, des témoignages irréfragables : les couches de l'écorce terrestre avec leurs millions de pétrifications, ressemblent à un grand livre plein de gravures, disons mieux, à un herbier rempli d'organismes desséchés avec soin. Voilà certes où il faut se renseigner sur la valeur de la théorie évolutionniste. Or, toute la paléontologie lui est opposée. Elle nous montre dans des couches qui, d'après les darwinistes, seraient vieilles de quelques cent mille ans, des branches d'aunes, d'ormes et de tilleuls identiques aux nôtres ; dans les ardoises bien plus anciennes encore de Solenhofen, des araignées et des libellules comme les nôtres, dans les couches encore plus profondes des fougères, des araucaires, des palmiers comme ceux d'aujourd'hui, et toujours des espèces distinctes et qui disparaissent sans se transformer. De même quant aux animaux. Les premières couches ne renferment pas, comme elles le devraient d'après Darwin, des éponges informes, mais bien les centaines d'espèces différentes des trélobites de Bohême, crabes à têtes bien développées et dont les yeux ont jusqu'à huit mille facettes (Quenstedt). Et eux aussi meurent et sont remplacés par d'autres formes différentes et sans rapport avec eux. Puis arrive la foule des sauriens monstrueux, inquiétants, bizarres ; et jamais là encore un mégalosaurien ne devient un ptérodactyle ou seulement un plésiosaurien. Les mers du Jura fourmillent des formes les plus variées quoique dans les mêmes milieux, et d'espèces différentes d'ammonites, d'encrinites, etc. Puis elles aussi passent, et arrivent les grands animaux terriens, les dinothériums et mégathériums, les mastodontes et les mammouths qui nous amènent aux lions et aux ours des cavernes, tout autres et contemporains de l'homme. Et ce grand défilé de formes innombrables offre bien des types toujours plus hauts, quoique tous parfaits dans leur genre ; mais pas trace d'une évolution darwiniste ; pas un requin qui, lorsque les mers se dessèchent, grimpe à terre pour essayer d'y devenir un ours ; encore moins un arbre qui s'efforce de devenir un animal ou seulement un polype !

Partout de grandes catégories bien tranchées et qui ne
se mêlent pas, les oiseaux et les poissons, les insectes et
les mollusques. Dans les mêmes milieux, les formes les
plus variées ! Et puis d'autres organismes qui persistent
à travers des siècles sans montrer trace d'évolution.
Ainsi la petite lingula (mollusque) ; des térébratules
dont plusieurs, dit Quenstedt, sont identiques à la
Waldheimia qui vit encore ; des nautilus, des encrines
et des pentacrines que l'on retrouve, seulement plus
petits, dans les mers des Antilles, et le crabbe limulus
qui vit encore aux Moluques. Pourquoi ces êtres-là
n'ont-ils pas évolué ; ou pourquoi, car c'est là la grande
question, tous les êtres ne nous montrent-ils pas une
grande évolution simultanée ? Pourquoi les mers tièdes
et peu profondes du commencement ne sont-elles pas
remplies d'éponges qui toutes auraient passé peu à peu
à l'état de polypes, qui seraient tous devenus des
amphibies et ainsi de suite ? Pourquoi des formes primitives se sont-elles maintenues à travers ces époques
si longues et ces milieux toujours changeants ? Pourquoi
les singes ne sont-ils pas tous devenus des hommes,
puisque cela a réussi à tant d'entre eux ?

Le désaccord entre la théorie de l'évolution et les faits
est si évident, que même les savants auxquels cette
théorie devait plaire d'emblée et dont elle appuyait si
bien les vues, y renoncent l'un après l'autre. Nous ne
citerons pas ceux qui, comme Cuvier, Liebig, Quatre-
fages et d'autres, sont plus ou moins suspects de christianisme. Mais même le prof. Carl Vogt avoue que le
darwinisme ne s'accorde pas avec l'observation : « Partout, dit-il, nous trouvons la plus grande variété ; tantôt des formes qui n'ont pas changé depuis des milliers
d'années, tantôt d'autres qui disparaissent sans laisser
de survivants. Ce qu'il y a de sûr, c'est que l'onchidium

ne descend pas d'un vertébré, et le vertébré pas d'un onchidium ; que le lama n'a pas d'ancêtre commun avec le chameau, etc. et que nous ferions mieux de dire : « Nous ne sommes pas encore assez avancés pour comprendre tout cela, que de vouloir replâtrer les lacunes avec un dogme, que la première pluie change en boue. » (*Die Natur*, mars 1889.) Et ailleurs il dit, en parlant de la prétendue analogie de tous les embryons et même de celui de l'homme avec les animaux inférieurs : « Aucun examen anatomique ou embryologique ne nous a donné jusqu'à présent la moindre idée de la manière dont le système nerveux des annélides pourrait se transformer en système central des vertébrés ; et pourtant ce système nerveux est la première chose qui se montre chez l'embryon d'un vertébré dans le canal primitif. » (Ibidem.) De même Virchow disait à Francfort en 1888 : Quant à la théorie que l'homme est issu d'un animal, je ne sais qu'en faire ; car il est de fait que les transitions ne se trouvent pas. Et elles devraient se trouver si elles avaient existé. » Et il poursuit : « Si, selon Darwin, le climat a fait des Germains des blonds aux yeux bleus, pourquoi l'Amérique du Nord n'a-t-elle pas de blonds, et les Esquimos sont-ils basanés et ont-ils des cheveux noirs, et pourquoi n'y a-t-il pas de nègres en Asie et dans l'Amérique du Sud ? »

Et les dernières découvertes de la science réfutent, elles aussi, l'évolution. Supposons un milieu homogène et constant. Il devra, d'après cette théorie, produire un type seul et unique. Or ce milieu, nous l'avons dans les profondeurs de l'Océan. Dans mon enfance, la science démontrait avec évidence que la vie ne pouvait exister là. L'énorme pression des couches d'eau, disait-elle, le froid, l'obscurité qui y règnent, s'y opposent ; et si par impossible, il y avait là des organismes, ils seraient absolument incolores et aveugles ; car la lumière seule produit les couleurs. Mais les recherches de Challenger nous ont prouvé que ces abîmes sont au contraire remplis d'êtres colorés et doués de vue. Dans ce milieu liquide toujours le même, sous cette pression plus grande que nous ne nous l'imaginions, par un froid continuel, non comme nous le disions, de 4°, mais de — 1° à — 2°, dans cette obscurité éternelle, sous ces influences absolument uniformes, une cellule primitive n'a pas produit un seul type monotone et incolore ; mais un Dieu créateur, qui se rit de notre science et de notre ignorance, a créé là des êtres d'une variété de formes et d'une richesse de couleurs étonnantes ! Que devient, vis-à-vis de ces faits, la théorie de l'évolution et des milieux ? Un vain essai de l'homme fini de circonscrire la puissance d'un Créateur infini et tout-puissant dans les bornes de sa petite et pauvre intelligence !

Aussi le Dr K. Muller, rédacteur de la revue bien connue en Allemagne *Die Natur*, avoue-t-il : « C'était une grande pensée de Darwin que de faire sortir tous les organismes d'un organisme primitif. *Mais malheureusement les faits géologiques et autres la réduisent à néant.* (*Die Natur*, 1er janvier 1893).

Si la Bible enseignait depuis 3500 ans l'évolution darwiniste, il y aurait longtemps que les savants en auraient victorieusement démontré la fausseté, et hausseraient les épaules à l'ouïe de ces vieilles idées, réfutées par les sciences naturelles.

L'histoire, elle aussi, nous montre l'humanité, non comme un organisme évoluant vers la perfection, mais comme un assemblage de peuples ou de familles de peuples indépendantes, où chaque peuple est pour soi comme un individu selon son espèce, avec son type spécial qui naît, vit et meurt sans laisser de progéniture. Ces peuples ne connaissent pas la sélection naturelle. Nous n'avons pas hérité du caractère, du génie, de l'intelligence des peuples qui nous ont précédés, de la poésie mystique des Hindous, de la grande foi à l'éternel absolu des Egyptiens, de la cruelle ardeur conquérante des Assyriens, du culte du beau des Grecs, de la force des Romains. Ils étaient pour eux et nous sommes pour nous. Les Mongols n'ont pas succédé aux Chinois, et leurs langues n'offrent aucun rapport ; les Espagnols ont remplacé les Mexicains et les Incas, et les Yankees les Indiens, sans en rien recevoir ; les Bretons et les Basques sont ce qu'ils ont toujours été, et les Arabes, les Nègres et les Esquimos resteront Arabes, Nègres et Esquimos tant qu'ils dureront. En histoire aussi la théorie de l'évolution devient une vaine spéculation vis-à-vis des faits. Et certes, ce n'est pas non plus l'histoire du christianisme qui nous ferait croire à l'évolution ascensionnelle. Que nous sommes loin de la première église, avec ses apôtres et ses prophètes, ses dons miraculeux, son amour fraternel et sa communauté des biens que nous ne pourrions plus supporter, ses joyeux martyrs, et ses saints, et sa foi superbe et indomptable qui renversa les dieux de l'empire romain ! Bien loin que la nôtre conquière le monde, elle suffit à peine à nous conserver une vie languissante, et trop souvent elle capitule lâchement devant chaque nouvelle philosophie ou chaque nouvelle assertion d'une science qui n'en sera plus une demain.

Mais ceux même qui ne peuvent renoncer à cette théorie séduisante sur laquelle ils avaient fondé tant d'espérances, commencent à bien rabattre des brillantes perspectives qu'ils nous offraient au commencement. Ils se demandent avec inquiétude si cette évolution suivra toujours une ligne ascendante, si elle ne décrirait point, comme les corps célestes, une immense courbe, qui finirait par les ramener à son point de départ; si enfin de grandes causes astronomiques, comme le refroidissement graduel de notre système solaire, ne pourraient pas modifier si défavorablement les milieux que, sous leur influence, le pauvre singe, devenu homme, s'abrutirait de nouveau. « Supposons, dit le prof. Huxley, que nous revenions à la période glaciaire. Dans ces circonstances l'action de la sélection naturelle tendrait en fin de compte à la ruine de tous les organismes supérieurs et à la prospérité des formes inférieures de la vie » (*L'évolution et l'Origine des espèces*, Paris 1892. p. 80, 81). Ainsi un professeur darwiniste nous annonçait dans un journal allemand, pour l'an 3000 déjà, une humanité plus ou moins simiesque. « Ce sera, » dit-il, par suite de l'impitoyable loi de l'évolution, la période des longues-mains et des courtes-jambes. » Ce n'est pas réjouissant, car alors dans quelques millions d'années, nous aurions, d'après ces lois impitoyables, et vu la tendance actuelle de l'humanité à se spécialiser de plus en plus, des savants à tête énorme, aux gros yeux myopes et à tout petits pieds, des paysans bossus avec d'immenses bras, des pianistes avec de nombreux doigts fort longs, des facteurs ruraux, composés d'un corps diminutif sur deux longues jambes, etc. Nous demandons, pourquoi, si de tels changements sont probables pour les mille ans qui suivront, il ne s'en est opéré aucun en l'homme dans le cours des siècles aux Indes, entre les parias ou les laboureurs, et les brahmines fainéants, ces castes si distinctes et où la sélection naturelle aurait dû porter ses plus beaux fruits.

Mais M. Clémenceau va plus loin dans la préface de son livre, « *La mêlée sociale* », citée par le *Figaro*

(6 mars 1895) : « Qui dit évolution, dit courbe ; le sommet une fois atteint, il ne reste que la chute vers la destruction finale. L'heure a sonné de la grande revanche de la nature inférieure contre la supérieure. La vie qui a commencé par une naissance heureuse finira par la plus terrible misère. Mais la caducité et la faiblesse de la vieillesse empêcheront le genre humain de sentir toute l'horreur de son sort », — et pour toute consolation, il offre à cette pauvre humanité « le rêve ! »

C'est ainsi que toute erreur porte en elle-même le germe de sa décadence, et nous voyons ces gens qui, il y a peu d'années, proclamaient en triomphant que nous ne descendons pas de Dieu, mais du singe, s'arrêter déjà, incertains et inquiets, devant les conséquences de leur propre doctrine.

Une aussi grande erreur que la théorie de l'évolution, telle que la conçoit le matérialiste, devait surgir d'une racine profonde, et d'une prémisse fausse elle aussi, je veux dire la méconnaissance d'une grande vérité. Et c'est en effet le cas. Cette théorie écarte le grand principe de la sainte individualité. Pythagore et Platon avaient bien raison de trouver dans le nombre cette loi et cette formule primordiales de l'univers des principes de toutes choses. Au commencement Dieu pensa le grand Un, l'unité et la base de tous les nombres et imagina par cela même une création multiple qui n'est pas Dieu. Lui qui dit : L'Eternel ton Dieu est *un seul Eternel* (Deut. VI, 4) et Romains III, 30 : « Car il y a *un seul Dieu* », ne crée que des unités immuables et éternelles. Lui qui dit : « *Je suis celui qui suis,* c'est là mon nom de toute éternité », a donné à l'homme fait à son image de pouvoir dire aussi : je suis celui qui suis pour toute éternité. Cette vérité, cette individualité, cette personnalité, une et indivisible et différente de toutes les autres, est à la base de toute la Bible. C'est le rocher de diamant, c'est, dans le ciel, le caillou blanc, sur lequel il y a un nom que personne ne connaît que celui qui le reçoit, et le plus grand don de Dieu à sa créature. Aussi l'estimons-nous sans la comprendre. « Si tu trouves », dit Sénèque, « un homme qui est *un un*, tu as trouvé une grande chose », et Gœthe : « La personnalité est le plus haut bien de l'homme. » Et de même pour les animaux, que la Bible appelle tant de fois des « âmes vivantes ». Et les arbres furent créés, chacun selon son espèce, ayant leur semence en eux-mêmes. Toutes les créatures sont des idées de Dieu, auxquelles toutes les forces de l'univers ne peuvent rien changer, et Moïse et Élie, et saint Pierre et saint Paul, et vous et moi, nous resterons de toute éternité ce que Dieu nous a créés et nous évoluerons éternellement, et sans en sortir jamais, dans le cercle magique et divin, dans lequel Dieu a circonscrit notre âme. Voilà la belle, et grande, et rassurante conception biblique ; car quel plus grand malheur que de se perdre soi-même ?

Qu'elles sont, au contraire, mesquines et tristes les idées que nous donne de la création le darwinisme ! Cette pauvre cellule, jetée à tous les vents, en proie à tous les hasards, et dont le temps, les milieux, le climat, les inondations ou la disette, font tantôt un amphibie, tantôt une girafe, ou un singe, ou quelquefois, quand cela ne réussit pas trop mal, un homme qui, lui aussi, est le produit d'une sélection naturelle et inconsciente, ensuite des fautes et des errements de ses ancêtres ; quel chaos de causes aveugles et d'effets incomplets !

Alors le substantif, le nom, ce rocher de granit sur lequel se basent la pensée et le langage humains, chancelle, s'émiette, et tombe en poussière. Ce que nous appelons aujourd'hui un homme, était autrefois un animal et nous ne savons ce qu'il deviendra encore. Ce qui est à présent une rose, était jadis un polype ou une éponge. Il n'y a plus des substances, mais seulement des accidents ; et rien n'est éternel.

Aussi ne voyons-nous que trop les suites de cette fatale doctrine dont, malgré tant d'efforts, personne n'a encore réussi à exprimer la moindre goutte de saine morale. Toujours plus, nous nous perdons nous-mêmes. Toujours plus, nous nous demandons avec inquiétude : Suis-je bien celui que je suis ? — Et des libres-fous comme le Dʳ Iekyll, Trilby et d'autres, prêchent l'hypnose et la suggestion, et les spirites veulent nous faire croire que l'âme peut se dédoubler ou plutôt qu'elle n'est qu'un protoplasme flottant, qu'un Protée qui se transforme à sa volonté ou qu'une volonté étrangère peut transformer à son gré. Nous le voyons tous les jours, ces théories malsaines produisent l'impiété, le dégoût de la vie, la folie, le suicide, et ce n'est pas une coïncidence fortuite que le socialisme amer soit contemporain du darwinisme. Ce dernier ne nous montre-t-il pas la création comme une arène de gladiateurs, où le plus fort a le droit, le devoir, dit Spencer, d'écraser le faible. Lutte brutale, égoïsme absolu et justifié, aveugle fatalité, voilà ses enseignements. Si telles sont les lois de la création, bien fou alors celui qui se laisse écraser sans résister, fous et insensés ceux qui, selon l'exhortation de l'apôtre, souffrent avec patience l'injustice en recommandant leurs âmes à Dieu. Le combat à couteau tiré et jusqu'à la mort est la sagesse suprême.

Il serait profondément triste que cela fût vrai. Heureusement, cela est faux ; et parce que cela est faux, le principe lui-même l'est aussi. Un arbre qui produit de tels fruits ne peut pas être bon, et de tels mensonges ne peuvent pas provenir d'une grande vérité.

Le darwinisme nie l'immortalité de l'âme. Car enfin ces changements progressifs de la plante à l'animal et de l'animal à l'homme, eussent-ils duré des millions d'années, doivent s'opérer partiellement dans chaque individu. Le singe n'est pas devenu un homme d'un bond; donc toute âme de singe peut devenir âme humaine. Une ortie peut devenir une rose, une punaise une abeille, un agneau un tigre, un rat un rossignol ou un serpent à sonnette une tourterelle. Alors que deviennent les principes caractéristiques, les forces immuables de l'âme qui, seules, la rendent immortelles? Mon immortalité, c'est que moi qui écris ceci, je sois et reste éternellement ce moi, que je vive éternellement avec les forces, les qualités, les besoins, les penchants, les pensées et le caractère de mon âme actuelle. Si, dans l'éternité, je ne suis plus celui que je suis ici-bas, alors c'est l'immortalité d'un autre, ce n'est pas la mienne, et ce n'est pas celle de la Bible. Ce qui gémit dans les flammes, c'est le mauvais riche, tel qu'il était sur la terre; ce que les anges portent dans le sein d'Abraham, c'est le même pauvre Lazare; ce qui, déchiré par les remords, s'enfuit « en son lieu », c'est Judas tout entier. Si, dans les éternités, je peux devenir un autre, je ne suis pas immortel.

Quand le chrétien est las et saturé de ces théories nihilistes, il revient avec bonheur à la grande parole éternelle : Dieu créa tous les êtres, *chacun selon son espèce ; et Dieu vit que cela était bon.*

Enfin « l'entropie de l'univers », comme l'appellent les Allemands, sa fin par le refroidissement universel et la paralysie de toutes les forces, ce dogme du matérialiste toujours pessimiste, n'est, elle aussi, qu'une conjecture scientifique que certaines observations semblent appuyer et que d'autres paraissent infirmer. Nous voyons au ciel divers soleils, les uns blancs et éblouissa ts, les autres jaunâtres comme le nôtre, d'autres enfin pâles et rougeâtres, et nous en concluons que les soleils s'éteindront tous une fois. Mais comme nous ne savons pas pourquoi et comment notre soleil brûle, nous voyons aussi d'autres soleils croître en force et en lumière. Ainsi Ptolémée note Capella, cette belle étoile jaunâtre qui dépasse maintenant Véga en éclat, comme rouge ; 6 de Persée, 96 d'Hercule, sont devenues blanches ; et Sirius ce soleil blanc qui dépasse 5000 fois le nôtre en éclat, était il y a 1800 ans, une seconde au firmament, une étoile rouge, plus rouge que Mars, disent les anciens, Cicéron, Horace, Sénèque. Il a donc augmenté de vie d'une manière effrayante. Comment ? Nous n'en savons rien. Et de même nous voyons au ciel plus d'étoiles nouvelles qu'il n'en a disparu. Nous pourrions donc, si nous voulions ériger en affirmation ce qui ne peut encore être que supposition, dire à ces apôtres du progrès qui s'écrient : l'univers s'éteint : Non ! l'univers s'allume ! Il ne marche pas à la nuit éternelle, mais à une vie toujours plus lumineuse et plus forte !

Apprenons donc à distinguer entre le fait observé et certain, et son explication, toujours plus ou moins tendencieuse, toujours plus ou moins dictée à l'homme, ou au moins influencée, par les secrets penchants de son cœur.

Le surnaturel, le miracle biblique et leur réconciliation avec les sciences naturelles, voilà pour d'autres chrétiens la grande difficulté. Car, on le leur répète sur tous les tons, la science prouve toujours plus que tout, dans la nature, est la conséquence de lois mathématiques et immuables ; que ces lois expliquent tout, et qu'il n'y a plus, ni besoin de l'hypothèse du surnaturel, ni place pour le miracle dans l'univers, tel que nous le connaissons aujourd'hui ; et cela, ils l'entendent dire, non seulement par les incrédules, mais par des théologiens de renom, par des hommes pieux ou qui en ont la réputation. Est-il étonnant que ces âmes modestes et en défiance de leurs propres lumières, ou faibles et incapables de se former un jugement par elles-mêmes, hésitent et n'aient plus le courage de croire au miracle ou, du moins, n'aient plus celui de le confesser ouvertement, même avec le désir sincère, au fond de leur cœur, d'y croire ou de pouvoir y croire?

Et pourtant elles sentent que cette question tient à toute leur vie religieuse, et que sa solution influe puissamment dans un sens ou dans l'autre, sur tout leur christianisme ; de là, chez elles, ce malaise que produit toute hésitation sur une question d'importance. Il y a, à la vérité, un chemin court et droit qui mène à la connaissance. « Dieu », est-il écrit, « donne son Saint-Esprit à tous ceux qui le lui demandent », et de même : « cet Esprit vous instruira en toute vérité » ; et l'âme que cet Esprit éclaire, tant qu'elle jouit de sa lumière, n'a pas plus besoin, pour croire au miracle, « d'étudier la question », que je n'ai besoin d'apprendre l'astronomie pour savoir que le soleil luit et me réchauffe. Mais quelquefois des nuages obscurcissent le soleil, et ces âmes ont de même leurs moments de défaillance, et il y en a et il y en aura toujours d'autres, auxquelles Dieu n'épargne pas les combats, souvent bien longs, du doute, et qui s'écrient tantôt avec joie, tantôt avec larmes : « Je crois, Seigneur ! aide-moi dans mon incrédulité ! » Quand elles lisent leur Bible, elles croient au miracle et en remercient Dieu ; puis quand elles ouvrent les œuvres d'incrédules pleins d'assurance et les entendent, le doute les envahit comme une marée montante et elles se sentent perdre pied. Pour elles il n'est pas superflu d'examiner la question. Si le miracle est, il doit, comme toute vérité, porter en lui et dans ses manifestations, non sa démonstration mathémathique, mais son évidence morale, et il suffira d'écarter les sophismes de ceux qui le nient, non pour le comprendre, mais pour le voir.

Le sentiment, la conscience du surnaturel, sont innés dans l'homme. L'homme naturel, l'homme normal, tel que Dieu le fait et le met dans ce monde, croit au surnaturel. L'enfant le trouve tout naturel, l'aime, le demande, et sans le surnaturel il y aurait une place vide dans sa vie. Grande preuve déjà pour celui qui comprend la grande parole de Jésus : « Si vous ne redevenez comme des enfants, vous n'entrerez point dans le royaume des cieux. » Et quand, plus tard, l'adolescent, le jeune homme l'entend nier, c'est toujours avec étonnement. Comment, se demande-t-il, il n'y aurait rien au-delà de cette nature qui ne me satisfait pas, de cet univers trop petit pour moi et dans lequel j'étouffe ? comme se le disait Rousseau avec plainte. Mais alors d'où vient ce monde plein d'effets dont je ne vois pas les causes, et ce besoin de les connaître et ce désir de quelque chose de plus et d'au-delà ? D'où vient que je voudrais m'émanciper de cette nature et de ces lois qui devraient me convenir parfaitement, si elles existaient seules ? — Je voudrais voler, et la loi de la pesanteur m'entrave ; n'y aurait-il pas un monde où je ne serai plus son esclave ? Ma faiblesse m'indigne et je cherche partout de la force ; n'arriverai-je jamais à la posséder en moi ? Je m'ingénie à inventer des yeux meilleurs; n'y aurait-il pas une vision qui voit tout, l'infiniment petit et l'infiniment grand ? La mort m'épouvante ; ne serait-ce point que je suis créé pour une vie éternelle ? Mon âme s'attriste et pleure au-dedans de moi, quand on lui dit qu'il n'y a rien au-delà du visible. D'où vient cet effet sans cause ? Pourquoi demande-t-elle toujours, comme le pauvre Léopardi, s'il n'y a donc rien dans l'empyrée qui compatisse à nos douleurs, ou au moins en soit spectateur ? Le néant produit-il ces désirs et ces aspirations ? Si cette nature est tout, alors j'ai le surnaturel en moi, car j'en pense une plus haute et plus parfaite. — Mais je ne me suis pas fait moi-même : qui est-ce qui, ou qu'est-ce qui, en me créant, a créé en moi cette conscience, cette soif de surnaturel ? Ne serait-ce pas un Être surnaturel lui-même ?

Du reste il est plus facile à l'homme de croire au surnaturel en général qu'au miracle biblique ; car il y a entre eux deux toute la différence de la théorie à la pratique. Des milliers de gens, qui accordent facilement qu'une fois, il y a bien longtemps, Dieu a créé le monde, s'effaroucheraient, si on leur disait qu'il vient de créer un grain de sable (ne crée-t-il pas continuellement les milliers d'âmes qui naissent chaque jour); et d'autres milliers, qui admettent un Être suprême quelque part ou nulle part, mais en tout cas bien loin, sourient de pitié quand je leurs dis que cet Être suprême a exaucé ce matin ma prière. Le surnaturel, c'est encore assez beau, c'est encore de la philosophie et presque de la science ; mais le miracle, cela devient inquiétant ! Et puis toutes les conséquences. Pensez donc !

Qu'est-ce que le miracle ? C'est quelque chose que nous ne comprenons pas, parce qu'il ne rentre pas dans nos idées et nos expériences, parce qu'il ne nous paraît pas conforme au peu que nous savons des lois de l'univers ; enfin quelque chose d'inexplicable, soit que quelques-uns l'attribuent à des lois inconnues, soit que d'autres y voient l'action directe d'un Dieu Tout-Puissant. De cette définition ressort déjà qu'il est absurde d'en nier la possibilité. Car cela reviendrait à dire : Nous qui ne sommes que d'hier sur la terre, nous connaissons toutes les lois, toutes les forces, toutes les possibilités de l'univers. Nous savons tous les phénomènes qui se sont produits dans la vie des peuples et des individus depuis six mille ans, et nous en savons le comment et le pourquoi. Nous pouvons tirer de notre expérience, pendant ces courts instants, des conclusions infaillibles sur tout ce qui a été et tout ce qui sera jamais. Nous connaissons le possible et l'impossible, et nous savons que l'inexplicable n'existe pas. On le voit, ce serait là par trop d'arrogance ! — Et même le matérialiste et athée L. Büchner accorde que « c'est présomption de l'ignorance humaine que de croire une chose impossible parce qu'elle paraît incompréhensible » (*Kraft u. Stoff*, p. 181). Jamais la science humaine ne pourra définir le possible. Donc la possibilité du miracle est donnée.

En second lieu, il résulte de cette définition du miracle qu'il est absurde de vouloir le combattre par la science. Ceux même qui admettent que cet univers s'est créé tout seul, doivent concéder qu'une matière capable d'exécuter un prodige semblable et absolument incompréhensible, est bien capable de dépasser dans sa marche ascensionnelle toutes nos conceptions. Pour ceux qui croient en Dieu, la réfutation du miracle est encore moins imaginable. Car si nous ne connaissons, ni tout le penser de Dieu, ni toute sa puissance, il est inutile de vouloir en discuter les effets possibles, et aucune science ne peut prouver que demain ou aujourd'hui même, ou dans cent ou dans mille ans, il n'arrivera pas quelque chose qui nous paraîtra absolument incompréhensible, incroyable et absurde, donc un miracle. Puis si cette chose se répète mille ou cent mille fois, nous la trouverons et l'appellerons toute naturelle, sans la comprendre mieux qu'au premier jour. L'apôtre a raison, le grain de blé qui pourrit dans la terre et développe une vie nouvelle, est un miracle aussi inexplicable que la résurrection. Si Dieu, au lieu de faire naître l'homme de l'homme d'une manière incompréhensible et mystérieuse, le faisait germer, comme l'herbe des champs, d'une semence déposée dans la terre, nous noterions cela, sans le comprendre, « comme un fait bien connu de l'histoire naturelle » ; et si, au contraire, une semence ne germait qu'une fois tous les mille ans, nos savants prouveraient qu'il est absurde et superstitieux de croire à un fait aussi évidemment en contradiction avec toutes les lois de la nature. C'est un triste côté de l'homme que son penchant à s'extasier devant tout ce qui lui est nouveau, et à passer indifférent à côté de vieux et grands mystères, qu'il appelle connus quoiqu'il n'y connaisse rien. Quant à la question de savoir si le miracle s'opère par des forces ou en vertus de lois naturelles plus hautes que celles que nous connaissons, ou par un acte immédiat de la volonté de Dieu, elle est oiseuse pour nous qui croyons que les « lois de la nature » ne sont que le vouloir de Dieu, son penser, à la fois force et loi. Les corps s'attirent parce que Dieu pense incessamment l'attraction. S'il ne la pensait plus, ils ne s'attireraient plus. « C'est par ta volonté », chantent les anges, « que toutes choses ont leur être » (Apoc. IV, 11). S'il plaisait à Dieu de se retirer en cet instant en lui-même pour y être ce qu'il était de toute éternité et avant la création, l'univers s'évanouirait comme une vapeur légère; car ce que nous appelons les forces de la nature, ne sont pas des êtres, des entités ayant la vie en elles-mêmes. S'il y a un Dieu, il est la cause des causes; je fais donc de la saine philosophie en remontant, comme la Bible, de la nature à cette cause première et en disant : tout ce qui est, substance ou accident, est un effet de cette cause. Alors tout ce qui est naturel est aussi divin, et, à ce point de vue, je dis également : tout est miracle, et rien n'est miracle.

Dieu, dit-on, s'est imposé à lui-même des lois qu'il ne peut enfreindre sans se contredire soi-même, sans agir illogiquement. Oui, sans doute, ce Dieu, qui est le bien, hait le mal; il récompense le premier et punit le second; ce Dieu, qui est amour, aime ses créatures et veut les attirer à soi; ce Dieu, qui est la justice et la logique, pense logiquement et dans toute sa création $1 = 1$, et $1 + 1 = 2$. Mais il serait d'une intelligence faible de confondre ces lois immuables de l'esprit avec les formules actuelles de l'existence terrestre, et d'en déduire que Dieu ne saurait ressusciter un mort, ou guérir des malades, ou faire parler une ânesse; car, loin que ces miracles contredisent les lois de la nature, ils en indiquent un développement qui dépasse le fait présent. Jamais miracle n'a établi que $2 + 2 = 5$; mais tout miracle divin (il y a aussi des miracles diaboliques) prouve une surabondance de vie, de puissance, de force, ou plutôt il est la restitution du monde à son état normal. La preuve en est que ce miracle produit précisément les effets et réalise l'idéal que l'homme même incrédule recherche et admet. La guérison de la maladie et sa suppression, et même celle de la mort, voilà le but de toute la médecine; créer des substances nutritives avec de la matière inorganique, voilà ce que cherche la chimie moderne; et qu'un animal en arrive à parler, c'est la doctrine de l'évolution, et ce sont précisément les gens qui prétendent que les miracles bibliques contredisent les lois naturelles, qui cherchent à les réaliser au moyen de la science! Mais, dit-on, entre le singe et l'homme parlant nous intercalons quelques milliers ou millions d'années, et alors tout s'explique. Je ne vois pas que « le temps fasse rien à l'affaire », et trouve bien impuissante la pensée de ceux qui font dépendre une possibilité d'un temps plus ou moins long. Et si, comme le prétendent d'autre part les adversaires du miracle, ce temps n'est qu'une forme de ma pensée, une conception de mon cerveau, il est doublement hasardé de vouloir mesurer à cette idée subjective la possibilité ou l'impossibilité d'une chose. Nous ne connaissons, sur la corrélation du temps et des faits, que quelques expériences, mais aucune loi, comme nous ne savons pas pourquoi telle petite plante vit deux ans et telle plus grande un an seulement; l'homme quatre-vingts ans et la corneille et le brochet deux ou trois cents. Nous voyons sur le soleil des vitesses de la matière qui dépassent cent mille fois celles que nous connaissons sur la terre. Pourquoi n'y aurait-il pas des mondes où, sous l'influence de plus grandes énergies, de quantités étonnantes de lumière, d'électricité et d'action chimique, un arbre croîtrait en cinq minutes ou en une? Non que je veuille expliquer le miracle, tentative toujours absurde; j'indique simplement des analogies et des possibilités vis-à-vis d'esprits étroits qui prétendent que le miracle enfreint les lois de la nature. Tant que nous ne connaissons pas toutes les lois de l'univers, et on m'accordera qu'il s'en faut que nous les connaissions, il est absurde de dire qu'un fait quelconque les enfreint. L'aimant naturel ou le végétal enfreignent-ils les lois de la pesanteur, ou connaissons-nous les lois en vertu desquelles la tige monte et la racine descend? Le miracle biblique, loin d'être une chose illogique, est d'une admirable logique, car il nous laisse entrevoir un monde plus logique et plus parfait, plus grand et plus heureux que le nôtre. Car l'homme fait à l'image de Dieu (Jean X, 34, 35) et vice-roi de la terre, n'a pas été créé, nous le sentons tous au fond du cœur, pour être malade ou pour mourir, ou pour que l'eau le noie ou le feu le brûle.

Aussi la foi au miracle, la foi à un monde où l'homme créé à l'image de Dieu n'est plus le faible et souffrant esclave des éléments, mais leur maître, le foyer et le centre des forces de la nature, est-elle si profondément enracinée au cœur de l'homme, que jamais elle n'en sortira : la fable, le conte, la légende, l'histoire de tous les peuples en font foi, et aussi l'attrait mystérieux et le tressaillement inquiet et heureux de l'enfant et de nous tous quand, dans l'art, la poésie ou la religion se montre le surnaturel, le mystère bienfaisant ou terrible, qui est à l'âme ennuyée et desséchée dans la plaine sablonneuse de la vie, comme un vent de mer vivifiant et fortifiant qui chante la force et la beauté de l'océan sans fond, limpide et écumant sous le souffle de l'esprit.

La légitimation du miracle, c'est que la foi en lui produit des miracles de foi, de dévouement, d'abnégation, de courage, de grandeur d'âme. Lisons l'histoire. Nous montre-t-elle un homme qui ait fait de grandes choses sans la foi au surnaturel? Toujours ce sont les grands et les forts, les puissants dont la parole remuait le monde et enflammait les peuples, qui ont cru au miracle, à leur destinée, à leur étoile, à un grand inconnu qui tenait en main leur sort et celui des hommes. Toujours ce sont les faibles d'esprit et les impuissants de la pensée qui n'ont pu s'élever jusqu'à la conception du miracle; toujours celui qui l'a nié, s'est distingué par l'incapacité de penser grand, haut et profond, par la petitesse et l'étroitesse de ses vues, la sécheresse de son âme et la stérilité de son faire, et ce n'est pas lui qui eût été un Bouddha ou un Mahomet ou fait les Croisades ou la Réformation.

Fortifions-nous, chrétiens français, auxquels on veut tarir la source de la vraie force et du vrai courage, par les grands exemples que nous ont donnés nos ancêtres, ces grandes et fortes âmes de Huguenots et de croyants, ces Coligny, ces l'Hôpital, ces Duplessis-Mornay, ces Calvin et Théodore de Bèze, ce Jean Marteilhe et ses frères sur les galères, et ces Camisards qui luttèrent, pendant des années, un contre dix contre les troupes de Montrevel et de Villars; ces protestants héroïques de la Hollande dans leur lutte contre le duc d'Albe et Philippe II; ces Puritains, « côtes de fer », et tous nos frères qui ont cru et souffert! Ces hommes-là ne connaissaient pas « la théorie de l'évolution ascensionnelle des êtres qui rend le miracle inutile »; mais ils vainquaient le monde et savaient mourir sur la roue et dans les flammes en louant Dieu; et voilà ce que cette théorie n'enseignera jamais à ses disciples.

— Quelle Église eut un plus grand passé? Et quelle belle tâche que de rendre à notre pauvre France un peu de foi et d'espérance!

Nourrissons-nous de vérités et non de sophismes, de faits au lieu de théories, et croyons-en la vie et les enseignements de l'histoire plutôt que tant de systèmes et tant de philosophies. Étudions notre Bible et non la critique sacrée. Puis relisons les Provinciales vis-à-vis de Jésuites protestants qui distinguent entre la foi religieuse et la foi biblique, rejettent la foi aux faits et ne laissent subsister dans la piété que « l'intention bien dirigée » ; relisons « l'*Institution de la religion chrétienne* » plutôt que la « *Philosophie des religions* » ; « l'*Histoire de la Réformation* » et « la *Galerie des martyrs* », plutôt que « l'*Histoire d'Israël* » de Renan, et « les *Evangiles* » au lieu de « *Vies de Jésus* », écrites par des gens qui ne l'ont jamais connu ni compris. Laissons aux incrédules leurs discussions, leurs doutes et leurs négations, et portons des fruits ; car notre vie est courte. — Et ayons plus à cœur la gloire de notre Dieu et de sa parole. Ne tenons pas à honneur d'être connus ou fréquentés par des ennemis de la croix de Christ, quoique chacun loue leur grand savoir, leur admirable éloquence, voire même leur profonde religiosité. Le disciple que Jésus aimait, écrit : « Si quelqu'un n'apporte pas cette doctrine (de Christ venu en chair), ne le recevez point dans votre maison et ne le saluez pas ; car celui qui le salue, participe à ses mauvaises œuvres. » (II Jean 10). Si c'est là de l'intolérance, ayons le courage d'être intolérants.

Pasteurs modernes qui descendez de la chaire et y laissez votre Bible, pour discuter, avec la foule, politique, sociologie et évolution, vous ressemblez à des chevaliers qui déposent leur forte armure et leur bonne épée, pour se battre dans la mêlée à coups de bâton et à coups de poing. Et ces âmes, dont vous avez cure, quand vous viendrez les trouver sur leur lit de mort, tremblantes et angoissées en face d'une effrayante éternité, se détourneront de vous avec déception et tristesse, si vous ne savez à ce moment suprême leur offrir qu'une piété sans Rédempteur, une foi sans Bible et la morale de l'évolution, ou l'abstraction d'un Dieu incapable de les comprendre, de les aimer et de les sauver.

Si vous n'osez plus croire à toute la Bible et

confesser Jésus-Christ, Dieu et fils de Dieu avant que le monde fût créé, par qui et pour qui sont faites toutes choses, venu en chair, marchant sur la mer et chassant les démons, mort pour nos péchés et à notre place, ressuscité le troisième jour et assis à la droite de la Puissance, d'où il reviendra pour juger les vivants et les morts : alors ôtez votre robe et gardez votre religion pour vous ou pour les salons de beaux esprits ; ce n'est pas avec elle que vous vaincrez le monde ! (I Jean V, 4, 5). Ne voyez-vous pas que ce monde repousse vos avances, se moque de vos accommodements et vous méprise comme des indécis et des timides ? Il ne vous trouve pas assez éclairés, et nous ne vous trouvons pas assez chrétiens. Jusques à quand clocherez-vous des deux côtés ?

Que nous donne aujourd'hui ce « protestantisme éclairé », même quand il ne va pas jusqu'à la négation insolente et impie des Renan et des Wellhausen ? Sous de nouveaux noms, un vieux rationalisme creux et vide, la philosophie du jour, la morale des honnêtes gens et quelques vues théologiques qu'on peut à son gré accepter ou rejeter, car elles ne changent rien à l'homme ni à sa vie. Toujours plus il perd la foi au bien et au mal, à Dieu et au diable, au ciel et à l'enfer, à l'âme immortelle et à sa rédemption, à la révélation et à l'inspiration. Aussi, où le voyons-nous vaincre l'incrédulité et le matérialisme ; infuser à la société une vie saine et nouvelle, consoler l'humanité et lui donner un idéal puissant et vivifiant, produire des miracles de foi, d'amour, de dévouement, enfin amener l'homme à Dieu ? En un mot, où sont les bons fruits qui nous prouveraient que l'arbre est bon ? Mais comment le sarment séparé du cep pourrait-il produire des fruits ? « Les dogmes craquent », s'écrie ironiquement une autorité bien connue du protestantisme moderne. Non ! ce sont les têtes ! — « La théologie chrétienne est à refaire », disent nos théologiens à leurs étudiants. Ah ! certes oui ! et il nous tarde de les voir en revenir à la saine et forte théologie de la Bible, de Jésus et de ses apôtres. Mais ils n'en prennent pas le chemin, et je ne vois que le vent de la persécution qui puisse raviver ce feu qui s'éteint et qui ne réchauffe plus rien. La religion qui rejette le mystère, le surnaturel, le miracle, abdique, se nie elle-même et n'a plus de raison d'être.

Du reste il faut être bien myope pour nier le surnaturel qui nous entoure de toutes parts. Car enfin, cet univers existe. Qu'il ait été créé par un Dieu, miracle ! Qu'il se soit créé lui-même, miracle encore ! Qu'il subsiste, incréé de toute éternité, miracle toujours ! Enfonce-toi dans la nuit des temps, éloigne-toi dans l'espace infini, tu échappes encore moins que Caïn dans sa tombe à cet œil flamboyant. Ta pensée se refuse à saisir et se tait devant le miracle, le mystère de l'être. Mais cette pensée se refuse de même à concevoir des bornes au temps, à l'espace, au nombre, et exige l'infini. Nous portons en nous l'axiome que cet infini, dont la notion satisfait seule notre âme, est la cause du fini. Et parce que cet infini est partout et toujours inextricablement mêlé au fini, toute notre existence est tissue de miracles, et, pour le penseur, le miracle spécial n'est plus qu'une petite vague sur l'océan des miracles, dans lequel nous nageons comme le poisson dans l'eau. C'est un miracle à jamais incompréhensible, David l'a dit déjà, que la conception de l'homme dans le sein de sa mère ; un miracle, que la vie et l'action réciproque du corps et de l'âme ; un miracle, que la nutrition, et que le morceau de pain qui était ce matin sur ma table, seule, pense et veuille maintenant en moi, comme

chair, nerf et cerveau ; et c'est un miracle encore que
ma mort. Jamais la science ne nous a dit en vertu de
quelles lois s'opèrent ces faits qu'elle appelle naturels,
parce qu'ils se reproduisent incessamment ; jamais non
plus elle n'a expliqué ni la vie, ni la mort, car elle ne
le peut pas. La raison, nous dit-on, n'admet pas le miracle, la prophétie, la révélation. Non, parce qu'elle ne
les comprend pas. Mais faut-il nier tout ce que nous ne
comprenons pas ? Alors commençons par nier la vie et
la mort, et la parole et la pensée et Dieu ; car ces
mystères sont plus incompréhensibles encore, parce que
plus fondamentaux et plus universels que la résurrection d'un mort, qu'une prophétie ou qu'une révélation
de ce Dieu. Mais comme le dit bien M. Brunetière *(La
moralité de la Doctrine Évolutive* p. 22) : « Nous
« expliquons » tous les jours des choses que nous n'entendons guère par des choses que nous n'entendons
point du tout : la gravitation par l'attraction ; les
combinaisons des corps par les affinités chimiques ; les
phénomènes de la vie par les propriétés de la matière
organisée. » Et vis-à-vis de ces immensités, de ces infi-
nités, de ces éternités, nous décrétons d'autorité ce qui
se peut et ce qui ne se peut pas, et décidons hardiment
que tout ce qui n'entre pas dans notre cerveau, ne peut
pas exister ! Vraiment nous devons paraître bien bêtes
aux anges.

Comme le dit Salomon, toute chose a son temps et
le miracle aussi. Dans notre temps superficiel qui met
sa gloire à se moquer de tout ce qu'il ne comprend pas,
le miracle ne saurait descendre des cieux, et ce Dieu
jeterait ses perles devant les pourceaux, s'il en faisait
encore dans nos rues et sur nos places publiques. Mais
quand, aux derniers temps, comme le dit la prophétie,
l'humanité pressentant sa fin, sera agitée par des angois-

ses inconnues jusqu'alors, quand les forces célestes et les forces infernales s'émouvront pour se préparer au combat final, alors le miracle reparaîtra imposant, tout puissant, sillonnant l'horizon, comme les éclairs avant que la tempête se déchaîne : « Vos vieillards auront des visions et vos jeunes gens des songes. Il y aura des signes grands et terribles dans les cieux et le soleil sera obscurci, et la lune ne donnera point sa lumière et les forces des cieux » que nous croyons inébranlables et assurées, « seront ébranlées ». « Et toutes les tribus de la terre se lamenteront en se frappant la poitrine. »

Et pourtant Dieu, en cela aussi, ne laisse pas son humanité orpheline. Il ne lance plus la foudre pour consumer l'offrande, il ne ressuscite plus les morts et ne multiplie pas les pains ; mais ce Dieu caché opère dans le profond des cœurs un miracle incessant et bien autrement grand. Depuis dix-huit cents ans, dans tous les peuples, parmi les pauvres et les riches, les faibles et les puissants, les ignorants et les savants, il prend çà et là les âmes perdues, souillées, aveugles qui le méprisent ou le blasphèment. Il leur désille les yeux, il change tout leur être, leurs goûts, leurs désirs et leur amour, il lave et pardonne leurs péchés et en fait une église encore invisible, une épouse sainte, sans tache et irrépréhensible pour son Fils bien-aimé. Et ces miracles vivants, ces rachetés et ces saints, ces rois et ces sacrificateurs, ces héritiers du royaume des cieux et de la nouvelle terre, marchent confondus et perdus dans la foule, boivent, mangent et dorment, pleurent et souffrent comme elle. Eux aussi sont encore assujettis à la vanité et tombent sept fois le jour ; mais Dieu les soutient ; ils sont pauvres, mais toutes choses sont à eux ; ils sont fous, mais sages d'une sagesse divine ; faibles, mais ils protègent le monde et détournent les fléaux de

Dieu par leur intercession ; ils sont morts, et leur vie est cachée avec Christ en Dieu. Fils de la poussière, ils parlent avec un Dieu Tout-Puissant, et Il les entend, leur répond et les exauce, et quand la douleur, l'épreuve et la mort, le roi des épouvantements, fondent sur eux, on les voit sourire à travers les larmes et mourir bienheureux, là où le monde qui s'est moqué d'eux, éperdu d'effroi, se désespère. Si cela n'est pas un miracle, qu'est-ce donc ?

Ce miracle intérieur dépasse d'autant le miracle extérieur que la naissance d'un ange éternel est au-dessus de celle d'un corps mortel qui dure quatre-vingts ans à peine. Prie Dieu, toi qui doutes encore, qu'il l'opère en toi. Alors tu n'auras plus besoin de voir les morts ressusciter pour croire au miracle, car tu le porteras journellement en toi, et tu te riras des vaines phrases de ceux qui le nient, parce qu'ils ne l'ont jamais connu.

Nier le miracle, c'est nier toute la Bible, qui est basée sur le miracle et qui en est pleine. Il n'est pas besoin de le démontrer, et ceux qui l'éliminent de cette parole, soit par des explications d'un goût déplorable, soit en lui escamotant toute valeur morale, ne méritent pas qu'on les prenne au sérieux. De deux choses l'une. Ou les hommes de Dieu dont cette Bible nous parle et qui l'ont écrite, croyaient au miracle, ou ils n'y croyaient pas. S'ils y croyaient, ils étaient, d'après ces gens et malgré leur sublime morale, des têtes plus que faibles et prenaient pour des miracles les faits les plus simples et les plus naturels, et cela non pas une fois et dans des cas douteux, mais journellement et à tout propos. Alors il ne peut, en effet, plus être question d'une inspiration par le Saint-Esprit ; car dire que l'Esprit de Dieu Lui-même leur aurait à chaque page, selon l'expression

consacrée « dicté » des contes absurdes, c'est blas-
phémer ; et la Bible n'est plus qu'un recueil de légendes
poétiques, de vieilles traditions malheureusement enta-
chées de déplorables superstitions. Alors elle n'a, à part
quelques belles pensées morales à la Confucius ou à la
Bouddha, qu'un intérêt historique, et il est absurde d'en
faire une autorité religieuse.

Ou bien ces hommes ne croyaient eux-mêmes pas à
ce qu'ils disaient. En nous racontant les miracles de
Jésus-Christ, ils dénaturaient à dessein les faits, faisaient
avec intention du symbolisme, de la fable, et donnaient
pour des vérités des récits de Mille et une nuits. Alors
cas est plus grave. Car, la Bible le dit elle-même,
elle ne veut point être un livre pour les savants, ni
même pour les gens instruits et éclairés, mais pour
l'humanité tout entière. Cette humanité se compose surtout et avant tout de millions d'hommes et de femmes sans
aucune instruction, puis d'encore plus de millions d'enfants, dont la moitié meurt en bas âge. Affirmer du ton
le plus naturel et le plus convaincu à ces âmes can-
dides, qui croient simplement et honnêtement ce qu'on
leur dit, que Jésus a marché sur la mer, multiplié les
pains et ressuscité les morts, tout en entendant par là
autre chose, ce n'est plus là seulement de la superstition, et ces gens n'étaient que de vils imposteurs.

On me dira qu'au lieu d'employer de gros mots qui
ne sont plus d'usage, aujourd'hui qu'aucun homme ni
chrétien éclairé n'appelle plus un chat un chat et Rolet
un fripon, il faut remarquer, observer et distinguer.....
et que d'ailleurs un théologien moderne prouve que
« des croyances justes ou fausses ne sont une cause ni
de salut, ni de perdition », et qu'il faut « distinguer la
foi religieuse de la croyance d'une part, et de la conviction morale d'autre part », ou, comme il le dit en termi-

nant « la foi biblique — indispensable au salut — de la croyance à la Bible, relevant de notre jugement scientifique (1) » (*Revue de théologie*, 1er mai 1897, p. 221-223). Mais j'en appelle de ces sophismes à la conscience de tout homme droit et je le répète : ou le miracle existe ou la Bible n'est pas la parole de Dieu, adressée par lui à tous les hommes et contenant sa volonté et l'expression de son Esprit.

Nier le miracle, c'est nier Dieu. Un Dieu qui est irrévocablement lié par ses propres lois, qui ne peut ni faire varier ni améliorer ses créations, qui n'est pas infini dans son penser, qui ne dépasse pas toutes mes conceptions, qui ne peut pas à chaque instant m'étonner par une nouvelle création plus haute et plus miraculeuse ; un Dieu qui n'a créé qu'un seul chef-d'œuvre et en est réduit à le regarder et à se copier toujours, n'est pas même un grand artiste. Un Dieu qui ne peut pas, s'il le veut, arrêter le soleil et la terre dans leur course, sans qu'un de leurs atomes en soit dérangé, qui ne peut pas vivifier une semence ou un cadavre, qui ne peut pas rappeler à lui à l'instant l'Esprit qu'il a donné, qui ne peut pas faire que l'eau qu'il a créée ne noie pas et que le feu qu'il a fait ne brûle pas, est un Dieu impuissant et méprisable. Un Dieu qui, même en m'aimant, ne peut pas me témoigner son amour, répondre à mes cris, exaucer ma prière, parce que cela dérangerait son univers, est un Dieu dont je n'ai que faire. Dire que ce Dieu est amour, et puis nier le miracle, est un contresens, car qu'est-ce qu'un amour qui n'est pas libre de se manifester comme il lui plaît ? Si la fatalité l'enchaîne, alors il ne me punira, ni ne me récompensera ; si ma prière ne le touche pas, mon péché ne l'irritera pas, et je n'ai qu'à arranger ma vie conformément aux lois de l'attraction, de la lumière, de l'électricité et de l'évolution, pour pouvoir me moquer de lui et de sa colère. Un Dieu, enfin, qui ne peut rien et ne veut rien, qui n'entend pas et ne parle pas, qui ne peut tuer ses ennemis et faire du bien à ses amis, est un être encore plus faible et plus misérable que moi; car moi, je suis libre, et Lui ne l'est pas; moi, je veux, je sens, je vois, j'entends, je parle; moi, je fais du bien à ceux que j'aime et du mal à ceux que je hais, et si je ne peux créer, je peux au moins tuer. Comment adorerais-je encore cette pauvre déité qui ne m'inspire que de la pitié? Car je ne voudrais pas être un Dieu à ce prix!

Cette nature, ce livre divin, n'est pas la Bible. Elle n'est pas un manuel de dogmes et de vertus chrétiennes. Elle est édifiante pour le chrétien, nous l'avons vu; mais il ne faut pas y chercher une édification spéciale qu'elle ne peut pas donner, parce qu'elle ne la contient pas. Car cette nature est divine; mais elle n'est pas chrétienne. Elle nous montre Jéhovah créateur; mais non pas Sauveur; elle existe et subsiste par l'esprit de Dieu, qui seul lui donne sa vie; mais elle ne connaît pas le Saint-Esprit, ni son œuvre dans les cœurs. Elle nous révèle ses lois comme le penser d'un Dieu, cause de toutes les causes; mais non pas celles de la communion de l'âme convertie avec ce Dieu, ni celles de sa sanctification ou de la prière et de son exaucement. Elle enseigne la loi et aussi la bonté d'un Créateur pour ses créatures auxquelles il donne la vie et leur pain quotidien, mais non l'amour d'un Dieu qui a réconcilié ce monde avec lui et porté notre péché. En un mot, elle enseigne la crainte de Dieu, mais non pas le christianisme. Celui-ci est la seconde et plus haute révélation du Père, que nous a apportée le Fils, et dont il dit que « nul ne connaît le Père, sinon le fils et celui auquel le Fils l'a révélé. » Et voilà pourquoi toute religion « naturelle » est insuffisante, et pourquoi les païens, dont plusieurs ont étudié cette nature avec une révérence et un dévouement touchants, n'y ont pas trouvé la paix de leur âme. Mais voilà aussi pourquoi certains chrétiens ne trouvent pas la nature suffisamment édifiante. Car il y a des chrétiens à qui Dieu se donne à connaître plus spécialement comme Créateur et Père de tous les esprits, et celui d'où viennent tout don parfait et toute œuvre excellente, comme le Dieu en lequel nous sommes, vivons et existons, et duquel il est dit : « Dieu sera une fois tout en tous ! » Ce sont là ceux auxquels sa nature est surtout sympathique et compréhensible, donc aussi édifiante. Il y en a d'autres auxquels Dieu se révèle surtout en son Fils, comme la Parole devenue chair, le Rédempteur du monde et le bon Sauveur, connu seulement des siens, méprisé et haï par le monde. Enfin il y en a d'autres qui reçoivent une grande part du Saint-Esprit, pour dévoiler toute erreur, prêcher la sanctification et juger le monde et son péché au nom de la justice. Ces deux dernières catégories trouvent en général que la nature et sa contemplation ne leur fournissent pas suffisamment la nourriture spirituelle que leur âme préfère.

Nous ne prétendons en aucune façon porter ici un jugement quelconque sur nos frères, non plus que sur leur individualité chrétienne et leurs goûts. Mais nous croyons que la connaissance du Père forme la base de granit de la grande pyramide de la Trinité, et on remarque, comme on devait logiquement s'y attendre, que les chrétiens qui passent trop vite au Fils et au

Sauveur, sans avoir approndi les deux premières et élémentaires révélations de Dieu, la nature et la loi du Sinaï, manquent souvent de la force et de la joie que donnent la puissance et l'universalité du royaume de Dieu. Christ leur est bien le cher Sauveur de leur âme, mais ils le considèrent trop uniquement comme celui que le monde a rejeté et crucifié, et pas assez comme le Fils *par qui* et *pour qui* toutes choses sont créées, l'architecte auquel Dieu a confié la tâche d'exécuter son plan de l'univers, le Jéhovah terrible et miséricordieux, Celui qui porte les mondes par sa parole puissante et auquel toute puissance est donnée dans les cieux et sur la terre. — Le chrétien auquel il est donné de croire et de contempler cette gloire de Christ, peut, comme Dieu Lui-même (Ps. II), se rire de l'incrédulité du monde, du conseil des méchants, et de l'impuissance des rois et des puissants de la terre à changer un iota aux décrets de ce roi des rois, de ce seigneur des seigneurs. Cette foi se base sur la création et sur l'Ancien Testament, et les chrétiens qui croient pouvoir se passer de lui, parce qu'ils en trouvent dans le Nouveau l'accomplissement plus parfait, ressemblent à celui qui méprise les fondements d'un palais, parce qu'il trouve la beauté architecturale surtout dans les étages supérieurs, ou à celui qui admire des fruits excellents et voudrait en jouir, mais estime qu'il n'a pas besoin pour cela du tronc et de la racine de l'arbre.

Cette forte base naturelle et biblique de la nature, de la loi et de la grâce, qui se tiennent et se complètent mutuellement, donne seule de l'unité au penser d'un chrétien, à sa conception de l'univers, et l'empêche de n'être pieux qu'à ses heures et à l'église, sans préjudice d'ailleurs d'être darwiniste ou Kantiste ou progressiste ou féministe ou socialiste, c'est-à-dire de cultiver et de prôner des systèmes, dont un peu de réflexion devrait lui prouver que la tendance est en contradiction avec la nature et avec la Bible. « On peut fort bien », disait dernièrement un pasteur socialiste allemand, « être un homme très instruit, et à côté de cela rester un chrétien. » Non! car le christianisme « à côté » n'en est pas un. Mais on peut être un chrétien dans le vrai et plein sens de ce mot, et être *à côté de cela* un homme instruit. Le christianisme dans l'homme est tout, ou il n'est rien. Celui qui ne pénètre pas l'être tout entier, comme l'eau une éponge, le feu le fer incandescent qu'il rend lumineux, qui ne devient pas l'unique moteur de ses actions, la pierre de touche de toutes ses pensées, le seul mètre auquel il mesure l'univers, les autres et soi-même, n'est pas le christianisme biblique, le vrai ; ce n'est qu'une opinion religieuse.

La fatale erreur qui consiste à croire qu'on peut séparer son christianisme de sa vie intellectuelle, porter celui-là les dimanches et celle-ci les jours ouvriers, et l'étroitesse avec laquelle des chrétiens sérieux se tiennent en défiance contre les sciences naturelles et la nature tout entière et sa connaissance, provient d'une distinction trop tranchée entre le Saint-Esprit et l'Esprit de Dieu Créateur et Conservateur de l'univers. Sans cet esprit point de vie, point de beauté, point de mouvement, point de naissance ni de fertilité. « Tu caches ta face, ils sont troublés ; tu retires ton souffle, ils expirent et retournent à leur poussière. Tu envoies ton esprit ; ils sont créés et tu renouvelles la face de la terre », dit David (Ps. CIV, 29, 30). Cet esprit n'est pas encore le Saint-Esprit, mais il est son devancier, sa base nécessaire, et, parce qu'ils sont tous deux divins, ils sont harmoniques. Cet esprit est le souffle de la divinité créatrice tout entière; le Saint-Esprit est la révélation de la troisième personne de la Trinité. Le premier, quand nous l'écoutons, nous enseigne à vivre d'une manière simple et naturelle, comme Dieu veut que nous vivions, et prépare le terrain de l'âme dans lequel le second seul peut déposer la semence de la nouvelle créature. Le premier nous enseigne la vraie sagesse de ce monde, le second la sagesse du ciel. Car autant la Bible réprouve la sagesse orgueilleuse de l'homme qui croit la trouver en lui-même, autant elle nous exhorte à être sages et avisés en toutes choses, et Jésus reproche à ses disciples que les enfants du monde soient à leur manière plus sages qu'eux. Ainsi Dieu n'a pas choisi pour exécuter ses pensées envers l'humanité, pour porter sa parole, pour être ceux qu'il a honorés de son amitié personnelle, des hommes sans sagesse et sans discernement, qui ne s'inquiètent pas d'acquérir des connaissances, d'observer et d'étudier l'homme et la nature. Il a pris pour cela un Abraham, prince de sa tribu et ami des rois; un Moïse élevé à la cour de Pharaon dans toute la sagesse des Égyptiens; un Job, homme éminent, dont les discours respirent une connaissance approfondie de la nature et de l'humanité; un David, profond poète; un Salomon, sage entre tous, et qui « parla sur les arbres, depuis le cèdre qui est sur le Liban, jusqu'à l'hysope qui sort du mur; et il parla sur les bêtes, et sur les oiseaux, et sur les reptiles, et sur les poissons. Et de tous les peuples, on venait pour entendre la sagesse de Salomon » (1 Rois IV, 33, 34); un Daniel, duquel il est dit : « Il surpassait (en sagesse) les ministres et les satrapes, car il y avait en lui un esprit extraordinaire; aussi le roi pensa-t-il à l'établir sur tout le royaume. » Et ce furent les sages de Chaldée qui le reconnurent les premiers comme le roi qui devait venir, et lui apportèrent de l'or, comme à ce roi; de l'encens, comme à l'oint de Dieu; et de la myrrhe, prédisant ses souffrances. Enfin, lorsque Dieu veut annoncer son évangile aux nations et organiser son église, il choisit pour cela Paul, bien instruit dans toute la science des scribes et des pharisiens. Puis plus tard un Augustin, un Calvin, un Luther, hommes de savoir et de caractère, s'intéressant à tout, et pouvant dire avec le poète latin : « Rien d'humain ne m'est étranger. » N'établissons donc point d'opposition entre la vie intérieure et la vie extérieure, celle du cœur et celle de l'intelligence, entre l'édification proprement dite, et la connaissance des faits naturels; mais au contraire, fortifions la première par la seconde, afin que le chrétien en nous se développe sainement et fortement. Cela nous fortifiera aussi mieux contre l'incrédulité, que de ne savoir que nous retirer devant elle, comme un escargot rentre dans sa coquille, et c'est en ayant des idées plus vraies, des jugements plus solides, une appréciation plus juste, une conception plus haute et plus vraiment raisonnable de cet univers que notre Père a créé, que celles des athées, que nous le glorifierons mieux.

Si nous voulions exposer ici l'admirable et grandiose idée de la nature que nous offre la Bible, un gros volume ou plutôt bien des volumes ne suffiraient plus ; et d'ailleurs nous supposons que le lecteur connaît sa Bible et y a trouvé la plus sublime conception de la création que l'homme connaisse.

Qu'elle est grande et majestueuse dans sa simplicité, cette première parole : « Au commencement, Dieu créa les cieux et la terre ! » C'est par cette porte de granit qu'on entre de l'éternité dans le temps. Ce sont là les Colonnes d'Hercule de la pensée humaine, au-delà desquelles seul l'océan insondable de la divinité infinie et éternelle s'étend sans rivages.

Puis passant par-dessus la création des cieux, des anges et leur chute, la Bible descend sur la terre et nous donne, en quelques versets d'un style lapidaire, monumental, la cosmogonie de cette planète que nous habitons. Il n'y a pas longtemps, des savants incrédules avaient mis à la mode l'assertion que la géologie démentait la Bible, et que tout essai de les concilier était puéril et absurde. Mais on revient aujourd'hui de cette opinion absurde elle-même ; un esprit impartial reconnaît au contraire qu'il serait difficile d'accuser plus nettement et avec plus d'exactitude les grandes périodes géologiques que Moïse, inspiré par l'esprit divin, ne l'a fait. Aussi, le professeur Quenstedt, ce géologue et paléontologue renommé de Tubingue, qui n'était pas chrétien, s'écrie : « Ce Moïse, qu'il eût reçu sa science d'Egypte, de Babylone ou d'ailleurs, était un grand géologue » (*Die Schöpfung*, p. 8).

D'abord cette Bible nous raconte l'océan couvrant toute la terre, et recouvert lui-même d'épaisses ténèbres. Puis la lumière se fait, l'atmosphère se purifie, les nuages s'élèvent, les eaux d'en bas se rassemblent, le sec apparaît, c'est-à-dire que les premières rides de l'écorce terrestre, qui se contracte par un lent refroidissement, s'élèvent au-dessus des eaux.

Voilà des données absolument scientifiques. Et de même, quand Moïse fait ensuite paraître les plantes. « Moïse », dit Quenstedt déjà cité, « n'est pas encore réfuté ; car les premiers organismes des couches inférieures sont des algues marines », et d'ailleurs il est d'un pédantisme ridicule d'accuser Moïse d'inexactitude et même de fausseté, parce qu'il ne cite pas les organismes intermédiaires, par exemple les trilobites de Bohême ; comme s'il était tenu de nous donner en trente lignes un catalogue des couches paléontologiques ! L'immense développement des végétaux aux époques houillières, qu'il embrasse d'un coup d'œil, et le fait important, admirable, mystérieux, que Dieu a donné à la plante d'avoir sa semence en elle-même, voilà ce qu'il établit ici. Puis il passe, non à la création (bara), mais à la préparation (asa) du soleil et de la lune comme luminaires. Ici aussi la nouvelle astronomie tend à accepter le récit biblique, et le rationaliste Moldenhauer n'est pas le seul qui dise : « La terre a dû se condenser en une sphère (sich ballen) avant le soleil ; et ce n'est que longtemps après sa formation, qu'au milieu de la nébuleuse apparut *un soleil* de petite circonférence et de lumière éblouissante », idée qu'il développe et prouve tout au long *(Das Weltall,* 1884 I, chap. 8). Puis Dieu crée les grands animaux des eaux, ces innombrables sauriens dont les couches jurassiques fourmillent, (« que les eaux produisent en toute abondance »). Et alors aussi, nous le savons par les plaques de Solenhofen, apparurent les premiers oiseaux. Enfin, au sixième jour, ou époque lumineuse (vers. 5) de la création, paraissent les quadrupèdes et enfin l'homme créé à l'image de Dieu.

Voilà une cosmogonie qui reproduit fidèlement les grands traits de l'histoire de notre planète, telle qu'elle est inscrite dans les couches de l'écorce terrestre : Mer universelle et sans organismes, ténèbres ; purification de l'atmosphère, apparition du sec ; puis, d'abord la plante, ensuite les animaux aquatiques, enfin les quadrupèdes et en dernier lieu l'homme. Et toute la paléontologie nous prouve par des millions d'exemples que tous les organismes ont paru en leurs temps et lieu, selon leur espèce nettement caractérisée, pour disparaître et faire place à de nouvelles espèces et cela sans chercher aucunement à s'adapter aux milieux ; la Bible et la géologie sont d'accord. Le darwinisme, au contraire, est absolument réfuté par la paléontologie.

Puis cette Bible nous raconte l'histoire de l'humanité dans cette nature divine, mais déchue par la faute du premier homme, et elle le fait dans un langage, non scientifique, mais humain et à la portée des millions de simples et d'ignorants pour lesquels elle est écrite. « Ce livre divin », se sont déjà écrié des incrédules, « prétend que le soleil se lève et ne sait donc pas que c'est la terre qui tourne. » Quelle puérilité ! Comme si les plus grands astronomes, Herschel, et Arago, et Newton, n'avaient pas dit toute leur vie : le soleil se lève, le soleil se couche ! Une Bible absolument scientifique, c'est-à-dire écrite au point de vue du Dieu Créateur qui voit tout et qui sait tout, serait absolument incompréhensible pour le plus grand savant.

Le second fait immense que nous raconte la Bible après la création du monde, c'est celui du Créateur descendant sur le sommet enflammé du Sinaï pour s'y révéler comme Jéhovah à son peuple, et lui donner sa loi. Puisque nous parlons ici de la nature, remarquons bien que ce peuple de Dieu devait avant tout être un peuple naturel, vivant dans la nature, avec la nature, et auquel Dieu promet, comme récompense de son travail et de son obéissance, non des richesses acquises par le commerce ou l'industrie, non pas un haut développement des arts et des sciences ou une suprématie politique, mais les meilleurs dons de sa nature. Cette loi admirable, dont David ne peut assez célébrer les merveilles et la sagesse, dont Jésus parle avec un profond respect comme d'une parole divine qui ne peut être anéantie, est tout entière fondée, en dernière analyse, sur les lois que Dieu a imposées comme fondements à sa nature, et n'en est au fond que le développement.

Et quel superbe symbolisme que le culte de ce peuple et son tabernacle ! Au dehors, dans le désert de la vie, est la multitude. Les élus passent à travers l'eau et le feu, les deux mystères, entre la mer d'airain qui lave l'impureté, et Ariel, le lion de Dieu qui dévore l'offrande et la victime, et entrent dans le sanctuaire, où se révèle le Dieu Trinité que les Hébreux connaissaient comme tel ; toute leur tradition en fait foi. Le Père Céleste et grand Nourrisseur de la création donne chaque jour aux douze tribus leur douze pains quotidiens ; le Fils, le « Maschiah », fait fumer chaque jour sur l'autel des parfums la prière propitiatrice et de bonne odeur ; et l'Esprit Saint brille continuellement septuple dans le chandelier d'or. Et au fond, derrière cette révélation du Dieu que l'humanité peut connaître, dans le lieu Très-Saint, au milieu des ténèbres et sur les chérubins, siège le Dieu Un que l'homme ne peut voir et vivre, et devant lequel le souverain sacrificateur, purifié et vêtu de blanc lin, verse une fois l'année, en tremblant, la coupe d'or pleine de sang, cette âme de tous les vivants qui ont péché. — Magnifique image du temple éternel que nous verrons un jour !

Comme cette loi allie bien une sévérité inexorable avec une tendre bonté vis-à-vis du faible, du pauvre, de l'orphelin, de l'étranger et même de l'animal et de la nature. Quelle beauté dans ses grandes fêtes, qui réunissent tout un peuple dans la ville sainte, où son Dieu lui commande de se réjouir devant lui ; et quelle admirable institution que l'année du Jubilé, ce magnilique symbole de la rédemption, où cessent la dette, et la coulpe, et la servitude, où chacun rentre dans l'héritage de ses pères et se sent renaître à une nouvelle vie. Mais lequel de nos peuples soi-disant chrétiens d'aujourd'hui pourrait réaliser, que dis-je? supporter une telle loi? Car il faut être grand et fort pour saisir d'aussi grandes pensées ; et c'est cette loi sainte et terrible du Sinaï qui a donné à ce peuple juif cette force de cohésion et de caractère qu'on peut encore admirer aujourd'hui en lui, malgré les siècles de persécution et d'avilissement qu'il s'est attirés par sa désobéissance.

De quelles magnifiques descriptions de la nature et de ses êtres les livres inspirés d'un Job, les psaumes d'un David et les œuvres d'un Salomon, ce grand naturaliste qui parla sur les plantes depuis l'hysope jusqu'aux cèdres du Liban (I Rois IV, 33, 34), ces livres ne sont-ils pas remplis ! Quelle immense et divine joie d'un Créateur au sujet de ses œuvres, éclate dans les superbes paroles par lesquelles l'Éternel dépeint à Job, dans de grandioses tableaux, la force des êtres qu'il a créés.

Les prophètes aussi ne se lassent pas de décrire comment toute cette nature reverdira, fleurira et se réjouira, quand Dieu aura de nouveau pitié de son peuple, et accomplira enfin ses grandes promesses. Gardons-nous de l'impuissance spirituelle qui, dès que la réalité lui devient trop grande et trop imposante, se réfugie dans l'interprétation allégorique des faits.

La Bible tout entière nous enseigne qu'il y a un étroit rapport entre la nature et l'homme et ses actions, rapport fondé dès le commencement, où la terre fut maudite à cause de la transgression de l'homme ; rapport plus étroit encore, si possible, entre le peuple d'Israël et son pays. « Il n'y a pas de vérité, et il n'y a pas de bonté, et il n'y a pas de connaissance de Dieu dans le pays ; c'est pourquoi le pays est dans le deuil ; et tous ceux qui y habitent sont languissants, et aussi les bêtes des champs et les oiseaux des cieux ; et même les poissons de la mer périssent ». — Nous avons perdu aussi cette foi. — Mais de même, quand Dieu aura pitié de son peuple, et que ce peuple retournera à lui, la conséquence en sera une vivification de toute la nature dans son pays d'abord, puis dans les pays environnants. « En ce jour-là, Israël sera le troisième, avec l'Egypte et avec l'Assyrie, une bénédiction au milieu de la terre » (Esaïe XIX, 24). Et cela sera, après six mille ans de deuil et de travail, le grand sabbat, où la nature aussi se réjouira, après avoir attendu si longtemps la liberté de la gloire des enfants de Dieu. Les prophètes nous dépeignent avec joie, en beaucoup de passages, cette renaissance de la nature : « Le désert et la terre aride se réjouiront ; le lieu stérile sera dans l'allégresse, et fleurira comme une rose ; il fleurira abondamment, et il sera dans l'allégresse, oui, dans l'allégresse, et il exultera » (Es. XXXV, 1 et 2). « Je ferai couler des rivières sur les hauteurs, et des fontaines au milieu des vallées ; je changerai le désert en un étang d'eau, et la terre aride en des sources jaillissantes. Je ferai croître dans le désert le cèdre, l'acacia, le myrte et l'olivier ; je mettrai dans le lieu stérile le cyprès, le pin et le buis ensemble ; afin qu'ils voient et qu'ils sachent, qu'ils considèrent et qu'ils comprennent tous ensemble, que la main de l'Eternel a fait cela » (Es. XLI, 18-20). « Et le loup habitera avec l'agneau, et le léopard couchera avec le chevreau ; et le veau, et le jeune lion, et la bête grasse, seront ensemble, et un petit enfant les conduira. La vache paîtra avec l'ourse, leurs petits coucheront l'un près de l'autre, et le lion mangera du foin comme

le bœuf » (Es. XI, 6 et 7). « De leurs épées ils forge-
ront des socs, et de leurs lances, des serpes. Une nation
ne lèvera plus l'épée contre une autre nation, et on
n'apprendra plus la guerre. Et ils s'assiéront chacun
sous sa vigne et sous son figuier, et il n'y aura personne
qui les effraye » (Mich. IV, 3, 4).

Voilà les superbes promesses, voilà les consolations
fortes et réelles, sur lesquelles finit l'Ancien Testament,
donné au peuple d'Israël, à ce peuple appelé à vivre
dans la nature de Dieu. Mais au lieu de les croire, et
de nous en réjouir, nos pauvres cœurs arides et desséchés cherchent beaucoup de raisonnements pour
affaiblir et convaincre d'impuissance ces paroles du
Saint d'Israël, qui nous dit qu'il « hâtera ces choses en
leur temps ». Au lieu de l'en croire simplement et
franchement, nous nous écrions : Mais comment.....
mais je ne m'explique pas..... mais je ne comprends
pas..... mais je ne puis croire..... et le monde rit de
notre prétendue foi, lâche et honteuse. — « Si tu pou-
vais croire ! » dit Jésus avec compassion au pécheur.
— « *Et il s'étonna de leur incrédulité.* »

Passons au Nouveau Testament. Puisqu'il prêche
la repentance et la rémission des péchés par le sang
de Jésus-Christ ; fonde une église invisible composée
d'âmes et annonce un royaume qui n'est pas de ce
monde, il est clair que la nature n'y jouera pas un
aussi grand rôle que dans le Testament du peuple terrestre d'Israël. Et pourtant, ici aussi, la nature est la
saine base de l'existence, et forme partout l'arrière-plan
du tableau. De même qu'au commencement de la Loi,
Moïse dans le désert, au pied de l'Horeb, se tient devant

le buisson ardent, et, au commencement des Prophètes, Élie au torrent d'Erith, de même au commencement de l'Évangile le puissant héraut Jean-Baptiste, un homme de la nature, vêtu de poils de chameau et se nourrissant de sauterelles et de miel sauvage, annonce l'arrivée du Messie.

Jésus aussi vit dans la nature d'une vie simple et naturelle. Il veut être baptisé dans les flots du Jourdain; Il se retire dans le désert pour y être tenté; Il enseigne et Il prie et parle avec Moïse et Élie. Il dort sur la mer; Il agonise sous les arbres de Gethsémané. Il apparaît à ses disciples le matin au bord du lac de Génézareth et monte au ciel de la montagne des Oliviers. La biographie d'un grand homme nous décrit sa demeure, son intérieur, ses meubles, sa table, ses habitudes; Christ n'en a point, et quand il veut prier, il ne recherche pas même le temple, mais monte sur une montagne et y passe la nuit en prière! — Quel spectacle! — Sur un haut sommet, un Dieu parle, dans le silence de la nuit, avec son Dieu; au-dessous de lui, enveloppé d'obscurité et de l'ombre de la mort, un monde qu'il est venu sauver; au-dessus de lui les étoiles qu'il a créées, décrivant les orbites qu'il leur a tracées! — Que se disaient, pendant ces veilles de la nuit, les Élohim? Hélas, les eussions-nous même entendus, la créature ne les aurait pas compris.

C'est de cette nature, de cette création de son Père, que Jésus tire ses enseignements; c'est à elle qu'il emprunte les images de ses paraboles, et non pas à l'industrie et au commerce, à l'art ou à la science; comme ce ne sont pas des docteurs ou des sacrificateurs, mais des pêcheurs, qu'il prend pour amis et qu'il élit apôtres. Il nous enseigne à voir dans cette nature, dans les lis des champs et les oiseaux des cieux, dans la semence et la nourriture, les grandes lois qui régissent aussi la vie spirituelle, comme elles régiront la nature éternelle et céleste; et pour nous montrer qu'il est bien Celui par qui et pour qui sont créées toutes choses, et par qui elles subsistent, il fait, même dans son abaissement volontaire, luire à nos yeux quelques rayons de sa gloire et parle en maître aux éléments, aux poissons de la mer et aux arbres des champs. Les étoiles du ciel doivent annoncer sa venue, le soleil se voile pendant son agonie, et la terre tremble, et les rochers se fendent, quand il expire.

Saint Paul, l'apôtre des nations, le grand organisateur de l'Eglise, n'avait guère le temps de s'occuper de la nature. Et pourtant, il dit de grandes paroles au sujet du corps terrestre et du corps céleste et de sa gloire, du grain de blé qui pourrit en terre et produit une nouvelle vie, plus riche, et du pouvoir de Dieu, d'enter un bon arbre sur un sauvageon. Lui aussi ouvre de grands horizons sur l'avenir de cette création, jadis maudite à cause de nous, mais aussi rachetée avec nous. « Car la vive attente de la création attend la révélation des fils de Dieu. Car la création a été assujettie à la vanité, (non de sa volonté, mais à cause de celui qui l'y a assujettie) dans l'espérance que la création elle-même aussi sera affranchie de la servitude de la corruption, pour jouir de la liberté de la gloire des enfants de Dieu. Car nous savons que toute la création ensemble soupire et est en travail (d'enfant) jusqu'à maintenant, et non seulement elle, mais nous-mêmes aussi, qui avons les prémices de l'Esprit, nous aussi nous soupirons en nous-mêmes, attendant l'adoption, la délivrance de notre corps. » (Rom. VIII, 20-23.)

Dans l'Apocalypse nous voyons toute la nature concourir au grand chœur final de l'histoire du monde.

Les sept tonnerres rugissent, les forces des cieux sont ébranlées, le soleil et la lune s'obscurcissent, les vents sont déchaînés, la grêle tombe des cieux, la mer mène grand bruit, et la terre tremble et renverse les œuvres de l'homme. Les foudres de Dieu frappent à coups répétés les impies, et même les poissons de la mer, et les animaux, et les arbres de cette terre souillée pendant des milliers d'années par des torrents de sang humain, et fumante de blasphèmes et de malédictions.

Mais la Bible, parfaite et admirable, ne finit pas là. Elle ne nous offre pas en perspective, après les ruines d'une création gâtée par le péché, une espèce de nirvâna, où le chrétien, désormais délivré de la matière, ne vivra plus que par la pensée. Bien loin de là, elle nous montre, aux siècles des siècles, une nature bien plus vraie, plus réelle, plus tangible et plus sensible, plus vivante et plus forte que cette pauvre nature souillée, inerte, à moitié morte, dans laquelle nous vivons et qui a malgré tout conservé quelques restes de beauté. Elle nous promet que c'est dans cette nature admirablement belle que nous vivrons éternellement, non pas seulement en esprit, mais corporellement.

Quelle inconséquence, quelle folie de croire ou de prétendre croire à un Sauveur ressuscité en chair et en os, et mangeant devant ses disciples du miel de Palestine et du poisson rôti, et puis de se représenter le ciel où nous, ressuscités aussi, vivrons éternellement avec ce Sauveur, comme une nébuleuse sans réalité matérielle, où des esprits éthérés se nourriront d'abstractions religieuses et d'allégories édifiantes. A quoi bon ressusciter alors? Pour la vie céleste, telle que se la représentent bien des chrétiens, une âme serait plus que suffisante. Mais ils ne comprennent, ni l'absolue harmonie de la vraie matière, divine comme l'esprit, car elle est créée par le même Dieu avec cet esprit, ni l'éternité des paroles que Dieu a prononcées lors de la création. Ils ne comprennent pas que la lumière et l'eau, la montagne et le fleuve, la plante, la fleur, et le fruit, et l'animal sont, comme l'homme, des pensées divines, c'est-à-dire éternelles d'un Dieu « qui ne rejette pas l'œuvre de ses mains », qui « n'est pas homme pour se repentir », qui ne se laisse pas gâter son œuvre à jamais par la chute, soit des hommes, soit des anges. Ce Dieu a voulu créer une fois une terre admirable et parfaite, et il la purifiera et la rétablira comme nouvelle terre, dont la possession éternelle nous est promise (Matth. V, 5). Là aussi, sa Parole nous le dit, la lumière étincellera, l'eau ruissellera et le fleuve coulera, la plante verdira, fleurira et portera son fruit, et les rachetés, assis à table avec Abraham, Isaac et Jacob, se nourriront de ses fruits, et Jésus-Christ lui-même boira avec nous « du nouveau fruit de la vigne dans le royaume de son Père » et de notre Père (Matth. XXVI, 29).

Les nouveaux cieux et la nouvelle terre, c'est la vraie nature éternelle.

CHAPITRE IV

LA SCIENCE

La science ! Avec l'argent, l'idole du XIXme siècle. Avec quel respect, avec quelle vénération superstitieuse n'entend-on pas prononcer ce mot aujourd'hui ! « Les résultats de la science ! » il semble, au ton que l'on prend, que ce soient des vérités divines tombant du ciel, des guides infaillibles, des forces capables de régénérer le monde, d'en ôter le mal et de rendre enfin la pauvre humanité heureuse.

Ce n'est du reste pas sans raison que l'homme admire cette science ! Dieu, en le créant, lui a mis au cœur un désir insatiable, une soif inextinguible de savoir ; et l'enfant déjà veut deux choses, aimer et être aimé et puis apprendre, et sa question enfantine : qu'est-ce que c'est que cela ? est celle que l'homme répète sans se lasser toute sa vie. L'animal accepte l'univers tel qu'il est ; mais le comment et le pourquoi tourmentent nos âmes immortelles. « L'homme est misérable », a dit Pascal, « parce qu'il l'est, et il est grand parce qu'il le sait ». — Ce n'est pas la soif de connaître, seule, qui pousse l'âme à vouloir savoir, mais bien la conscience que c'est aussi là sa seule puissance. — Knowledge is power. — Pour agir sur les choses et sur les hommes, pour les maîtriser et les gouverner, il faut les connaître, et c'est là ce qu'exprime inconsciemment cet autre désir inné à l'homme de *nommer* tout ce qu'il voit. Car le vrai nom d'une chose ou d'une créature nous l'expliquerait et serait la formule de son être, l'équation de son existence. Mais, hélas, depuis que Satan nous a poussés à manger du fruit de l'arbre de la connaissance du bien et du mal, avant que nous eussions mangé de l'arbre de la vie (Gen. III), nos yeux sont obscurcis; nous savons et nous sentons qu'il y a un bien et un mal; mais les distinguer et les séparer, c'est là la tâche et le tourment de la vie.

Qu'appelons-nous science? — Au fond, c'est tout le savoir de l'humanité, quoique nous soyons habitués à désigner plus particulièrement sous ce nom l'étude approfondie des faits, leur coordination logique et les déductions qu'en tire le raisonnement juste et éclairé.

Ce savoir de l'humanité, nous ne le savons que trop, se compose de lumières et de ténèbres, de vérités et d'erreurs, d'hypothèses hardies et de théories prouvées, de recherches consciencieuses et de systèmes, de millions de faits et d'idées, de prose inexorable et de poésie idéale. Voilà avec quoi l'homme, depuis qu'il est sur la terre, bâtit, à la sueur de son front, en ses veilles patientes et ses travaux assidus, et en sacrifiant souvent sa force et sa santé, l'édifice de la science, qui toujours a besoin de réparations. « Les sciences empiriques », dit Humboldt, « ne sont jamais parfaites; l'abondance des faits à observer est inépuisable; aucune génération ne pourra jamais se vanter d'embrasser la totalité des phénomènes. »

Ce savoir humain est à la fois très grand et bien petit. Il est immense, quand on réfléchit à tout ce que cette humanité a déjà observé, pensé, déduit, cru et soutenu. Il est assez peu de chose, quand on le réduit à sa plus simple expression. Car il y a eu des hommes qui, comme Aristote, Gœthe, Alexandre de Humboldt, ont pu arriver en quelques années, non pas certes à tout savoir, mais à embrasser jusqu'à un certain point les principaux résultats de la pensée humaine ; et quand on parcourt un dictionnaire encyclopédique comme les beaux ouvrages de Brockhaus ou de Meyer, on s'étonne à la fois de tout ce que peut contenir une tête humaine et du peu que sait l'humanité. Est-ce qu'elle ne mérite pas notre respect, cette science, ce savoir acquis au prix de tant de veilles et de fatigues, de sueurs et de privations ? N'a-t-elle pas rendu d'immenses services à l'humanité, ne lui est-elle pas absolument indispensable, pour qu'elle s'élève au-dessus de la condition des sauvages qui habitent la Terre de Feu, toujours occupés, dans une embarcation grossière et faisant eau, à prendre quelques poissons pour les manger à moitié crus. Certes oui, la science est une grande, et bonne, et belle chose, quand elle signifie un vrai savoir ! Et loin de moi la pensée de me railler de quiconque apporte sa pierre à cet édifice. Car moi aussi, je voudrais savoir ce que je suis, ce que sont les autres, ce qu'est la création, et le bien, et le mal, enfin la grande énigme que Dieu seul sait tout entière. Mais hélas ! quand j'interroge mes semblables, j'entends les plus sages d'entre eux me répondre qu'eux aussi ont cherché la sagesse, mais qu'ils ne l'ont pas trouvée. J'entends un Socrate dire que si, comme le dit l'oracle, il est le plus sage des hommes, « c'est parce que je sais que je ne sais rien ». J'entends un Salomon avouer : « J'ai dit, j'acquerrai de la sagesse ; mais elle (la sagesse) s'est éloignée de moi. Ce qui a été est bien loin, et il est enfoncé fort bas ; qui le trouvera ? »

(Eccl. VII, 23, 24). J'entends un Faust, qui n'est autre que Goethe lui-même, déplorer qu'après avoir étudié toutes les sciences, il soit « aussi bête qu'avant », et doive reconnaître « que nous ne pouvons rien savoir ! » Et je me dis : la vraie science, la haute, aboutit, il paraît, à la conscience de son ignorance, à cette pauvreté d'esprit que recommande Jésus.

Nous ne voulons pas ici dénombrer les résultats de la science — il faudrait pour cela bien des livres et de bien gros ; — nous ne voulons pas davantage entonner un hymne enthousiaste en son honneur, ni célébrer les bienfaits qu'elle a apportés au monde. Assez d'autres s'en chargent journellement, avec ou sans vocation, vrais ou faux savants, humbles disciples de la science ou hommes ambitieux ne cherchant en elle que leur gloire, idéalistes épris de sa beauté ou utilitaires ne l'estimant qu'à ce qu'elle rapporte. Et précisément parce qu'on ne la loue que trop aveuglément aujourd'hui, il n'est peut-être pas mal à propos d'examiner brièvement ici sur quels fondements elle bâtit, quels sont les moyens qui lui sont donnés pour arriver à la connaissance, et enfin quelles sont les bornes de son empire et quels sont ses défauts ou plutôt ceux de ses partisans.

La foi, a-t-on dit, commence où la science cesse. En d'autres termes, et c'est l'opinion du plus grand nombre, la science repose sur des faits reconnus et prouvés, la foi sur des sentiments, des impressions, qui peuvent n'être et ne sont souvent que des illusions. Eh bien, cela est faux, et un examen tant soit peu approfondi de la science montrera bientôt qu'elle aussi repose en dernier ressort sur des axiomes, c'est-à-dire sur des dogmes qu'il faut croire sans pouvoir les expliquer ni les prouver.

Ainsi les mathématiques, cette science qu'un homme

comme Platon regardait comme la plus haute et
même la seule vraie, poursuit avec une logique absolue
le cours de ses démonstrations; tous les anneaux se
tiennent dans la chaîne de ses raisonnements, et qui
dit A, doit dire B et C. Mais je suis libre de dire A ou
non; car A c'est l'axiome. Socrate déjà s'étonnait qu'1
et 1 fassent 2 (Phédon), et personne ne peut me prouver
que la partie est plus petite que le tout, ou que la ligne
droite est le plus court chemin d'un point à un autre;
ou que si $A = C$ et $B = C$, A alors $= B$. « Toute notre
science », s'écrie le Dr Karl Müller, « repose sur ce que
$2 \times 2 = 4$; mais pourquoi, voilà ce que nous ne savons
pas. »

Il en est de même des sciences qui s'occupent de la
matière et de ses propriétés, de la physique et de la
chimie. La science, nous l'avons dit dans le chapitre
précédent, ne sait pas ce qu'est la matière. « L'être de la
matière », dit le chimiste Kekule, « se soustrait à toute
étude directe. » (*Die wissenschaftlichen Ziele und Leis-
tungen der Chemie*, Bonn 1878). La chimie décrète
l'atome, parce qu'elle en a absolument besoin pour
expliquer ses phénomènes; mais cet axiome est un
dogme et un dogme contradictoire. Car puisqu'il forme
la matière, il devrait en posséder les propriétés. Or, il
n'explique rien, s'il n'est pas indivisible; et une matière indivisible est une absurdité! « Nous n'y gagnons
rien », dit très bien le Dr W. Meyer, dans son opus-
cule sur la force et la matière, « que de réunir, sous
une seule et unique idée incompréhensible, un grand
nombre de choses incompréhensibles auparavant. »
Et d'ailleurs, comme l'a dit déjà Schopenhauer, comment se représenter que ces éléments absolument
simples et indivisibles de la matière, aient des propriétés différentes. De même de la force. Nous avons

déjà cité Dubois-Reymond, qui dit ailleurs : « Vis-à-vis de l'énigme de la matière et de la force, le naturaliste doit se résoudre une fois pour toutes et quoiqu'il lui en coûte à la devise : *Ignorabimus*. — « Jamais nous ne saurons comment la matière pense. » (*Ueber die Grenzen des Naturerkennens*, p. 34).

C'est ainsi que notre astronomie repose sur la théorie de l'attraction. Mais Newton lui-même qui l'a découverte, dit là-dessus : « Je n'examine point ici quelle peut être la cause de ces attractions; ce que j'appelle ici attraction peut être produit par une impulsion ou par d'autres moyens qui me sont inconnus. Je n'emploie ici ce mot d'attraction que pour signifier en général une force quelconque par laquelle les corps tendent réciproquement les uns vers les autres, quelle qu'en soit la cause. » (*Optique*, liv. III, qu. 31). Et ailleurs : « Les corps se comportent comme s'ils s'attirent; mais s'ils s'attirent en vérité, c'est ce que je ne sais pas et je ne comprends en tout cas pas comment ils s'attirent; » paroles auxquelles tout savant sérieux souscrira d'autant plus, que plusieurs astronomes veulent aujourd'hui remplacer l'attraction par « la poussée de l'éther ». Théorie peut-être satisfaisante, mais elle aussi impossible à prouver directement; car comment expérimenter sur une matière invisible, insaisissable et dont les calculs prouvent, nous dit-on, qu'elle est pour le moins 600 billions de fois plus légère que l'air !

Enfin la botanique et la zoologie, la biologie et la physiologie traitent d'organismes qui se distinguent du monde inorganique par *la vie*. Et la science, nous l'avons vu, ne sait ce que c'est que la vie, et ne peut s'en passer. « La chimie », disait en 1893, le professeur de chimie Dr Senbert, dans son discours d'inauguration à Tubingue, « a fabriqué des milliers de sub-

stances organiques ; mais pas une encore qui portât
en soi le souffle de la vie ; la force vitale nous est encore
un mystère. »

C'est ainsi que tout le savoir de l'humanité repose
sur des axiomes que sa science n'a pas inventés, et dont
elle ne peut que tirer des conséquences. Notre savoir
n'est que déduction, et au lieu du mot orgueilleux et
ignorant, prononcé par un coryphée de la science moderne : « Qui sait, ne croit pas ! » le vrai savant
applaudit à la parole bien plus juste du poète Geibel :
« La fin de la philosophie est de savoir qu'il faut croire. »

Si nous nous demandons par quels moyens la
science opère, de quels instruments elle dispose pour
étudier le monde, la nature et l'homme, la réponse est
fort simple : ce sont les cinq sens. Car quelque ingé-
nieux que soient tous les appareils inventés par l'homme,
et bien qu'on soit arrivé à en construire qui, comme
les self-acting appareils météorologiques, enregistrent
jour et nuit et minute par minute leur propre résultat,
il n'en est pas moins vrai qu'en définitive l'homme ne
peut et ne pourra jamais saisir ces résultats qu'à l'aide
de ses sens. Sans eux, la lumière, le son, le mouvement, la forme, le goût, l'odeur n'existent pas. Que
servirait à un peuple aveugle la photographie, le microscope et le télescope ?

Mais les impressions que nous transmettent ces sens,
ne sont-elles peut-être pas purement subjectives, et
même notre cerveau ne perçoit-il pas comme lumière,
son, chaleur, des activités de la matière qui, en réalité,
seraient tout autre chose ? Dans ce cas elles manqueraient de vérité absolue, et toutes nos conceptions de

l'univers et de nous-mêmes, bâties sur des impressions des sens, n'auraient qu'une valeur purement relative. On l'a dit en effet : *Nihil est in intellectu, quod non fuit in sensu.* « C'est par la porte des sens que la connaissance arrive à l'esprit. » Représentons-nous, si le cas était possible, un enfant normal au spirituel, mais absolument privé de la vue, de l'ouïe, de l'odorat, du goût et du toucher. Comment pourrait-il, même en de longues années, acquérir une seule idée de la création, et disons-le, aussi du Créateur. Donc sans les sens pas de connaissance, et si les sens sont purement subjectifs et variables chez tout homme, notre connaissance reste subjective.

Mais les faits contredisent cette opinion. Ainsi nous voyons des animaux inférieurs doués de sens plus parfaits que les nôtres. Le condor, par exemple, se précipite de hauteurs où il paraissait un point noir, sur de petits cadavres. Des papillons nocturnes volent à travers le lac de Constance attirés par l'odeur d'une fleur, et l'on connaît le prodigieux odorat de certaines races de chiens. Ainsi l'infatigable observateur des fourmis, Sir Lubbock, a prouvé que ces insectes perçoivent les rayons ultra-violets que notre œil ne voit plus. D'après l'opinion citée plus haut, ces animaux et bien d'autres devraient avoir une conception plus grande et plus parfaite de la création que nous. Si, au contraire, nous percevons par les sens des faits absolus, on peut comprendre qu'une mesure plus circonscrite d'impressions sensorielles puisse suffire à l'esprit plus élevé de l'homme, pour acquérir un capital spirituel bien plus considérable. Et la preuve que ces impressions sont les mêmes chez tous les hommes et qu'un homme ne voit pas, comme on l'a supposé à tort, rouge ce qu'un autre voit vert, nous est fournie par l'identité des sensations spirituelles que produisent ces phénomènes. Non seulement tous les hommes (et surtout les aliénés) sentent le rouge comme une couleur vive, forte et excitante, mais aussi divers animaux, par exemple le taureau, le dindon et le crocodile, — un quadrupède, un oiseau et un amphibie. Tous les hommes trouvent le bleu pur, doux et pour ainsi dire amical, le noir triste, le blanc pur et joyeux et de même des tons d'une mélodie en mineur ou en majeur.

Ces raisons, et d'autres, nous paraissent donc prouver que la lumière, les couleurs, les sons, sont des manifestations absolues de la matière, en dehors de nous et indépendantes de nos sens. C'est aussi ce qu'enseigne la Bible. Quand Dubois-Reymond s'écrie : « La parole mosaïque : « que la lumière soit » est physiologiquement fausse; la lumière ne fut que lorsque le premier point rouge visuel d'un infusoire distingua pour la première fois la lumière de l'obscurité », on ne peut que s'étonner de la manière superficielle avec laquelle lui et bien d'autres lisent la Bible. Car elle poursuit : « Et la lumière fut; et Dieu *vit la lumière* qu'elle était bonne » (Trad. litt. Bible de Pau). Voilà une conception théosophique aussi élevée au-dessus de celle du naturaliste, que l'œil de Dieu l'est au-dessus du point visuel de l'infusoire. Tous nos sens sont en Dieu et ne sont qu'une image infiniment faible des siens. L'homme n'a rien qui ne lui soit donné du ciel. — « Insensés », s'écrie David, « quand serez-vous intelligents? Celui qui a planté l'oreille, n'entendra-t-il point? Celui qui a formé l'œil, ne verra-t-il point ? » (Ps. XCIV, 8, 9). La Bible ne rabaisse pas Dieu jusqu'à en faire un homme ; mais elle élève l'homme, fait à l'image de Dieu, en lui montrant la grandeur de cette parole et comment cette image porte en elle les traits, affaiblis et à moitié effacés par le péché, de son éternel et divin modèle.

D'un autre côté nous avons appris, à l'aide de ces sens eux-mêmes, combien ils sont imparfaits, et combien est petite la partie du monde que nous percevons avec leur aide. Nous vivons comme un prince ruiné dans la mansarde d'un grand palais, dont nous ne connaissons pas même toutes les salles, les galeries et les portiques. Ainsi l'énergie du rayonnement invisible du spectre est 7,7 fois plus grande que l'énergie de la partie visible. En d'autres termes, nous ne voyons pas les couleurs les plus fortes, et ne pouvons absolument pas nous les représenter. Ainsi la plaque photographique nous montre de nombreuses étoiles que l'œil n'aperçoit pas même dans les plus forts télescopes. De même nous entendons fort mal, d'après Helmholtz, 11 octaves seulement ou même moins ; car il y a des gens qui n'entendent pas le sifflement perçant, mais faible, de la chauve-souris ; tandis que la physique nous enseigne qu'il doit y avoir des milliers d'octaves. C'est ainsi que nous ne voyons, entendons, sentons et goûtons qu'un morceau de la création, et sommes aveugles et sourds pour la plupart de ses manifestations.

Nous savons même qu'il y a d'autres sens que les nôtres. Ainsi les chauves-souris aveuglées par Spallanzani volaient encore au milieu de nombreux fils tendus et communiquant avec des clochettes sans en toucher un seul ; ainsi on a retrouvé dans l'Océan Pacifique des tortues jetées à la mer dans le canal de la Manche avec des signes distinctifs gravés sur leur carapace. Ainsi, nous le savons tous, l'hirondelle, la cigogne, retrouvent après des centaines de lieues de voyage la maison ou le clocher de Normandie ou de Danemark où elles ont fait leur nid ; et trois pigeons voyageurs, apportés de

Belgique en Espagne dans des corbeilles fermées et mis en liberté *cinq ans* plus tard, arrivèrent quelques heures après à Bruxelles! Et on connaît des exemples de chiens qui, après trois mois, ont retrouvé et suivi la trace de leurs maîtres de Russie en France! Ici aussi, comme ailleurs, nous croyons expliquer ces choses par des mots qui n'expliquent rien, celui d'instinct par exemple. Mais nous trouverons, chez des animaux bien plus inférieurs, des manifestations encore plus étonnantes d'impressions sensorielles, dont nous ne connaissons pas les organes. Ainsi certains mollusques aveugles, les pholades, contractent immédiatement leur tuyau, quand un nuage obscurcit le soleil. Ainsi la patelle, ce coquillage bien connu, quitte sa place sur un rocher pour aller manger, et puis y revient. Comment ce morceau de chair peut-il chercher le chemin, s'en souvenir et le retrouver? Il est encore plus mystérieux que des infusoires sans trace d'organes visibles, comme le paramécium et d'autres, fuient leurs ennemis, poursuivent leur proie et en choisissent une certaine espèce! (Voir là-dessus « *La vie des micro-organismes* » par Alfred Binet).

La physique aussi nous enseigne qu'il doit y avoir d'autres sens. La chaleur, les beaux travaux de Melloni et de Tyndall nous l'ont appris, a aussi ses modulations différentes, ses couleurs, ses nuances, que nous ne percevons pas; nous n'en sentons que la plus ou moins grande intensité; c'est dire que nous nous comportons vis-à-vis d'elle comme un daltoniste vis-à-vis de la lumière; il n'en voit pas les couleurs et le monde lui paraît seulement plus ou moins éclairé. Si nous avions le sens des chaleurs comme nous avons le sens des couleurs, quel nombre de nouvelles impressions ne recevrions-nous pas? Nous aurions l'art de la cha-

leur, comme nous avons la musique et la peinture.
— Le sens de l'électricité nous manque aussi et nous
ne savons pas même distinguer entre électricité positive
et négative. Ici aussi un monde de sensations nous est
fermé.

Nos sens, et les bornes dans lesquelles ils opèrent,
voilà les instruments de la science et les confins de son
royaume.

Une autre question est de savoir jusqu'où la science
peut aller dans les déductions qu'elle tire des phénomènes perçus par les sens. Que nous apprennent ces
phénomènes et que ne nous apprennent-ils pas? Un
savant, français d'origine, mais acclimaté à Berlin, bien
connu comme physicien et physiologue, et aussi pour la
clarté avec laquelle il savait exposer les résultats de ses
études, a répondu à cette question dans une première
conférence sur *Les bornes de la connaissance de la
nature*, bientôt suivie d'une seconde sur *Les sept énigmes
du monde* (*Veit u. C°* Leipzig 1891). Cette réponse a
fait grand bruit. Non que Dubois-Reymond, comme il
l'avoue lui-même dans sa préface, ait dit quelque chose
de bien nouveau; mais il a formulé avec une impitoyable netteté de vieilles vérités, et les amers reproches
que lui ont fait les matérialistes comme les louanges
exagérées que lui ont données les chrétiens, montrent
qu'il a frappé juste et fort. Aussi vaut-il la peine de
l'entendre. Dubois-Reymond commence par établir que
toute notre connaissance de la nature se réduit à la
connaissance de la mécanique des atomes et cite le mot
de Kant : « Toute science naturelle n'est science qu'en
tant qu'elle est mathématique. » Platon déjà disait :

Dieu fait partout de la géométrie. Puis Dubois-Reymond s'appuie de Laplace et répète avec lui : « Un esprit qui connaîtrait à un moment donné toutes les forces qui animent la nature, et la place qu'occupent tous les êtres dont elle se compose, et qui saurait soumettre ces données à l'analyse, comprendrait dans la même formule les mouvements des plus grands corps célestes et du plus petit atome : rien ne lui serait incertain et son regard pénétrerait l'avenir comme le passé ». — Et maintenant il se demande quels problèmes insolubles s'offriraient encore à un esprit aussi intelligent ; et il en trouve plusieurs.

« Ces problèmes, dit-il, peuvent se nombrer par sept. J'appelle transcendants ceux d'entre eux qui me paraissent insolubles.

« La première difficulté est l'être de la matière et de la force. En tant que borne de ma connaissance, je l'appelle transcendante. Tous les progrès des sciences naturelles n'ont rien pu contre elle ; tous les progrès futurs n'y pourront rien. Ici même l'esprit intelligent de Laplace, si élevé au-dessus du nôtre, n'en saurait pas plus que nous.

« La seconde difficulté est l'origine du mouvement. Nous voyons le mouvement commencer et cesser. Si nous supposons un état primordial, il faut se représenter la matière au repos et également distribuée dans l'espace infini. Comme nous n'admettons pas une volonté surnaturelle comme premier moteur, nous ne trouvons pas de motif expliquant le premier mouvement. Ou bien nous nous représentons la matière comme en mouvement de toute éternité. Dans les deux cas nous renonçons à comprendre.

« La troisième difficulté est l'origine de la vie. Je ne la tiens pas pour transcendante. Si la matière a commencé à se mouvoir, les mondes peuvent se former et dans certaines conditions l'état particulier de l'équilibre dynamique de la matière, que nous appelons vie, peut avoir commencé.

« La quatrième difficulté se trouve dans la finalité apparente de la nature. Darwin nous a montré dans la sélection naturelle la possibilité de l'éviter. Bien que nous ayons vis-à-vis de cette théorie le sentiment d'un homme qui, prêt à se noyer, se cramponne à une planche qui peut tout juste le soutenir sur l'eau, cette difficulté n'est pas transcendante, quelques hésitations qu'elle cause à un esprit sérieux.

« La cinquième difficulté par contre est absolument transcendante. L'incompréhensible est ici la conscience. Comment se représenter une relation quelconque entre les mouvements des atomes de mon cerveau, d'une part, et le fait indiscutable, d'autre part : Je sens la douleur, le plaisir, la chaleur, le froid, je goûte le doux et l'amer, je sens le parfum de la rose, j'entends le son de l'orgue, je vois le rouge et j'en conclus avec certitude que je suis? Il est absolument et sera toujours incompréhensible qu'il ne soit pas indifférent à des atomes de carbone, d'hydrogène, d'oxygène, d'azote, quelle place ils occupent et quels mouvements ils opèrent. Pour que cela ne leur fût pas indifférent, il faudrait se les représenter donc chacun à la manière des monades de conscience. Mais admettre cela n'expliquerait absolument pas la conscience, ni chez eux, ni chez l'individu. »

Dubois Reymond pose ensuite comme sixième difficulté l'origine de la pensée raisonnable et du langage; puis il poursuit :

« Le septième et dernier problème est en connexion étroite avec le sixième. C'est la question du libre arbitre. » Après avoir examiné longuement la question et cité Leibnitz et d'autres, il conclut : « Cette septième difficulté n'en est pas une, si l'on consent à nier le libre arbitre et à déclarer que son impression subjective n'est qu'une illusion. Sans cela elle est transcendante. » Et il résume ce qu'il a dit par ces mots : « Notre connaissance de la nature est donc enfermée entre les bornes que lui posent éternellement, d'un côté, l'impossibilité de comprendre la matière et la force, et de l'autre, celle de déduire les phénomènes spirituels de conditions matérielles. En dedans de ces bornes le savant est seigneur et maître ; il analyse et construit ; mais il ne peut les franchir et ne les franchira jamais. » Et sur ces énigmes du monde, il prononce son célèbre : *Ignoramus et ignorabimus*.

Il faut savoir gré à ce savant de premier ordre d'avoir confessé franchement et publiquement ce que tant d'autres, de troisième et quatrième rang, cherchent avec anxiété à dissimuler, en publiant bien haut que rien n'est impossible à la science.

Mais il nous semble que Dubois-Reymond aurait pu aller plus loin et creuser plus profondément jusqu'à la racine des choses et des phénomènes. Nous croyons que les conditions primordiales de l'existence sont le temps, l'espace et le nombre, et que ce serait elles qu'il faudrait avant tout comprendre, pour arriver à la vraie connaissance du tout.

Nous savons bien qu'une certaine philosophie, qui est peut-être celle de M. Dubois-Reymond, enseigne que le temps, l'espace et le nombre n'existent qu'en nous, et en tant que nous les pensons, ou, en d'autres termes, que notre conception de l'univers est l'univers lui-même. Quelle théorie ! Alors l'idée que se fait, de l'océan, la moule pendue au rocher, serait l'océan, et celle que se ferait de la montagne la fourmi, serait la montagne?

— Pourquoi pas, du reste, puisqu'il y a des philosophes et des théologiens assez fous pour prêcher que l'idée que nous nous faisons de Dieu, est Dieu lui-même? — Pour voir où mène ce système, il suffit de lire Schopenhauer. Après avoir dit : « Le temps est un mécanisme de notre cerveau, servant à donner à l'être absolument nul des choses une apparence de réalité ». (Par. et Prol. chap. IX, appendice). Il continue : « Les phénomènes géologiques qui se sont produits sur la terre avant la vie, n'existaient dans aucune conscience; pas dans la leur, puisqu'ils n'en avaient point, et pas dans celle d'êtres étrangers, car il n'y en avait point. Donc ils n'avaient pas d'être objectif, c'est-à-dire qu'ils n'existaient pas; » et plus loin il dit : « La cosmogonie de Laplace et les phénomènes géologiques, jusqu'à l'apparition de la vie organique, sont la description de phénomènes *qui n'ont jamais existé comme tels*. Car ce sont des phénomènes de l'espace, du temps et du nombre qui, par conséquent, ne peuvent exister que dans la représentation d'un cerveau et qui *sont impossibles* et n'ont jamais eu lieu. » *(Zur Philosophie und Wissenschaft der Natur,* § 87). — Donc les Alpes de la Suisse, les Pyrénées, les basaltes de l'Auvergne sont les produits de phénomènes qui n'ont jamais eu lieu. Il est inutile de réfuter de telles idées.

Nous croyons, nous, que l'espace, le temps et le nombre sont des créations divines, antérieures à notre existence et existant sans nous et hors de nous. Considérons ces grandes unités, non scientifiquement, mais telles qu'elles se présentent à nous. — Chacun croit savoir ce que c'est que le temps ; mais ni l'ignorant ni le savant ne peuvent nous le dire. Ce quelque chose d'inconnu et d'invisible nous entraîne irrésistiblement. Que, pleins d'impatience, nous nous hâtions vers une grande joie, ou, qu'avec une profonde répugnance, nous voyons arriver le malheur et la mort, ce fleuve silencieux nous porte incessamment vers l'océan de l'éternité. Et le flot du passé monte toujours, a déjà noyé notre enfance et notre jeunesse, et bientôt nous aussi disparaîtrons sous ses ondes et ne serons plus, dans ce monde, que quelque chose qui a été.

Nous mesurons ce temps à sa longueur. Mais quelle est-elle en réalité? Quelle est la vraie longueur d'une seconde? Nul ne sait. Nous la mesurons à la vitesse, à la rapidité de notre sensation, de notre penser. Ces sensations courent à travers nos nerfs avec une vitesse que l'on a pu mesurer (Helmholtz), et dix impressions distinctes sont probablement tout ce que nous pouvons percevoir en une seconde. Si nos nerfs et notre cerveau pouvaient penser avec la rapidité de la molécule d'hydrogène, le monde entier nous paraîtrait immobile, mort ou presque privé de mouvement. S'il y a des êtres qui pensent mille fois plus lentement, la nature est pour eux un tourbillon étourdissant, car ils n'ont pas le temps de saisir le phénomène avant qu'il soit passé.

Le tic-tac de l'horloge est quelque chose de mystérieux et de terrible. Ecoute, comme ta vie tombe goutte à goutte dans le néant. Et les moments, ces inconnus de l'éternité, se succèdent, te regardent et disparaissent avant que tu aies eu le temps d'étendre la main pour les saisir. Que t'apportera le suivant? Peut-être une lettre, un télégramme; tu l'ouvres : c'est la mort d'un des tiens, ou la ruine, ou le malheur, et désormais ta vie ne redeviendra plus jamais ce qu'elle a été jusqu'ici. Et ces moments se pressent, se hâtent, sans que rien ou personne puisse les arrêter, et toujours plus approche le dernier. Encore un soupir ou un râle et tu disparais. Le médecin se penche sur ton corps et dit à voix basse : C'est fini. Les tiens fondent en larmes, et toi, tu es là où les éternités se déroulent en Dieu, et où tu oublies que tu as été une fois.

Le passé ! Quel abîme, et qu'il est inexorable ! Nos pensées, nos paroles, nos faits y tombent, et nous échappent, mais pour porter des fruits qui vont grandissant toujours. Comme le centime, placé à intérêts composés il y a mille ans, porterait maintenant des millions de francs d'intérêts, de même un meurtre, commis par Attila, anéantit des millions d'existences. La frayeur d'une femme fit perdre la bataille d'Actium, et l'histoire du monde se meut dans d'autres orbites, et 1500 millions d'hommes et toute la création souffrent de ce qu'une fois Adam a étendu la main, et pris, et mangé le fruit défendu. Mais le bien aussi porte des fruits toujours plus grands et toujours plus nombreux. Comme le grain de blé produit de plus en plus vastes moissons, de même une parole de vérité, une bonne action produisent des fruits au centuple qui, eux aussi, vont se multipliant toujours. Car nous et nos actes sommes éternels ; nous sommes des Elohims, dit le prophète, et Jésus le répète.

Mais l'espace est aussi incompréhensible que le temps. Supposons-le fini ; de quelle nature sont ses bornes et qu'y a-t-il au-delà ? Supposons-le infini ; comment nous représenter cette infinité ? Et la matière est-elle alors aussi infinie ? Car nous ne pouvons nous représenter l'espace sans elle. Si nous étions dans l'espace vide de matière, comment pourrions-nous savoir si nous nous mouvons, soit comme l'escargot, soit comme l'éclair ; et en quoi le « ici » se distinguerait-il du « là » ? Qu'est-ce donc que le mouvement ? — Et qu'est-ce que c'est que la grandeur ? — Si l'espace est infini, rien n'est ni grand, ni petit. Nous trouvons les Pyramides imposantes ; mais un modèle des Pyramides de dix centimètres de hauteur est un joujou, parce que nous rapportons tout à notre propre grandeur, à notre pouce ou à notre pied. — Mais quelle est notre grandeur absolue ? Sur un astéroïde nous serions des géants comme le Mont-Blanc, sur le soleil des fourmis, dans le système solaire à peine des grains de poussière ; et sous un microscope anglais, avec un grossissement de vingt mille fois, un monde de 35 kilomètres de longueur. Mais cette grandeur ne suffit pas encore au regard du chimiste. Pour lui nous sommes une immense nébuleuse d'innombrables billions d'atomes et de molécules, tourbillonnant avec une épouvantable vitesse les unes autour des autres, et peut-être, on l'a dit, aussi éloignés relativement les unes des autres, que Jupiter de la terre. Et de quelle grandeur nous voit le Dieu qui connaît et distingue chaque atome ? — Voilà quelques-unes des questions qui surgissent en nous à la pensée de l'espace, cet inconnu sans lequel il n'y a ni forme, ni grandeur, ni mouvement, ni existence.

Le nombre, cette autre condition de l'être, n'est pas moins mystérieux ; que $1 + 1$ égale 2, et que 2×2 font quatre, voilà, pour tout homme qui réfléchit, la loi fondamentale, la norme de la création, non seulement matériel, mais spirituel. Sans le nombre, point de penser logique.

On s'est de tout temps amusé avec les nombres énormes provenant de données fort simples ; par exemple, avec les millions et billions de grains de blé qu'il faudrait pour couvrir les 64 cases de l'échiquier, en en mettant un sur la première, deux sur la seconde, quatre sur la troisième et ainsi de suite. Mais, pour le penseur, le nombre ne reste pas moins quelque chose d'effrayant. Prenons par exemple le plus grand nombre que l'on

puisse écrire avec trois chiffres : 999, et écrivons-le 9^{99} ;
déjà cela nous donne 9 à la 99me puissance, c'est-à-dire
un nombre si immense, qu'une sphère dont le diamètre
égalerait l'orbite de la terre autour du soleil, ne con-
tiendrait pas, à beaucoup près, autant de grains de sable.

Mais écrivons ce chiffre 9^{9^9}, et ainsi élevons 9 à une
puissance égale à 9 à la 9me puissance. Tout d'un coup
ce nombre fait, pour ainsi dire, explosion comme un
magasin de poudre, dans lequel tombe une étincelle et
devient absolument incompréhensible ; car ces trois
chiffres signifient maintenant un nombre exprimable
par plus de 370 millions de chiffres, nombre qui, écrit
en caractères ordinaires, irait de Paris à Marseille et
plus loin, et dont tous les hommes du monde ne pourraient pas, en autant de millions d'années que la terre
contient de grains de sable, compter une fraction
appréciable. Et pourtant ce nombre existe, en Dieu
d'abord qui est l'infini, puis aussi dans l'espace infini
et dans le temps infini ; et même encore multiplié par
des millions, il ne suffirait pas à exprimer l'un ou
l'autre. Quelles grandeurs effrayantes ! et quelles possibilités de progrès pour la créature à travers le temps et
l'espace !

Mais le nombre n'est pas moins infini dans le petit
que dans le grand. Si nous dessinons au compas un
cercle aussi petit que possible, il contient, lui aussi, le
problème de la quadrature du cercle, le rapport du
diamètre à la circonférence dont voici, d'après Flammarion, les premières décimales seulement : 3, 1 4 1 5 9 2
6 5 3 5 8 9 7 9 9 3 2 3 8 4 6 2 6 4 3 3 8 3 2 7 9 5 0 2 8 8 4 1
9 7 1 6 9 3 9 9 3 7 5 1 0 5 8 8 0 9 7 4 9 4 4 5 9 2 3 0 7 8 1 6
4 0 6 2 ..... etc. etc., car ce rapport est incommensurable, inépuisable.

Et les mathématiques nous montrent bien d'autres

côtés et propriétés du nombre qui, elles aussi, nous disent que nous ne pouvons l'embrasser et le concevoir véritablement.

Nous reconnaissons donc, non sans étonnement, que la science, qui nous dit tant de belles choses sur la nature et ses phénomènes, est impuissante à nous révéler le secret des choses elles-mêmes. Aussi lorsque, dans *Force et Nature* de L. Büchner, le matérialiste nous reproche que « nous autres chrétiens aimons à nous réfugier dans chaque recoin obscur que la science n'a pas encore éclairé de sa lumière, pour y tisser des toiles et des pièges où se prend la saine raison, » nous pouvons lui répondre avec calme qu'il n'est nullement besoin de chercher ces recoins. Nous demandons, à la face du soleil, à la science : Qu'est-ce que cet espace qui nous entoure et ce temps qui nous entraîne? — Elle l'ignore. — Qu'est-ce que cette matière et ces forces qui la meuvent ? — Elle l'ignore. — Qu'est-ce que la vie qui m'entoure et l'âme que je sens en moi ? — Elle l'ignore aussi. Le recoin qu'elle n'a pas encore suffisamment éclairé, s'appelle l'univers.

Un jour, dans ma jeunesse, à l'université, un prince de la science passa près de moi. Je l'arrêtai et lui demandai l'aumône. Ne pourriez-vous pas, lui dis-je, m'expliquer pourquoi l'herbe est verte? — Volontiers, répondit-il avec affabilité; parce que les cellules des plantes, dont les parois sont translucides, sont pleines de grains de chlorophylle verte. — Oui, je savais cela; mais pourquoi les grains de chlorophylle sont-ils verts?

— Parce qu'ils se composent d'une matière analogue à la cire qui a la propriété de réfracter le rayon vert. — Comment rayon vert ? — Oui, une vibration de l'éther de 660 billions de fois par seconde. — Alors, un mouvement vert ? Je comprends toujours moins. Comment dois-je me représenter cela ? — Comme vous voudrez, dit-il en haussant les épaules ; et il passa son chemin, me laissant perplexe devant ces mots insaisissables : matière, propriété, rayon vert, mouvement, éther !

Cette impuissance d'arriver jusqu'à l'essence des choses doit inévitablement produire, et produit l'insuffisance de toutes nos conceptions scientifiques. Ainsi la théorie des ondes lumineuses explique d'une manière satisfaisante plusieurs phénomènes ; mais il est parfaitement inconcevable que, dans un théâtre, par exemple, rempli de spectateurs, des millions et des millions de ces ondes se croisent et s'entrecroisent sans se détruire mutuellement, pour porter à chaque œil une image différente, ne fût-ce que par suite de la perspective. Un physicien, Babinet, je crois, a fait remarquer que ces ondes lumineuses n'expliquent pas même l'obscurité, c'est-à-dire l'ombre portée par un objet et ses contours définis. Et de même, la théorie des ondes sonores, toute belle qu'elle est, n'explique point comment, dans un concert, des milliers de ces ondes différentes se propagent sans s'annuler réciproquement. Toutes les explications de la science ne sont que des pis-aller. « Si nous pouvions », dit un chimiste, « produire des températures de 10,000 degrés seulement, nous aurions bientôt une tout autre chimie. » Et Dubois-Reymond avoue : « Cette connaissance de la nature, dont nous croyons en général qu'elle satisfait notre besoin de causalité, ne le fait pas en réalité ; ce n'est pas une connaissance, ce n'est qu'un semblant d'une explication. » Hélas ! si expliquer signifie dire le pourquoi et le comment des choses, la science n'a jamais rien expliqué. « Ma science », dit J. Payot, « n'empêche point mon ignorance de la réalité d'être absolue ». (*De la Croyance*, Paris 1896). Et encore moins répond-elle et répondra-t-elle jamais aux besoins et aux cris de l'âme humaine ; car son domaine, c'est le fini et ce qui périt, et l'âme, elle, ne vit que de l'infini et de l'impérissable.

Mais la connaissance de notre ignorance forme une partie essentielle de la vraie science, et Pascal, cité plus haut, aurait pu dire aussi « L'homme est ignorant, parce qu'il l'est ; et il est sage, parce qu'il le sait ».

Il nous reste à parler des défauts de la science, car elle a ses défauts comme tout ce qui est humain. D'abord elle participe au caractère et, par conséquent, aux défauts de chaque peuple en particulier. Ainsi en Allemagne elle affecte de mépriser la langue vulgaire et populaire, la langue énergique et riche qu'ont parlée, de Luther jusqu'à Bismarck, tant de fortes individualités ; elle appelle volontiers *concret* ce qui est clair, et *plastique*, l'exemple ramassé, à la Socrate, dans la rue et sur le marché. Et, comme l'Acis de La Bruyère, elle dirait : « Mais c'est bien uni et bien clair, et d'ailleurs qui ne pourrait pas en dire autant », et volontiers on lui répondrait aussi : « Est-ce un si grand mal d'être entendu quand on parle ?

Schopenhauer qui, moins peut-être qu'aucun philosophe allemand, tombe dans la phrase embrouillée et pédante, remarque là-dessus avec raison : « Le principe de la stylistique devrait être qu'un homme ne sait penser qu'une seule chose à la fois. Mais l'Allemand croit beau de tresser ses pensées d'une manière inextricable, pour dire cinq ou six choses en même temps, au lieu de les dire l'une après l'autre. Mais la prédilection évidente des têtes ordinaires pour ce style, provient de ce qu'ainsi le lecteur ne comprend qu'après quelque temps et avec quelque peine ce qu'il aurait sans cela compris tout de suite ; ce qui produit l'illusion que l'écrivain a plus de profondeur et de sagesse que le lecteur » (*Ueber Schriftstellerei und Stil*). Et ailleurs il dit : « Les écrivains allemands feraient bien de méditer cette vérité : qu'il faut, si possible, penser comme un grand esprit, mais parler comme tout le monde, et dire avec des mots ordinaires des choses extraordinaires. Mais ils font le contraire ».

Cela n'empêche pas que nous aurions à apprendre de ces Allemands. On le sait, le Gaulois naît gai et galant, brave et beau parleur. Toujours sa déplorable facilité d'élocution le pousse à la jolie phrase, au bon mot, à dire des riens avec esprit, à remplacer l'argument par la plaisanterie, et ce serait nous rendre service que d'enrayer un peu notre parole ; peut-être apprendrions-nous alors à penser en parlant.

Si l'Allemand aime le clair-obscur, ce n'est au moins pas par superficialité. Patient et persévérant, il pioche les plus gros volumes et prend vraiment la peine d'étudier son auteur. Pour le Français, examiner une question sous toutes ses faces, réfuter l'une après l'autre les objections, accumuler des preuves, cela s'appelle « des longueurs ». Naïf et modeste malgré sa critique, l'Allemand conclut volontiers : « Je ne comprends pas ; donc c'est profond ». Le Français, lui, part du principe plus commode : « Je ne comprends pas ; donc c'est absurde ! » et réclame à grands cris plus de clarté. Mais toute la clarté d'un auteur ne saurait dispenser le lecteur d'une certaine intelligence du sujet, et il est difficile de parler clairement philosophie à qui n'y entend rien, comme, d'un autre côté, il n'y a pas grand mérite à dire avec clarté des lieux communs et des platitudes. Si nous restons froids et déconcertés devant des problèmes métaphysiques dont la contemplation fait le bonheur de l'Allemand, c'est que la longue réflexion nous rebute et qu'il nous manque, en général, on l'a dit, « la forte habitude de l'infini ». Mais le bon sens dont nous nous vantons et dont nous nous exagérons la valeur et la portée, n'a jamais, ni produit, ni compris une grande pensée, et la raison n'est ni l'idée, ni la vérité, ni la lumière. Quand, des fortes et fécondes littératures de l'Angleterre et de l'Allemagne on revient à celle de la France, on s'étonne que le Français dise si bien et qu'il dise si peu. Il n'écrit pas de page où il ne montre son esprit ; et il en écrit peu qui ne soient enjolivées de mignardises que n'adoptent que trop nos auteurs religieux : « vous dirai-je, messieurs..... et : je ne vous cacherai pas..... et : oserai-je vous avouer..... et : j'ai hâte d'ajouter..... » ; car, parce que nous sommes poseurs, nous avons des timidités d'opinion et des craintes du public inconnues aux peuples du nord.

Du reste, il est beau de voir comment le vrai savant en arrive, chez tous les peuples, à parler le même langage, et comment chez Tyndall, Arago, Humboldt, Helmholtz ou chez Macaulay, Thiers, Ranke, la même élévation d'esprit, la même grande intelligence des faits et des causes, la même clarté et le même enchaînement dans l'observation des faits et dans les déductions produisent le même beau style. « Ce que l'on conçoit bien s'énonce clairement. »

Mais un défaut de la science, bien autrement grave que les défauts de style, est la prétention à l'infaillibilité qui l'a de tout temps plus ou moins distinguée, et à laquelle elle ne paraît pas vouloir renoncer de nos jours. Et pourtant que fait-elle d'autre, elle aussi, que croire ce qu'elle a nié et nier ce qu'elle a cru. Les plus grands

savants de l'époque, réunis à Salamanque, n'ont-ils pas
démontré à Christophe Colomb, Aristote en main, que
la terre ne pouvait pas être une sphère, et que d'ailleurs
en fût-il même ainsi, il pourrait bien descendre d'un
côté, mais non pas remonter de l'autre. Et l'Académie des
Sciences s'est-elle assez moquée du magnétisme, que
maintenant les professeurs Charcot, Bernstein, Forel et
autres étudient et enseignent scientifiquement en l'appelant, il est vrai, hypnotisme? — De même l'astronome Lalande renvoya les travaux de Bessell sur les
satellites lumineux (étoiles doubles et triples) avec la
remarque dédaigneuse : « Nous ne croyons pas à de
telles choses. » Dove, alors célèbre, répondait à
A. Kollner, peu avant l'application de l'analyse spectrale à l'astronomie : « Nous ne savons pas ce que sont
les étoiles fixes et nous ne le saurons jamais. » Et il y
a à peine cinquante ans que la science, et même un spécialiste de la mer comme E. Forbes, déclarait pompeusement qu'à 400 ou 500 mètres de profondeur, toute vie
végétale ou animale devenait impossible dans l'océan !
Il n'y a personne qui ne sache aujourd'hui que les
investigations du Challenger nous ont démontré, dans
les régions « abyssalles », c'est-à-dire à des profondeurs de 8000 mètres, l'existence d'organismes innombrables, bizarres, phosphorescents, vivement colorés,
malgré le froid glacial, l'impénétrable obscurité, le silence absolu et la pression épouvantable des couches
d'eau. De même, la science enseignait que l'air pur se
composait d'oxygène, d'hydrogène et d'azote; et voilà
le professeur Ramsay qui découvre l'argon ! fait qui
arrache au Dr Müller, dans sa feuille *La Nature,* l'exclamation : « Qui se serait douté de cela après que l'air
avait été décomposé tant de fois par les chimistes les
plus soigneux et avec les meilleurs instruments ? »

Enfin on se souvient comment cette science a longtemps traité d'absurdes les récits de chutes de météores, a méprisé les travaux de Daguerre, et quelles absurdités ont débitées les savants consultés sur l'introduction des chemins de fer en Bavière et en Angleterre.

Cette science a prôné comme des triomphes le *Bathybius Hœckeli*, croyant y trouver le protoplasme primordial; l'*Eozon canadense*, comme l'organisme absolument primitif, la Tuberculine du professeur Koch comme remède infaillible contre la tuberculose, et bien d'autres choses encore déjà oubliées. Mais quand Helmholtz fit connaître ses travaux sur la constance des forces, cette admirable et féconde découverte, les premiers physiciens de Berlin déclarèrent que c'étaient là des spéculations fantastiques, sinon insensées, et l'éditeur d'une feuille scientifique de premier rang refusa nettement de publier ces travaux *(Gedächtnissrede über H. v. Helmholtz von W. v. Bezold*, Leipzig 1895, p. 12).

Nous avons donc des motifs sérieux de ne pas croire tout ce que nous dit cette déesse moderne qu'on appelle la science; car toutes ses fautes ne l'ont pas rendue plus modeste, et elle se moque toujours de tout ce qu'elle ne comprend pas et de toute idée qui ne lui convient pas; sauf, quand elle est prouvée irréfragablement, à s'attribuer l'honneur de cette découverte et à s'en parer comme d'un « nouveau triomphe de la science. »

Ainsi elle se moque de l'homéopathie, quoique divers faits prouvent que des quantités inconcevablement petites de matière influent sur nos sens. Ainsi un mille millionième d'un millimètre cube d'aniline rouge foncé agit encore sur le nerf optique, et moins d'un billionième de millimètre cube de musc sur le nerf olfactif *(Kraft u. Stoff*, de G. Buchner, p. 28). Du reste, il suffit, pour justifier l'homéopathie, du principe émis par Laplace et Bertholet, qu'un atome mis en mouvement par une force quelconque peut communiquer son mouvement à un autre atome en contact avec lui. (Liebig, *Lettres sur la chimie*, p. 289).

Cette science moderne se moque aussi de l'influence, à la vérité encore mal reconnue, mais attestée par des faits nombreux, de la lune et de sa lumière sur les organismes, quoique l'influence si remarquable des rayons Rœntgen sur les bacilles nous fournisse une analogie instructive. Elle se moque du songe prophétique, de la magie, de la vision, et en général du surnaturel, quoiqu'elle n'ait à opposer aux croyances de tous les peuples, à des milliers de récits avérés et aux enseignements de la Bible que la plate et bête négation : « C'est impossible, car je n'y crois pas. » « Il n'y pas de prophéties, dit non seulement une science incrédule et matérialiste, mais même une théologie moderne qui se croit scientifique; parce que..... il n'y en a pas; c'est évident ! » — Donc partout où elle en trouve, comme dans Esaïe, celle relative à Cyrus, elles ont été fabriquées *post eventum;* mais comme on ne sait pas par qui, elle écrit dans ses commentaires : « il est prouvé que ce passage a été intercalé à une époque plus récente par un auteur inconnu », etc. Ce procédé séduit par sa simplicité et sa facilité d'application au miracle, à l'inspiration, à la vision, au songe prophétique, enfin à tout à ce qui contredit le système favori, la théorie préconçue; aussi est-il toujours plus employé. *Il est impossible,* dit un théologien bien connu, de prendre à la lettre les visions d'Esaïe (chap. VI, 1) d'Ezéchiel (chap. I, 26 à 28), de Daniel (chap. VII, 9 et 10) et autres; donc, nous n'avons pas ici du surnaturel, mais du symbolisme ! — Oui, cela a été et sera toujours impossible à l'incrédule; mais cela a été et sera toujours possible au croyant.

Et un autre théologien écrit : « Le dogme de la substitution dans la mort de Jésus-Christ est devenu absolument insoutenable ». Quelle naïveté ou quelle arrogance! Un dogme ne devient pas, il est ou il n'est pas; et tant qu'il reste un homme pour y croire, il est soutenable.

C'est ainsi qu'il y a cent ans à peine, la science et l'académie démontraient victorieusement à ceux qui, s'appuyant sur des faits nombreux, croyaient aux aérolithes, qu'il ne pouvait pas tomber des pierres du ciel, parce qu'il n'y avait pas de pierres au ciel! — Mais il en tombe! — Et il y a des prophéties, parce qu'il y en a.

C'est ainsi que cette science, qui se vante tant de son impartialité, qui prétend être au-dessus de tout préjugé, a aussi ses préjugés, ses goûts, ses penchants et ses modes. Elle aussi obéit à ces courants puissants de l'esprit qui poussent les peuples, tantôt dans une direction, tantôt dans une autre. Elle aussi affirme ce qu'elle aime et nie ce qui ne lui convient pas, car ce serait une erreur de croire qu'en général l'homme base ses conceptions, scientifiques ou autres, sur les faits étudiés à loisir et impartialement. La direction de son esprit, la foi ou le doute, préjugent avant l'examen des faits, influent sur les conclusions, et de même que, dans l'art, Champfleury disait qu'un chêne n'était pas le même pour un réaliste que pour un idéaliste, ce sont, chez la plupart des hommes, des goûts conscients ou inconscients de l'âme, qui décident pour eux de la valeur et de la signification des phénomènes observés.

Une autre illusion de cette science est qu'elle détruit la superstition. Il faut être bien naïf ou bien ignorant pour croire que les prétendues lumières du XIXme siècle ont diminué la superstition dans les classes prétendues éclairées. Si elles l'ont fait çà et là, ce n'est qu'en émoussant et en détruisant la foi, c'est-à-dire en abattant l'arbre pour détruire ses parasites. Mais si, d'un côté, il est aujourd'hui de mode de se moquer de toute foi et de toute croyance, il n'en est pas moins vrai que, d'un autre côté, c'est précisément cette société éclairée qui recherche avec le plus d'avidité le surnaturel malsain et menteur, le spirite et la somnambule, l'astrologue et la diseuse de bonne aventure. Comme l'athée Gambetta ne se lassait pas d'interroger les cartes, il n'y a pas dans le beau monde de joueur qui n'ait son fétiche, et les spéculateurs à la bourse de Berlin, qui ne croient ni à Dieu, ni à diable, tirent avec anxiété des présages de baisse ou de hausse de la couleur du cheval du premier gendarme qui passe.

Le fond de la superstition, et ce qui lui donne sa durée et sa force, si ridicules, si absurdes, si répugnantes que soient souvent les formes qu'elle revêt, ce sont les deux grandes vérités trop méconnues par beaucoup de chrétiens, que nous sommes sur la terre des objets qu'influencent continuellement des puissances invisibles, et que toutes les parties de cet univers, créé par un seul et même Dieu, sont entre elles dans des rapports dont nous pressentons seulement la plupart, sans les connaître. La Bible nous enseigne que les anges sont tous « des esprits administrateurs envoyés pour servir ceux qui doivent recevoir l'héritage du salut » (Hébr. I, 14) ; et « que nous n'avons pas à combattre contre la chair et le sang, mais contre les principautés, contre les puissances, contre les seigneurs du monde, gouverneurs des ténèbres de ce siècle, contre les esprits malins qui sont dans les airs ».

(Eph. VI, 12). Tout entière elle part du principe que ce qui existe, existe en Dieu et par Dieu, centre d'où partent tous les rayons, et dans lequel ils se réunissent, et que le *cosmos* matériel correspond absolument au *cosmos* spirituel et ne subsiste que par lui. Le pauvre d'esprit, qui sent au fond de son âme quelque chose de l'immense harmonie et de la correspondance de tous les êtres et de toutes les parties de la création, sans pouvoir exprimer ce qu'il sent autrement que par des bégaiements apparemment sans signification aucune, est plus près de la vérité que maint chrétien qui se croit fort sage, parce qu'il méprise ce qu'il ne comprend ni ne sent, et bien éclairé, parce que sa conception de l'étoile et de la rose n'a rien à faire avec ses idées religieuses.

Un des côtés les plus modernes de la science est la critique qui, elle aussi, ne pèche pas par trop de modestie. Avec quelle assurance ne démolit-elle pas tout ce que nos pères ont bâti, nie ce qu'ils ont affirmé, se rit de ce qu'ils ont vénéré, et croit rendre un grand service à l'humanité en lui prouvant que, jusqu'ici, elle s'est nourrie de mensonges, que les grands hommes étaient petits, les saints des hypocrites, l'histoire des peuples un tissu de fables et leur mythologie des contes absurdes ! — Chose étonnante, par parenthèse, que des peuples comme les Égyptiens, les Grecs, les Romains s'en soient contentés pendant des siècles ; car enfin, leurs arts et bien d'autres faits le prouvent, ces gens-là n'étaient pas plus bêtes que nous, et Platon valait bien Hegel.

Les Anciens ne connaissaient pas la critique comme spécialité. Notons-leur un bon point pour cela. Ils en

faisaient comme tout homme sensé en fait, comme Aristote critiquant Platon, et Plutarque ses grands hommes
et leur histoire ; et eux qui n'avaient pas les facilités de
la presse, ni nos moyens de communication et d'investi-
gation, ne se faisaient pas faute de remarquer souvent :
« Je rapporte ici ce que j'ai entendu, mais sans en
garantir la vérité. » Car ils étaient plus modestes que
nous. Aujourd'hui le critique, en fait d'histoire surtout,
et en fait d'histoire sacrée avant tout, marche avec une
superbe assurance, il refait à la Wellhausen l'histoire
des peuples comme il lui convient ; il comprend à la
Renan, infiniment mieux qu'eux-mêmes, les actions et
même les pensées des prophètes. Il nous dévoile les
motifs les plus secrets et toujours bien pauvres de ces
grands hommes, et nous démontre jusqu'à l'évidence
que saint Paul n'a pas dit ce qu'il voulait dire, et que
Jésus ne comprenait pas son temps et n'était pas ce
qu'il croyait être. Et comme cette critique est aisée, et
que l'assurance impose toujours, et que, quand on n'a pas
en soi la force de bâtir, c'est encore un grand plaisir
que de démolir au moins, nos voisins et les Allemands
n'y vont pas de main morte, et écrivent de savants
livres pour prouver : l'un, que la guerre de Troie, c'est la
légende scandinave du ravissement de la Vierge du
Soleil, transplantée en Grèce ; l'autre, que Jacob, ses
deux femmes et ses douze fils, c'est la personnification
de l'année, que Naphtali, c'est évident, représente janvier et Asser décembre. Un troisième sait que le 45mo
psaume est un hymne composé par un courtisan en
l'honneur de Ptolomée Philadelphe ; mais le plus savant
est bien celui qui nous apprend qu'au mois de janvier *(sic)* de l'an 164 avant Jésus-Christ, un juif
inconnu a commencé à écrire le livre de Daniel ! —
Quant à Romulus, et à Tarquin, et à Homère, ils n'ont

jamais existé ; et il n'y a pas longtemps que le savant Rieke nous apprenait que « Homeros » n'est que le pluriel grécisé du mot celte « Omar », qui signifie « collection » ! — Cela est bien beau, mais ce n'est pas de la science et encore moins de l'histoire. — Quel dommage que l'ignorant Schliemann ait prouvé à des critiques si consciencieux et si profonds, que Troie et Homère ont existé.

Il n'est peut-être pas inutile de nous représenter un peu comment les critiques de l'avenir nous traiteront, et avec quelle perspicacité ils expliqueront les allégories et les mythes de notre histoire. Si le monde existe encore en l'an 3000 ou 4000, et que, comme ce n'est point impossible, des convulsions sociales et de terribles guerres, et peut-être une invasion chinoise ou mongole aient secoué profondément nos civilisations ; si, comme nous le voyons déjà, le monde oublie toujours plus vite, et que nos produits, livres et photographies deviennent toujours moins durables, un Nouveau-Zélandais, ou un Japonais pourra, après avoir pris des photos instantanées des ruines de Paris ou de Berlin, rentrer dans son pays, devenu le centre de la civilisation, et donner une conférence intéressante sur le mythe germanique de Gœthe. Rien de plus facile que de prouver d'abord qu'il ne peut avoir vécu au début du XIXme siècle ; « car, Messieurs, » dira-t-il, « nous savons maintenant qu'à cette époque la Germanie, d'abord asservie par un tyran étranger, était engagée dans un combat désespéré contre l'envahisseur. Or ce poète, dit national, ne fait pas la moindre mention de cette guerre longue et terrible. Bien plus, vous chercheriez en vain, dans ce que nous possédons encore de ses œuvres, le nom qui remplissait alors l'Europe. Ce Gœthe, messieurs, ne sait pas même qu'il a existé un Napoléon ! Et puis, la tradition nous raconte qu'il vivait, non seulement de son temps, mais comme ministre d'un des princes engagés dans la lutte. On le voit, de pareilles légendes ne méritent pas même un examen sérieux.

« Si nous examinons ensemble, dira-t-il ensuite, les œuvres de ce prétendu Gœthe, nous y trouverons des opinions, des points de vue philosophiques et religieux si différents, que nous ne pourrons voir en lui que la personnification du génie de ce peuple, autrefois renommé.

« Prenons le chant populaire *Le Roi des aulnes*. Tout, ici, porte encore l'empreinte de la barbarie primitive d'un peuple non encore civilisé. L'humanité nous y est représentée errant dans la nuit, tremblant devant les forces de la nature qu'elle personnifie et n'ayant d'autre souci que celui de sa propagation, indiquée par l'enfant. Le père et l'enfant paraissent seuls ; c'est la famille dans sa plus simple expression ; c'est dire que l'état n'existait pas encore, et le fait que la mère n'est pas même citée, n'indique que trop le peu de cas que ce peuple faisait alors de la femme. Comme animal domestique, nous n'avons ici que le cheval, fait qui concorde avec les plus anciennes données historiques. Enfin le mot de la fin : « l'enfant était mort », réfute suffisamment les idéalistes qui prétendent que, de tout temps, l'homme a cru à l'immortalité de l'âme. Cet homme primitif, messieurs, ne savait pas même ce que c'est qu'une âme, et bien des siècles ont dû s'écouler avant qu'il s'appropriât cette conception métaphysique.

« Vous m'accorderez donc, je crois, messieurs, que nous pouvons sans trop hasarder, attribuer ce chant à l'un de ces hommes primitifs qui habitaient des cavernes et se nourrissaient de chair de cheval et de glands, et y voir un des plus anciens monuments de la littérature de cette nation, jadis si puissante et maintenant disparue.

« Je ne vous fatiguerai pas, poursuivra notre docteur japonais, par un examen prolongé de toutes les pièces de cette collection; celle qui est intitulée Hermann ou Germann et Dorothéa, ou plus probablement Dothéa ou Gothéa, nous représente, sous une forme allégorique, l'alliance de deux peuples longtemps ennemis, les Germains et les Goths. Arrivons-en à l'œuvre principale de ce Gœthe ou Goth, nom de la nation elle-même, ou Gott, ce qui, dans cette langue, signifiait Dieu, (étymologie qui prouve déjà assez le mythe, et d'ailleurs un savant a découvert les traces d'un culte de Gœthe). Cette œuvre se compose de deux parties, et, dans la seconde, quelques figures de la première reparaissent ; mais quelles différences de style et surtout de conception. Dans la première partie, nous sommes en plein moyen-âge ; barbarie et superstition, spéculations mystiques et sensualité ; apparitions diaboliques et mépris de la science, tout y est ; et le style même est encore fort inculte et parfois grossier. Nul doute que cette œuvre d'un auteur inconnu n'appartienne au XIVme c au XVme siècle. Dans le second Faust, un autre écrivain a repris quelques-unes des pensées de l'original et les a développées sous forme d'allégorie philosophique. Ce n'est plus le Mystère populaire et brutal ; c'est une œuvre philosophique, dont l'auteur ne croit plus aux superstitions vulgaires qui remplissent la première partie. Il serait trop long de vous prouver en détail que le progrès intellectuel qui distingue cette seconde partie de la première, n'a pu être l'œuvre d'un siècle seul. Etc., etc. Conclusion : Gœthe est un mythe et représente le génie germain si original, si rêveur et si philosophique, sous toutes ses faces. »

Et un autre critique dira de Napoléon : « Ici l'allégorie devient transparente. Cet inconnu qui sort de l'océan au sud-est de la France, et dont une vieille locution « le soleil d'Austerlitz », indique l'apogée, et qui, après avoir vu sa puissance vaincue par le terrible hiver disparaît dans l'océan à l'ouest, c'est la personnification du soleil. Ses douze maréchaux, et mille autres traits de la tradition nous le prouveraient, si déjà son nom, Napoléon ou Napollon, n'était pas évidemment celui sous lequel les Grecs adoraient le dieu du soleil, Apollon. » Etc., etc.

Et Bismark ? Mais lui aussi, c'est le vieil Odin ou Wuotan des Scandinaves. Il porte encore son grand chapeau à larges bords, est encore accompagné de son loup, de son grand dogue noir, a encore son appétit vorace et sa grosse plaisanterie un peu lourde ; mais, comme toujours, le mythe s'est modifié, adapté à l'esprit du siècle, et cet Odin est devenu le type populaire du Germain avec sa pipe et sa bière, et du junker prussien. Et ce junker, né aux marais de la Poméranie, c'est aussi, car c'est le propre du mythe d'avoir plusieurs côtés, le symbole de cette petite Prusse du Nord, qui devint tout à coup un géant ; tandis que les symbolistes y voient la personnification de l'hiver du nord, vainqueur du Dieu du soleil Napollon, et dont ce peuple, dit-on, célébrait la victoire dans une fête au mois de septembre. »

Voilà comment certains critiques font aujourd'hui de l'histoire et comment certains critiques de l'avenir en feront. On le voit, il ne faut pas énormément d'esprit ni d'imagination pour combiner adroitement quelques faits et en laisser d'autres de côté, trouver des contradictions, où on veut en trouver, — car l'histoire des peuples comme celle des individus en est pleine — et faire dire à cette histoire ce qu'on voudrait qu'elle dît, et cela même sans la moindre intention de la fausser.

Le vrai principe de la critique devrait être : On doit admettre, tant qu'on n'a pas de bonnes raisons de douter, comme on doit tenir tout homme pour honnête, tant qu'on n'a pas des preuves du contraire. Mais la critique moderne renverse ce principe et dit : il faut douter tant qu'on n'a pas de bonnes raisons d'admettre. Elle se méfie d'avance ; et ses soupçons gratuits et le plaisir qu'elle éprouve à dénigrer les grands hommes et à réhabiliter les scélérats, ne témoigne pas de la disposition chrétienne que recommande l'apôtre, quand il dit : La charité croit le bien et non pas le mal. — Oui, il y a beaucoup de mensonge dans le monde ; mais, ne l'oublions pas, encore plus de vérité. Le mensonge surnage, pour ainsi dire, et concerne plus spécialement ce qui est petit et passager ; au fond, ce monde est basé sur la vérité ; comment pourrait-il subsister sans cela ? Comme la Providence divine prend soin, qu'en gros, la justice ait son cours, malgré tant d'hommes injustes ; de même, elle veille à ce que cette humanité ne se nourrisse pas exclusivement et surtout de mensonge ; car alors comment pourrait-elle vivre ? Et comme cette Providence a, de tout temps, pourvu à ce que toutes les découvertes et toutes les inventions eussent lieu en leur temps et à leur heure, et au moment où les hommes en avaient besoin, de même elle pourvoit, de nos jours où une critique arrogante et présomptueuse voudrait faire de tout le passé de l'humanité un grand mensonge, à ce que ce passé ressorte de la tombe d'une manière inattendue et admirable. Les tombeaux des Huns et les tumulus de la Crimée, les habitations lacustres et les belles galères des wikings, l'Egypte avec son culte, ses lois et ses mœurs, Babylone et Ninive avec leurs palais et leurs bibliothèques, Pompéi avec ses cirques et sa vie familière, Troie et tant d'autres villes que je ne puis toutes citer, tout cela se relève de sa cendre et nous montre que les Anciens ne nous ont pas trompés. Ce vieux monde était tel que la Bible l'a décrit et qu'Homère l'a chanté; et même le vieux Hérodote avec son labyrinthe, son peuple de nains au milieu de l'Afrique (voir Stanley) et bien d'autres récits, n'a pas menti.

La science a sa place dans la vie de l'homme et de l'humanité; certes, nous ne le contestons pas. Car la faculté de connaître est un des plus beaux dons que Dieu ait fait à cette humanité, et le bon emploi de ce beau talent a produit de grandes et belles choses. Mais que cette science reste à sa place et ne s'attribue ni des domaines ni des succès qui ne lui reviennent pas.

Si nous étudions l'histoire du monde, nous voyons, non sans quelque étonnement, que la science n'a jamais été un grand facteur historique. Elle n'a jamais ni fondé, ni détruit un empire. Ce n'est pas avec elle qu'Alexandre et César, Tamerlan et Attila, et encore moins Buddha et Mahomet ont conquis le monde. Ce n'est pas la science qui a produit l'invasion des barbares et les croisades, la Réformation et la Révolution française, l'empire de Napoléon ou celui d'Allemagne; et la guerre universelle et la crise sociale qu'on nous prédit, ne seront pas plus les résultats de la science, que cette science ne sera en état d'y porter remède ou d'y mettre fin. — « La science, » dit B. Kidd (*Social evolution*), « n'a pas de réponse à donner aux problèmes de notre temps. » — Et ce n'est pas non plus la science qu'ont chantée de tout temps les poëtes que le monde écoutait avec ravissement. Ce n'est pas la science qui rend la jeunesse belle, la femme aimable et le vieillard triste. Ailleurs sont les sources de la vie. Tantôt l'esprit murmure mélancoliquement à travers le monde comme une harpe éolienne, tantôt il mugit comme le vent d'orage à travers la forêt, tantôt il devient ouragan et balaie devant lui, comme des feuilles mortes, les hommes et les peuples. Tu en entends le son, mais tu ne sais d'où il vient, ni où il va. L'esprit de Dieu et celui du prince de l'air, voilà ce qui inspire sans cesse les peuples ! Quand l'esprit de la foi les saisit, ils s'écrient : Dieu le veut ! Et des centaines de milliers de combattants se précipitent d'Occident en Orient. Quelquefois l'esprit de Dieu souffle des quatre vents sur des os desséchés et ils revivent, et deviennent une grande armée de témoins de la vérité. Et d'autres fois, un esprit de vertige et de fureur saisit un peuple, et il se met à danser autour des arbres de liberté en buvant du sang. Puis quand, sur l'ordre de Dieu, l'orage est passé, ils se regardent étonnés et ne savent d'où est venu l'esprit et où il est allé. Mais notre siècle comprend de moins en moins cette inspiration et ces causes premières de l'histoire. Plus il devient esclave de l'erreur, plus il se croit libre; plus il vante la raison et le bon sens, plus il déraisonne; et moins il croit à une inspiration divine, moins tous ses actes sont inspirés et plus ils deviennent machinaux et mécaniques, et ces pauvres gens croient être bien habiles en niant platement tout ce qui est haut et profond; car, comme l'a dit Schopenhauer : Tous les esprits sont invisibles à celui qui n'en a point. La science, telle que nous la concevons aujourd'hui n'est, si dure que semble cette parole à ses adorateurs, pas indispensable à l'homme.

De tout temps il y a eu sans elle des hommes grands, forts et courageux, des femmes chastes et vertueuses, des mères dévouées et des enfants soumis. Le peuple hébreu, tant qu'il obéit à son Dieu, les Romains sous la République, les Perses du temps de Cyrus, les Lacédémoniens, les Germains de Tacite, comme encore aujourd'hui les simples, et honnêtes, et laborieux habitants des vallées de la Suisse et de la Norvège, de la Bavière et du Tyrol, ont été et sont forts, et sains, et contents sans la science. Et les prophètes et les apôtres, qui prêchèrent au monde Jéhova et Jésus-Christ, n'étaient pas des savants. — Car Tyndall, grand savant lui-même, le dit franchement : Il y a une chose qui a plus de valeur que la science, c'est la noblesse de caractère ; et Platon définit une vie raisonnable : Penser ce qui est vrai, sentir ce qui est beau et vouloir ce qui est bon.

La science ne remplace pas la charité, la foi et l'espérance, et toute grande qu'elle est, elle ne peut, ni rendre l'homme vraiment heureux pendant sa vie, ni le consoler à l'approche de la mort. Car elle ne le rend pas meilleur, quoi que prétendent souvent de pompeux discours dans des congrès scolaires et scientifiques. La science est une force comme l'argent, la poudre ou l'électricité, et elle est en soi tout aussi peu morale ou immorale, religieuse ou irréligieuse, bonne ou mauvaise que l'argent, la poudre ou l'électricité. L'homme moral employera ses forces, son savoir et son argent moralement ; l'homme immoral immoralement, et Rabelais l'a dit : Science sans conscience n'est que perdition de l'âme. Le catalogue des étoiles doubles ne rend pas l'homme plus honnête ; de savoir la physique ne le rend pas plus véridique, et la mécanique appliquée ne le rend pas plus aimant ou plus humble. Et que toute la science que la femme moderne ingurgite, souvent sans la digérer, ne la rend ni meilleure, ni plus vertueuse, ni plus heureuse, c'est là ce que seul un féminisme borné pourrait contester. Où y a-t-il plus d'honnêteté, moins de crimes, de vices et de désordre, dans les campagnes encore assez ignorantes ou dans les grandes villes, ces centres de lumière? La statistique se charge de répondre à cette question, et prouve que, tandis qu'en Bretagne le nombre des femmes arrêtées pour crimes et délits est bien moindre que celui des hommes, à Paris il n'est guère moins considérable. Tout notre enseignement obligatoire n'empêche pas, hélas! que le nombre des jeunes criminels et aussi celui des suicides de jeunes gens et même d'enfants ne croisse avec une rapidité effrayante. En Allemagne aussi, c'est le juge Dr Felisch qui nous l'apprend, leur nombre a augmenté *en dix ans de 51 %*, et cela malgré tous les prétendus progrès de la pédagogie, la méthode si vantée d'Herbart-Ziller et l'introduction d'innombrables cours supplémentaires.

Et de même aux antipodes. En Australie, et malgré le progrès des lumières, la libre pensée, les droits de la femme et l'instruction laïque qui y font tant de progrès, la statistique des dix dernières années établit, en ce ce qui concerne Melbourne et Victoria, *que le nombre des délits parmi la jeunesse au-dessous de vingt ans s'est accru dans la proportion de 88 %*, tandis que la population n'a augmenté que de 32 %.

Voilà des chiffres tristement éloquents; car nulle part la parole du Christ : Vous les reconnaîtrez à leurs fruits, n'est plus vraie qu'en pédagogie. — L'essentiel n'est pas ce que nous enseignons à nos fils et à nos filles, mais ce qu'ils deviennent; non pas ce qu'ils savent, mais ce qu'ils sont. Que la pédagogie moderne, au lieu de nous donner tant de théories psychologiques et psychopathiques, nous fasse une jeunesse qui, comme autrefois celle de Perse, craigne les dieux, honore ses parents et dise la vérité; alors nous croirons en elle.

Non, la science, le savoir en lui-même ne rendent pas l'homme meilleur. Ne voyons-nous pas combien peu il arrête la marée montante du socialisme, de l'anarchie et du nihilisme, en Russie, par exemple, où les nihilistes sont presque tous bien plus instruits que la population des campagnes, qui croit encore à Dieu et obéit au czar.

La vulgarisation de la science, on commence à le reconnaître, n'a pas produit les bons fruits qu'on en attendait, et ne pouvait pas les produire, par la raison qu'elle repose sur une erreur fondamentale. La science n'est pas et ne sera jamais populaire, et il serait temps que les savants bien intentionnés qui ne connaissent pas le·peuple, et les philanthropes qui ne savent pas ce que c'est que la science, le comprissent. Pour faire de la science et même pour la goûter et en tirer parti, il faut une disposition de l'esprit, des aptitudes et des dons naturels aussi rares, plus rares peut-être, que ceux qu'il faut avoir pour faire de l'art. Il faut d'abord un fort besoin de causalité. Celui à qui il est indifférent de savoir ce que sont les étoiles, pourquoi la pomme tombe et pourquoi les oscillations du pendule sont isochrones, peut être un brave citoyen, digne époux et père de famille, et avoir du bon sens et même de l'esprit, mais il ne fera jamais de la science avec succès. La science exige ensuite la forte habitude du penser. Le savant est l'homme qui réfléchit des années à un problème en apparence insoluble et dont d'autres ne voient pas l'importance. Enfin il faut, et cela pour commencer, une étude longue, persévérante, et qui familiarise l'homme avec tous les éléments du savoir. Les deux premières qualités manquent en général au peuple, et il n'a pas le temps de remplir la troisième condition. Ce n'est pas avec les conférences dont on abuse aujourd'hui, tantôt sur la religion des Aztèques, tantôt sur la navigation aérienne, ou sur un grand homme inconnu quelconque, qu'on rendra la science populaire et qu'on remplacera, pour la classe ouvrière et la classe aisée, l'étude sérieuse et le travail fort et patient, qui seuls produisent la véritable instruction. On ne sait que trop que de ces conférences, cours du soir et autres, il ne reste au bout de peu de temps, des premières, que le mot spirituel ou la plaisanterie réussie, et des seconds, que des notions mal digérées qui ont le tort très grave de faire croire aux auditeurs qu'ils entendent ce qu'en réalité ils n'entendent pas. Certes une bonne instruction n'est pas à dédaigner ; mais elle ne consiste pas à écrire sous dictée et puis à apprendre par cœur les dynasties des Pharaons ou les tables de valeurs alimentaires.

Accumuler des faits et des dates n'est pas plus faire de la science, que d'amonceler des briques et des pierres de tailles sur un terrain à bâtir, n'est faire de l'architecture. Le seul savoir qui ait une vraie valeur pour l'homme, est celui qu'il rattache à une pensée centrale et qui fait partie harmonique et nécessaire de l'édifice, dont la construction est le but de sa vie spirituelle. L'absence d'un centre à la fois intellectuel et spirituel auquel tout se rapporte, vers lequel tout converge, voilà le défaut toujours plus répandu de la vie moderne.

Sous ce rapport l'Allemand nous est supérieur, comme l'indiquent déjà ses deux expressions philosophiques : « Standpunkt » et « Weltanschauung ». Il éprouve un véritable besoin de ramener toutes ses conceptions à l'unité et, qu'il soit athée ou croyant, il veut l'être en entier, logiquement et en toutes choses, et n'admet pas qu'il y ait des terrains neutres où les questions des causes premières soient indifférentes.

Il est de mode de répéter que les progrès de la science ont rendue impossible la foi naïve au dogme, et qu'on ne saurait plus être savant et chrétien en même temps. Singulier préjugé ! Car, pour ne parler d'abord que des faits, l'incrédule prétendra-t-il peut-être qu'il a affermé le monde des phénomènes et leur observation scientifique, ou croit-il que ma piété m'empêche d'observer ces faits et d'en tirer des conséquences logiques ? Il serait difficile de prouver que la foi en Dieu ou à l'immortalité de l'âme, ou à la rédemption par Jésus-Christ, aient entravé un Newton, un Kepler, un Copernic, un Secchi, un Liebig dans leur étude de la nature, ou que leur religion donne moins de prix à leurs magnifiques travaux.

Mais je vais plus loin. Ou la foi chrétienne est vraie, ou elle est fausse. Si elle est vraie, elle doit prédisposer, par son essence même, le croyant à étudier la nature, cette création de son Dieu, avec sérieux et respect ; elle doit la lui rendre sympathique, première condition d'une bonne étude ; elle doit enfin, comme elle l'élève au moral au-dessus des petitesses et des misères de cette vie, l'élever intellectuellement et spirituellement à des vues plus hautes et plus étendues que celles de l'incrédule ou de l'athée. En un mot, l'enfant de Dieu doit être, par sa communion avec ce Dieu Créateur, et pour le cas où il se vouerait à l'étude de la création, prédisposé à une intuition de la vérité dans ce domaine, plus profonde que celle de celui qui nie ce Créateur ; vérité que les vrais sages de l'Inde, de l'Egypte et de la Grèce ont comprise et souvent admirablement exprimée.

Albert Lange lui-même, l'historien du matérialisme, bien connu en Allemagne, avoue que « ce ne sont pas précisément les plus profonds investigateurs, ni les esprits inventifs, ni les maîtres qui, dans le domaine des sciences naturelles, ont prêché les principes du matérialisme ». (*Die Naturwissenschaft*, II, p. 140). En effet, et bien que des savants incrédules aient fait de beaux et importants travaux dans toutes les branches, c'est à des chrétiens ou à des hommes craignant Dieu que, de tout temps, nous sommes redevables des découvertes les plus importantes et des idées qui ont répandu le plus de lumière sur la nature, et c'est dans les rangs des croyants qu'il faut chercher la plupart des princes de la science. C'était un chrétien que Copernic, sur la tombe duquel sont gravés ces mots : « Je ne demande pas la grâce que Paul a reçue, ni celle que tu as accordée à Pierre ; je demande seulement, Seigneur, celle que tu donnas au brigand sur la croix ». — Et Kepler, dont les lois forment, avec celles de Newton, la base de notre astronomie, et qui conclut son principal ouvrage par ces mots : « Je te remercie, Seigneur et Créateur, de m'avoir accordé cette joie. J'ai annoncé la gloire de tes œuvres aux hommes. Si j'ai dit quelque chose qui soit indigne de toi, et si j'ai cherché ma propre gloire, pardonne-le moi dans ta miséricorde ». Chacun sait que ce grand Newton, dont Liebig dit : « De ce seul génie nous est venu plus de lumière que dix siècles avant lui n'en avaient produit », était un chrétien humble et sérieux, qui ne prononçait pas le nom de Dieu sans se découvrir. — Linné, qu'on a appelé le plus grand botaniste de tous les âges et même

« le créateur de l'histoire naturelle comme science »
(Prof. Fraas), s'écria en découvrant les belles lois
d'après lesquelles les feuilles sont disposées autour de
la tige : « J'ai vu les traces des pas du Créateur ».
Cuvier, que le prof. Quenstedt appelle « le plus grand
zoologiste des deux derniers siècles », était un chrétien,
et aussi Leibnitz, ce profond penseur. Lavoisier, Liebig,
Secchi, le grand géographe Ritter, Faraday et bien
d'autres savants connus, croyaient en Dieu, et Robert
Mayer, qui a découvert l'unité des forces, c'est-à-dire la
théorie la plus féconde du XIXme siècle, s'écriait devant
les savants rassemblés à Innsbruck : C'est du profond
de mon cœur que je vous le dis, une vraie philosophie
ne peut être autre chose qu'un enseignement prépara-
toire au christianisme. (*Die Mechanik der Wärme*,
IIe édition 1873, p. 318).

Si on tient compte du petit nombre effectif des chrétiens dans le monde, on arrive à la conclusion que les
chrétiens ont fait bien plus pour l'étude de la nature
que les incrédules ; et le matérialiste, au lieu de nous
appeler ennemis de la lumière, devrait nous remercier
des lumières que ces génies chrétiens lui ont données,
et sans lesquelles il serait encore de quelques siècles en
arrière. En tout cas, des noms comme ceux que nous
venons de citer prouvent, de la manière la plus écla-
tante, la fausseté de l'assertion que le christianisme est
l'ennemi de la science.

Mais ces savants chrétiens prouvent encore autre
chose. C'est une erreur accréditée par la critique moderne, que de croire qu'on peut être à la fois un grand
homme et un niais, un grand moraliste et un charlatan,
un puissant esprit et une tête faible, et que Moïse, les
prophètes et les apôtres, ces géants dont la parole domine les siècles et l'histoire du monde, étaient incapables

d'apprécier sainement les faits les plus simples, et vivaient dans les plus grossières superstitions. — Il est vrai qu'un grand esprit peut se tromper; mais il n'est pas admissible qu'il pense clairement, logiquement et profondément sur un sujet, et puis confusément et faussement sur un autre, et Newton, comme déjà saint Paul, saint Augustin, Luther et Calvin, Pascal et tant d'autres chrétiens, n'étaient certes pas des hommes qui crussent, sans aucun examen, tout ce qu'ils entendaient prêcher. Si donc, et l'histoire le prouve, des milliers d'hommes éminents par leur talent, par leur esprit et leur caractère, ont cru sincèrement et de tout leur cœur à la religion chrétienne, il faut nécessairement que cette religion ne soit ni si absurde, ni si obscure que le prétendent ses adversaires. On nous répète à satiété qu'elle craint la lumière de la science. — Il serait bien étonnant qu'une foi, qui ne supporterait pas la lumière, eût conquis le monde et forcé les peuples qui marchent à la tête de la civilisation et de l'histoire à la confesser, de nom du moins, et de s'appeler chrétiens. Et quand est-ce que cette religion a craint la lumière? Ses apôtres ne l'ont-ils pas prêchée à la face du monde, à Éphèse et sur le forum d'Athènes, devant les sacrificateurs de Jérusalem et les proconsuls de Rome, comme plus tard Calvin à Genève et Luther à la diète de Worms? Et Paul n'établit-il pas dans ses épîtres, par des raisonnements serrés et logiques, la raison d'être de cette foi vis-à-vis des Juifs et des Grecs?

La croix a conquis le monde. Que vous débarquiez au Spitzberg ou au cap de Bonne-Espérance, cette croix sur les tombes vous montre que partout les hommes croient au crucifié ou prétendent y croire. Et derrière un fait aussi colossal, il n'y aurait que des illusions, des rêveries d'esprits fantasques, sans raison, ni logique, et qui ne supporteraient pas un examen scientifique ?

Et ces apôtres, et les centaines de missionnaires qui, comme Egede, l'apôtre des Groenlandais, Gutzlaff celui des Chinois, Zinzendorff, Williams, Krapff, Moffat, ces héros de l'abnégation et de la charité chrétiennes, auraient supporté la faim et la soif et les intempéries des saisons, auraient bravé d'innombrables dangers et souvent des morts cruelles, pour inoculer systématiquement à ces pauvres sauvages une crédulité et des superstitions qui les rendissent esclaves de prêtres ambitieux et ennemis des sciences ! Vraiment ce sont là des suppositions trop absurdes pour s'y arrêter.

Quelquefois, il est vrai, l'erreur a paru produire de grandes choses. Mais quand on y regarde de plus près, on voit que c'est toujours la portion de vérité qu'elle contenait qui l'a fait. C'est le cas pour Mahomet, ce grand homme que nous jugeons souvent si mal, d'après quelques légendes inventées après lui, et que Dieu a donné aux fils d'Ismaël pour les arracher au plus grossier fétichisme et pour qu'ils devinssent plus tard le fléau d'une chrétienté dégénérée. Ce ne sont pas les erreurs, mais bien les vérités qu'il a prêchées, qui lui ont mis à la main l'épée avec laquelle il a soumis 200 millions d'hommes à sa doctrine. La force de l'Islamisme, c'est qu'il croit à un seul Dieu qui a créé les cieux et la terre, et qui jugera le monde en justice, et qu'il appelle le Miséricordieux; qu'il commande la justice, la prière et l'aumône et que son prophète a dit : « Ce que Dieu envoie, fût-ce la mort et pire que la mort, c'est bon; Allah Akbar! Dieu est grand ! »

Le mensonge absolu, la négation pure et simple sont stériles et impuissants. Essayez donc de faire quelque chose en prêchant au monde que deux fois deux ne font pas quatre. Et Carlyle dit avec raison : « Un menteur qui ne serait qu'un menteur, fonder une religion ! Un menteur ne peut pas même bâtir une maison de briques. S'il ne connaît pas les propriétés du mortier, de l'argile, les lois de la statique, etc., et s'il ne les suit pas véritablement, toute l'affaire s'écroule au lieu de subsister douze siècles et d'abriter des millions d'hommes. » *(On Heroworship, Mahomet.)*

Quant à la religion chrétienne, ses succès sont des faits. Chaque église de village, les cathédrales de Rouen et de Strasbourg, les dômes de Milan et de Saint-Pierre, sont les témoins muets, mais éloquents, que le fils d'un charpentier inconnu, qui a parcouru quelques années, avec des pêcheurs et des mendiants, une province éloignée de l'empire romain, et qui est mort d'un supplice ignominieux, a conquis le monde, et cela sans écrire une ligne, sans dépenser pour sa cause un écu, sans armer pour elle un seul homme. On sait que c'est là ce qui prouvait à Napoléon, à Sainte-Hélène, la divinité de Jésus-Christ. Et le matérialiste qui pose en principe que toujours l'effet ou la somme des effets est égale à la cause, doit avouer que la cause d'effets si immenses, Jésus-Christ, a dû être immense elle-même.

Si nous ajoutons à ces faits ceux de milliers de martyrs morts avec joie ou au moins avec constance dans les tourments, et ceux de millions de chrétiens qui, dans des circonstances ordinaires, sont morts en paix, quoique eux aussi tinssent, comme d'autres, à femme et enfants, à leurs biens et à leur vie, cela prouve que, quand l'homme saisit par la foi l'Evangile, celui-ci développe en lui une force qui n'existait pas auparavant. C'est ce dont les proconsuls romains déjà ne pouvaient assez s'étonner ; aussi l'un d'eux, en voyant périr dans les tourments un jeune chrétien auquel il ne parvenait pas à arracher un soupir, s'écria : « Nous sommes vaincus ! » L'apparition d'une force qui rend l'homme vicieux vertueux, l'orgueilleux humble, le larron probe et l'ivrogne tempérant, est un fait avéré et par conséquent scientifique. Une force est une force; elle obéit à des lois immuables, ne naît pas de rien et ne se résout pas en néant. Il n'y a point d'effet sans cause, et point de cause sans effet, et une science impartiale doit admettre, pour expliquer la conversion, une cause réelle quoiqu'à elle inconnue, au lieu de nier des faits patents, ou de les appeler des illusions ou du fanatisme.

On a déjà dit qu'un fait scientifique doit pouvoir être reproduit à volonté, pour pouvoir être soumis à différentes formes d'examen, comme la décomposition de l'eau en hydrogène et oxygène. Mais, d'abord, ce n'est pas universellement vrai; car nous ne pouvons pas reproduire à volonté une chute de météores et bien d'autres choses. Et quant aux faits religieux, de quel droit l'incrédule prétend-il nier ce fait expérimenté des milliers de fois que, par suite de sa prière, le chrétien a, non seulement éprouvé paix de l'âme et consolation, mais qu'il a aussi obtenu ce qu'il demandait. Quand l'incrédule dit que cela ne lui est jamais arrivé, il faut avant tout savoir s'il a fait l'expérience dans les conditions voulues, s'il a prié avec la foi sans laquelle il n'y a pas d'exaucement. Quand un daltoniste m'affirme qu'il n'a jamais vu les magnifiques couleurs dont je lui parle, la faute en est à son œil et non pas au rayon lumineux. La foi est la perception d'un monde qui demeure caché à celui qui ne croit pas; et dire qu'on ne le voit pas, ne prouve nullement qu'il n'existe pas. Mais si cette foi produit des effets réels, c'est une absurdité ou une injustice que de nier son efficacité, parce qu'on ne l'a pas ressentie ; cette foi, dont saint Paul nous décrit avec enthousiasme les effets dans l'épître aux Romains, et la haine qu'elle a provoquée chez l'incrédule, ont produit, non seulement les persécutions des chrétiens, l'inquisition et les guerres de religion, mais on peut dire, avec Gœthe, que croire et ne pas croire sont les deux agents principaux de l'histoire du monde. Un homme qui ose nier les immenses effets de la foi et de la religion, ne mérite pas qu'on discute avec lui. Ceux qui les admettent sont tenus de nous en donner une explication satisfaisante, et c'est là ce que fait seul le christianisme.

Bien loin de n'être pas scientifique, il explique l'univers par des hypothèses, pour les appeler ainsi, que tout adversaire de bonne foi doit admettre. Ainsi, il pose en principe, comme cause des causes, un Dieu vivant et personnel. L'incrédule, lui, ne sait que dire là-dessus, et le prof. Hæckel « renonce à reconnaître le dernier et le plus haut principe » (*Natürliche Schöpfung*, p. 28). C'est avouer que ce principe existe, et nous, chrétiens, l'appelons Dieu. Le même matérialiste, et d'autres avec lui, admettent la génération spontanée « comme hypothèse indispensable, mais non encore prouvée », dit Albert Lange, qui poursuit ainsi : « Si vous n'acceptez pas l'hypothèse de la génération spontanée, il vous faut vous réfugier dans le miracle d'une création surnaturelle ». Or, Pasteur et Tyndall, et d'autres, ont prouvé que la génération spontanée n'existe pas ; donc, nous ne faisons que suivre le conseil de ce savant matérialiste quand nous adoptons le dogme d'une création surnaturelle.

Le christianisme enseigne qu'une fois une séparation, un déchirement a eu lieu entre le Créateur et la création, et que c'est par suite de cette séparation de la source de toute lumière, que notre âme obscurcie est incapable de concevoir et de percevoir la cause et la raison primordiale de la création et de son être à elle, fait qui produit en elle la conscience que cette vie et ce monde ne sont pas ce qu'ils devraient être. Or, de tout temps, la philosophie est arrivée à ce résultat, et depuis Platon jusqu'à Hartmann elle a dit cela en termes différents. Bouddha dit : « Ce monde est Sansara, (ce qui ne doit pas être), le monde de la naissance, de la maladie, de la vieillesse et de la mort. » Et Schopenhauer, qui se moque ailleurs de la Bible, avoue : « Ce qui me réconcilie avec l'Ancien Testament, c'est l'histoire de la chute; rien ne ressemble plus à notre existence, que les suites d'une faute et d'une convoitise défendue » (*Par. et Prol.* chap. XII).

De tout temps l'humanité a soupiré sous le poids de la vie, et le vieux Homère, déjà, disait : « De tout ce qui respire et se meut sur la terre, rien n'est plus misérable que l'homme. » Le christianisme explique cela par le dogme de la justice divine poursuivant le coupable. Ici aussi il est d'accord avec tous les plus grands penseurs et poètes tragiques. Tous ils avouent comme Schiller : « La vie n'est pas le plus grand des biens; mais le plus grand des maux est la coulpe ». Nous expliquons la crainte, dont Schelling dit, que « l'angoisse est le sentiment fondamental de toute créature », par l'existence d'un principe personnel du mal, qui « rôde autour de nous cherchant qui il peut dévorer ». — L'incrédule ne sait comment expliquer cette angoisse. Nous expliquons la grande et admirable finalité du monde par la Providence d'un Dieu personnel et omniscient. Cette explication n'est-elle pas plus naturelle et plus satisfaisante que celle d'un Spiller, qui déduit cette finalité de l'infaillibilité d'une matière inconsciente.

Toute la science de l'incrédule n'explique pas la mort,

dont le Grec déjà disait : Ce qu'il y a de plus terrible au mon..., c'est la mort. La mort est la récompense du péché ; mais le don de Dieu est la vie éternelle. Tous les peuples l'ont senti, et aussi le philosophe athée cité plus haut, Schopenhauer, qui dit : « La mort prouve que notre existence implique la faute. »

De quel droit le monde prétend-il donc que, nous autres chrétiens, croyons sans savoir, et se vante-t-il de ne pas croire, mais de savoir ? Lui qui ne sait pas mieux que nous comment l'herbe croît, ou comment meurt le vermisseau ? — La science croit à des axiomes mathématiques, aux dogmes de l'éternité des forces et de leur unité, de l'atome et de la vitalité, et explique par là les formes des corps, leurs propriétés et leurs phénomènes. Nous expliquons les faits incontestables de la repentance et du remords, de la crainte de la mort et du besoin de rédemption, de la conversion, de l'exaucement de la prière, par les dogmes d'un Dieu saint, du péché, d'un Sauveur Jésus-Christ, d'un salut par son sang et d'une éternité bienheureuse. Et des milliers de chrétiens ont prouvé, par leur vie et par leur mort, que ces dogmes leur expliquaient, d'une manière suffisante et plus satisfaisante que ceux de l'incrédule, le monde, la vie et l'homme.

N'avons-nous pas le droit et même le devoir, au point de vue scientifique, de nous en tenir à ces hypothèses, comme les appellent nos adversaires, aussi longtemps qu'ils ne parviendront pas à nous en fournir de meilleures ?

Nous verrons, dans le chapitre suivant, combien peu ils l'ont fait jusqu'ici, combien peu leurs explications expliquent, combien de foi aveugle leurs dogmes exigent et combien ils sont restés, de tout temps, stériles dans la vie des individus et dans celle des peuples.

CHAPITRE V

LE MATÉRIALISME

Qu'enseigne le matérialisme, quand il ne se borne pas à la négation pure et simple de tout ce qui ne tombe pas sous les sens, quand il ne prend pas pour unique devise : « Mangeons et buvons, car demain nous mourrons » ; quand, enfin, il cherche à arriver à une conception philosophique de l'univers ? — Il dit : La matière et la force existent seules ; elles sont éternelles, indestructibles et ne peuvent ni augmenter, ni diminuer. Tous les phénomènes que nous observons, ne sont que des manifestations de cette matière et de ces forces, ou plutôt, disent quelques-uns, d'une force unique, à laquelle elles peuvent toutes être ramenées. L'univers que nous voyons, n'est donc formé que d'atomes en mouvement ; toute la science se réduit, en définitive, à la mécanique de ces atomes. » Puis il continue : « La matière s'explique elle-même, et elle explique aussi tous les phénomènes attribués faussement à l'esprit. Donc l'hypothèse de l'esprit est superflue et, comme toute hypothèse superflue, nuisible. » — Voilà un système qui se recommande par une simplicité séduisante ; mais examinons s'il correspond aux faits ; voyons si la matière s'explique vraiment elle-même, et surtout, si elle explique la vie spirituelle de l'homme et de l'humanité, ses besoins et ses désirs, ses forces et ses aspirations.

Si nous ouvrons les livres des apôtres du matérialisme, de Büchner, Vogt, Huxley, Moleschott, Spiller, Hæckel, Hartmann et de beaucoup d'autres, qui déclarent ne vouloir admettre que la science pure, fondée sur l'observation impartiale des faits, nous trouvons, au contraire, avec étonnement, qu'ils nous offrent un système composé d'un mélange de science et de spéculation, de faits et d'hypothèses improuvées, qu'on pourrait appeler la religion ou la philosophie de l'incrédulité, d'autant qu'un de ses représentants a publié ses vues sous le titre de « *Confession de foi* d'un naturaliste. »

Et d'abord, ces gens qui combattent toute religion, prennent pour base de leur philosophie ce principe négatif, il est vrai, mais religieux : « Il n'y a pas de Dieu. » — Il faudrait être bien ignorant pour ne pas voir tout de suite que c'est là une assertion gratuite, discutable, oui, mais en aucune manière fondée sur l'évidence des faits. Il faudrait chercher longtemps dans la chimie ou dans la géologie, dans l'astronomie ou dans la zoologie, dans l'analyse spectrale ou dans la micrographie, pour découvrir une loi, un fait, une forme ou une manifestation de la matière — et le matérialiste ne croit qu'à la matière — qui prouvât qu'il n'y a pas de Dieu. De quelle espèce devrait être ce fait ? — Aussi remarquons bien que jamais le matérialisme lui-même ne l'a encore découvert, et qu'il n'arrive à son dogme que par des déductions tout empreintes d'un esprit de tendance. Il ne *veut* pas croire qu'il y ait un Dieu, donc il s'évertue à combiner les faits de manière à prouver qu'il n'y en a pas. Mais il a contre lui, non seulement l' «accord unanime des peuples », mais l'opinion et les travaux des hommes les plus intelligents qui, de tout temps, disent que la création, examinée impartialement, prouve l'existence de Dieu. Donc, et sans qu'il soit ici nécessaire de se prononcer pour l'affirmative ou la négative, nous posons en fait que le premier article du matérialisme n'est pas une vérité scientifique et démontrable, mais un dogme qu'on peut accepter ou rejeter.

Mais, comme le matérialiste n'échappe pas plus qu'un autre à la grande loi portée sur tous les êtres : « Tu adoreras », il remplace immédiatement ce Dieu qu'il nie par un autre dieu, et dit : « Je crois à la matière qui a créé toutes choses », et il exige la foi à ce second dogme, improuvable lui aussi, avec la même intolérance, le même fanatisme qu'il reproche aux croyants. Écoutons ce que dit là-dessus Spiller, que la revue allemande bien connue *La Nature*, appelait « le plus grand philosophe naturaliste de tous les temps, (c'est Spiller qui souligne) : « *Dieu est une substance matérielle infinie, non créée et indestructible, c'est-à-dire l'éther universel.* Cet éther est le créateur du ciel, c'est-à-dire des mondes célestes et de la terre; il nous a créés, nous humains, et gouverne le monde entier. *Il est absolument sage, juste et seul infaillible, parce qu'il agit sans conscience de soi-même et sans but prémédité.* » (*Gott im Lichte der Naturwissenchaften.*) Et, à la page 84, il déclare que « l'âme est l'action réciproque entre les atomes du corps organisé et l'éther de l'univers. » — Il ne prouve pas ces dogmes, il les affirme. Et puis, tout en le faisant, il se raille d'autres matérialistes qui tiennent la matière visible pour l'origine de toutes choses. Quand Büchner dit : « La matière est la mère qui engendre tout, » Spiller trouve que c'est là « un matérialisme absolument inadmissible » (p. 67); quand Diderot écrit : « La matière pense », il s'écrie :

« on ne sait plus que penser ! » (*Das Leben*, p. 31.) — Et Hartmann, matérialiste aussi, écrit : « La matière est une chimère ! » (*Philosophie de l'inconscient*, chap. 7). — Dogmes contre dogmes. » Le matérialiste, qui repousse, comme métaphysique, l'éternité chrétienne, lui substitue donc l'éternité de la matière, comme si celle-ci aussi n'était pas métaphysique. Ainsi Büchner dit, dans « *Kraft und Stoff* » : « Les lois qui déterminent l'activité de la nature sont éternelles et immuables ». D'où sait-il cela et comment peut-il le prouver? De même Moleschott n'admet que les faits perçus par les sens de l'homme » (*La circulation de la vie*) ; puis il décrète que « la matière est immuable et le mouvement éternel » ; avec quel sens a-t-il perçu ces faits ?

Mais le dogme de l'éternité de la matière est aussi peu scientifique que celui de la non-existence de Dieu. Non seulement il ne peut ni se prouver, ni se comprendre ; mais il est en opposition avec toutes nos impressions et avec la logique des faits. Car l'univers nous montre partout le développement d'un monde ou de mondes non achevés et en marche vers un but non encore atteint. De plus, le matérialisme est ici en contradiction évidente avec soi-même. Car il enseigne que, d'après l'hypothèse de Herschel, Laplace et Kant, toute la matière se trouvait, il y a quelques millions d'années, dispersée uniformément dans l'espace, et que les nébuleuses nous représentent déjà une forme de condensation plus avancée qui, peu à peu, a produit les soleils et les planètes. En un mot, le matérialiste prêche l'évolution universelle de la matière. Il enseigne que l'homme n'était, il y a quelques cent mille ans, qu'un animal inférieur, et que la terre elle-même est une planète relativement jeune encore. *Mais évolution et éternité sont deux idées contradictoires.* Si la matière est éternelle, comment se fait-il qu'elle n'ait pas fini d'évoluer, depuis des éternités? Si toutes les forces de l'univers travaillent incessamment à s'équilibrer, pourquoi n'ont-elles pas atteint ce but il y a longtemps déjà? Si on nous montrait un enfant, en nous disant qu'il croît de toute éternité, notre première question serait : Comment se fait-il qu'il n'ait pas encore atteint sa pleine croissance? — Si la matière est éternelle, toutes les manifestations de cette matière devraient s'être épuisées il y a longtemps, car, même si nous l'admettons infinie quantitativement, ses lois prouvent qu'elles ne l'est pas qualitativement. — Et il est tout aussi impossible de se représenter des évolutions universelles, finissant pour recommencer infiniment. Si des millions de soleils font rayonner incessamment, et de toute éternité, dans l'espace glacé une chaleur qui ne revient jamais à eux, comment se fait-il que, depuis longtemps, cet espace ne soit pas uniformément réchauffé, et que toutes les manifestations de la chaleur n'aient pas cessé? Car si jamais les forces arrivent à l'équilibre parfait, et l'univers par conséquent à l'immobilité absolue, il faudrait un Dieu pour remettre la machine en mouvement, et le matérialisme lui-même accorde que ces forces une fois équilibrées, ne peuvent plus détruire elles-mêmes cet équilibre, pour recommencer leur évolution.

A la vérité, quelques cosmologues nous décrivent comment, en se précipitant les uns sur les autres, les soleils reproduiront par leur choc tant de chaleur, que toute la matière retournera à l'état d'immense nébuleuse incandescente, sur quoi le procès cosmologique de la formation des mondes pourra recommencer ; et ainsi de suite indéfiniment. — Mais ce sont là de fausses conclusions. Il est vrai que le rapprochement ou le choc des masses cosmiques est, comme celui des atomes, une des sources principales de la chaleur; (nous ne savons pas, s'il en est la seule); mais, à supposer que les lunes finissent par tomber sur leurs planètes, celles-ci sur leurs soleils, et enfin les soleils les uns sur les autres, cela n'arrivera en tout cas pas simultanément, mais à de longs intervalles. Ainsi Mercure tomberait le premier sur le soleil, et alimenterait, d'après W. Thomson, ce foyer pendant 6 ans 219 jours; mais au bout de ce temps cette chaleur aurait rayonné tout entière dans l'espace, et cela sans augmenter sa chaleur d'un cent millionième de degré. Puis viendrait Vénus, qui nourrirait le feu solaire pendant 83 ans 326 jours; puis la Terre le ferait pendant 95 ans 19 jours, tandis que le puissant Jupiter suffirait pour 32,254 ans, etc. Toutes les planètes ensemble ne suffiraient à entretenir la chaleur solaire que pendant 45,600 ans. Mais pendant les longs intervalles de leurs chutes, le soleil continuerait, comme il le fait à présent, à dépenser sa propre chaleur. Si nous continuons, par la pensée, ces chutes successives, en les étendant à tous les soleils, nous comprenons qu'après la dernière, le capital de chaleur nécessaire à la formation d'un nouvel univers de corps séparés, a été dépensé presqu'en totalité depuis longtemps, et cela sans autre résultat probable que d'avoir porté la température de l'espace universel du froid actuel qui comporte selon Spiller — 273° à — 200 ou — 150°, ce qui n'empêcherait pas, on le voit, les mondes de se congeler. Si c'est là la fin logique du tout et que la matière soit éternelle, je demande de nouveau, pourquoi n'est-elle pas, depuis des éternités, morte de sa belle mort?

L'astronome Secchi s'exprime de même. « L'univers », dit-il, « nous montre que nous n'avons pas à opérer sur des époques d'une durée infinie. Si tel était le cas, l'activité du monde serait éteinte depuis longtemps. La cause des changements est la différence de l'énergie dans les différentes régions. Et comme cette énergie tend toujours à s'équilibrer, il s'en suit que, si un temps indéfini s'était déjà écoulé, l'équilibre universel se serait déjà produit, et tout phénomène cosmique serait impossible. » (*Les étoiles,* p. 350). Hartmann lui-même l'avoue : « Autant il serait impossible d'accorder, avec l'idée de l'évolution, une durée infinie du monde dans le passé, parce qu'alors toute évolution aurait déjà dû être parcourue, ce qui n'est pas le cas, autant il l'est d'attribuer à ce monde une durée indéfinie pour l'avenir ; car cela exclurait l'idée d'un but de cette évolution et le monde ressemblerait au tonneau des Danaïdes. » (*Philosophie de l'Inconscient*, 4me édit., p. 747).

C'est ainsi que le matérialiste lui-même se voit forcé d'attribuer à cet univers visible une durée limitée, et d'avouer que l'état actuel de la matière et des forces a eu un commencement et laisse pressentir une fin. Or, c'est là l'enseignement biblique : « Au commencement Dieu créa les cieux et la terre » ; il est plus scientifique, parce qu'il répond mieux à l'univers tel qu'il est, que le dogme de l'éternité de la matière.

Ce Dieu Créateur est pour nous le centre de la force, d'où découlent les forces de l'univers. Il est la cause éternelle du monde ; aussi ne craignons-nous pas un équilibre définitif de toutes les forces et la mort universelle qui s'en suivrait.

Du reste, il serait logique que le matérialiste, avant de décréter l'éternité de la matière et de nous la représenter comme la seule chose vraiment existante, nous dît ce que c'est que cette matière. Mais il ne le fait pas, par la bonne raison qu'il ne le sait pas plus que nous.

Comme les Athéniens, il élève ses autels « au dieu inconnu ». Pour couvrir cette ignorance, quelques-uns essaient maintenant de substituer l'idée *de l'énergie* à celle de la matière, et vont même jusqu'à prétendre que « cette idée nous donne tout ce dont nous avons besoin pour comprendre les choses ». — Mais tant que l'homme sera sur la terre, il ne pourra pas éliminer l'idée de la matière; car il ne voit pas et il ne saisit pas de l'énergie, mais de la matière; et toujours il se demande ce qu'est cette matière? Nous avons vu que Dubois-Reymond répond à cette question, au nom de toute la science actuelle, par son célèbre : *Ignoramus et ignorabimus.*

Continuons à examiner le *credo* du matérialiste. Nous y trouvons l'article de foi suivant : « Je crois à l'éternité des forces ou de la force. » — Mais, ici aussi, il avoue qu'il ne sait pas ce que sont ces forces ou cette force, et qu'il ignore, de même, si elles sont inhérentes à la matière ou peuvent subsister sans elle. Ainsi Spiller dit : « Je n'admets pas le faux point de vue de Moleschott, de Büchner et d'autres, d'après lequel la matière porte en soi le principe de la force et du mouvement. » Et ailleurs : « Quand Spinoza pose en principe l'unité absolue de la matière et de la force, il se trompe. Des recherches plus approfondies montrent que la force n'est pas une qualité essentielle et indispensable de la matière. » Qu'est donc la force? Dubois-Reymond, nous l'avons dit, croit que nous ne le saurons jamais, et tient même pour possible qu'il n'existe ni matière ni force et que ce ne sont que des abstractions. — Mais alors comment peut-on soutenir d'une inconnue, dont on ne sait rien et qui n'existe peut-être que comme abstraction de mon cerveau, qu'elle est éternelle? Il est vrai que, sur la terre et dans l'univers tel que nous le connaissons, la force nous paraît indestructible. Mais conclure de l'état actuel à l'éternité est pour le moins bien hasardé; et il est ridicule de la part d'êtres qui n'existent pas depuis une seconde de l'éternité, de décréter d'autorité : « La matière est éternelle, la force est éternelle » ! Qu'en savons-nous, comment pourrions-nous le savoir? Que savons-nous, êtres absolument passagers, c'est le matérialiste lui-même qui le dit, de cette éternité qui n'entre pas dans notre tête? Introduire cet infini dans nos calculs, c'est faire, non plus de la science, mais de la métaphysique. Alors tout devient possible, et un microbe dévore le monde. — On le voit, ce dogme de l'éternité de la force ne repose, comme celui de l'éternité de la matière, sur aucun fondement scientifique. Ce n'est qu'une excuse, un oreiller pour l'esprit fatigué de penser. Quand on ne veut pas croire à un commencement des choses, on dit : elles sont éternelles ! et on se tranquillise.

Passons aux vues du matérialiste ou de l'incrédule sur la vie. Sa définition de la vie déjà n'est rien moins que satisfaisante. Voltaire la définit : « La végétation avec le sentiment dans un corps organisé » ; et Littré : « Etat d'activité de la substance organique ». C'est nous dire l'extérieur de la vie et ses manifestations ; mais non son principe, son être et ce qui fait sa force. — « La vie dans le sens le plus général de ce mot », dit Spiller, « c'est le mouvement ou le changement de lieu ». — Pour le prof. E. Hæckel, la force vitale est « la simple loi de causalité » ou « l'effet immédiat de la matière existante de l'individu » ; et Hartmann exige, pour l'évolution vitale, « que le sujet métaphysique du plan d'évolution soit immanent à l'action, comme le porteur de la loi théologique de cette évolution ». — Avez-vous compris? — Schopenhauer dit que « toute vie n'est que volonté ». — Volonté de qui?

— Quand Herbert Spencer définit la vie : « une adaptation continuelle de rapports intérieurs à des rapports extérieurs », on pourrait à bon droit lui répondre qu'elle consiste bien plutôt en un combat continuel de ces rapports. Mais, nous le sentons tous, la vie n'est ni seulement une adaptation, ni un combat ; c'est une force individuelle et individualisant sans cesse selon son idée propre. — Quand enfin un savant moderne nous dit dans *La Nature* (3 févr. 1895) en répétant Spiller, qu'à la question : « qu'est-ce que la vie » ? le naturaliste qui est parvenu à la plus haute conception de l'univers répondra sans hésiter : « La vie n'est autre chose que le mouvement », et qu'il ajoute que « la science a dû faire bien du chemin pour arriver à cette connaissance », on ne peut que regretter sincèrement qu'elle ait fait tout ce chemin en pure perte ; car la vie est aussi peu le mouvement seul, que le simple mouvement la vie. Une dynamo qui tourbillonne, pleine de force, de chaleur et d'électricité en lançant des étincelles, n'en est pas moins morte, et la petite graine noire qui repose immobile depuis des semaines et des mois sur ma fenêtre, n'en vit pas moins, et de même le rotifère engourdi sans mouvement pendant des mois dans une gouttière desséchée. — Et que dire de la vie chez les microbes que le prof. Pictet a exposés longtemps dans un bloc d'air cristallisé à un froid de —200°, froid par lequel, dit-il, les plus forts acides ne réagissaient plus sur les métaux, en d'autres termes, les molécules elles-mêmes des corps avaient perdu leur mouvement ? Et pourtant ces microbes revenaient à la vie et semblaient, dit-il, se porter plutôt mieux qu'avant !

Il n'y a pas longtemps que presque tous les savants et les physiologues croyaient pouvoir se passer de la

force vitale, et prétendaient que les forces agissantes
dans les organismes étaient les mêmes que celles de la
nature inorganique. Mais ils commencent à revenir de
cette opinion, et plusieurs admettent le « vitalisme »
comme nécessaire. Ainsi le prof. Carrière disait à
Munich, en 1892 : « La loi de l'équivalence des forces,
découverte par Robert Mayer, n'est pas valable pour
le monde animé, où la force organique ou vitale et la
force spirituelle sont des sources d'énergie ». Et en
effet chacun sait que la force de volonté peut produire
des effets matériels étonnants. Bunge dit : « Plus
nous nous efforçons d'approfondir les manifestations
de la vie, plus nous reconnaissons que des phénomènes,
que nous avions cru pouvoir expliquer par les lois de la
physique ou de la chimie, sont beaucoup plus compli-
qués que nous ne nous l'imaginions, et qu'ils défient
actuellement toute explication ». En effet la capillarité
et l'endosmose n'expliquent ni l'alimentation des plantes, ni le choix qu'elles font de leurs aliments, ni la
manière dont elles produisent leurs organes les plus
divers, et pas même leur couleur. Pourquoi la rose
fleurit-elle rouge et le bluet bleu ? — Ainsi j'ai devant
moi deux grains de blé, l'un est viable et produira,
dans des circonstances favorables, un nombre infini de
plantes ; l'autre est stérile, c'est-à-dire qu'il vient de
mourir ; mais ni la physique, ni la chimie, ni les pesées
les plus délicates, n'accusent une différence entre son
état actuel et celui de l'autre grain. Qui a vu sa force
vitale, qui a vu sa vie, cette petite âme, s'envoler ? Et
ainsi de suite.

Par contre, la synthèse chimique — si vantée — de
quelques substances organiques, n'est point aussi parfaite que le chimiste voudrait nous le faire croire. En
1893, j'ai entendu au Congrès des procédés rationnels

de peinture, à Munich, des peintres exiger qu'on plantât de nouveau de la garance, parce que, disaient-ils, « la garance chimique ne tient pas ». Donc celle-ci n'est pas la même que la première, quoique leurs formules chimiques soient identiques. — Mais ce que les lois de la nature ne suffiront jamais à expliquer, c'est la reproduction, par la semence, de tous les caractères de la plante, et que le haricot, par exemple, conserve la tendance à grimper de droite à gauche, tandis que le houblon tourne de gauche à droite.

Si on demande au matérialiste : d'où vient la vie organique ? Il nous répond par l'hypothèse improuvée et improuvable, qu'une fois, et par un concours favorable de circonstances inconnues, elle s'est développée d'elle-même. Les savants ont, en effet, cru longtemps à la génération spontanée. Mais c'est précisément la science moderne, que le matérialiste estime seule digne de ce nom, ce sont les travaux de Liebig, de Pasteur et de Tyndall, qui ont réfuté ces vieilles théories d'une manière absolument concluante, et Darwin lui-même déclare que jamais nous n'avons vu la vie organique procéder de la vie inorganique. La théorie du matérialisme n'est donc pas une explication ; c'est un dogme, et un article de foi à quelque chose qui ne s'est jamais vu et qui ne peut se comprendre, c'est-à-dire un miracle. Ainsi le prof. Hæckel avoue naïvement que « *l'hypothèse non encore prouvée de la génération spontanée est indispensable, si l'on ne veut se voir forcé de recourir à une création surnaturelle.* » C'est-à-dire que, plutôt que de croire à un Dieu, il admet comme vraie une hypothèse dont la science a prouvé l'impossibilité !

D'autres naturalistes, comme le président Thomson, sont d'avis qu'une création de la vie sur la terre n'est pas nécessaire, parce que « des germes organiques peu-

vent fort bien nous être parvenus d'autres mondes ! »
Mais alors comment sont-ils nés sur ces autres mondes ? Et pourquoi n'en tombe-t-il plus depuis longtemps ? Spiller, car il est intéressant de voir nos
adversaires se contredire réciproquement, dit là-dessus :
« Des germes d'infusoires ne peuvent pas être lancés
d'un monde à l'autre. Des météores ne peuvent pas
avoir apporté la vie organique, parce qu'ils deviennent
incandescents dans notre atmosphère. D'ailleurs, s'ils
l'avaient apportée, elle se serait manifestée à diverses
époques sur divers petits centres, ce qui est en opposition avec tous les faits connus ». *(Das Leben,* p. 27).
D'autres enfin croient, comme Tyndall et O. Zacharias,
que les germes organiques étaient déjà contenus dans
la nébuleuse incandescente primitive. Comment ? C'est
ce qu'il est impossible de se représenter. Quelques-uns
admettent qu'ils ont passé intacts pendant des milliers
d'années par la chaleur de 2000° du granit fondu ;
d'autres, que le froid des espaces cosmiques les a conservés congelés pendant des temps encore plus longs !
Mais pas un d'eux ne nous dit d'où ils proviennent. Et
Fechner écrit même : « Les organismes ne proviennent
pas d'un protoplasme, mais d'une puissante créature,
d'une structure des plus compliquées, qui, dès l'origine,
a formé par sa division une grande variété de créatures,
les ancêtres des créatures actuelles. » (Spiller, *Das
Leben,* p. 49). Nous voilà donc revenus au géant
scandinave Ymir, dont le corps a formé le monde !
Quelle peine ces gens se donnent pour ne pas croire à
un Dieu Créateur !

Si nous demandons au matérialiste comment l'organisme produit la vie plus haute de l'intelligence et de
la pensée, il le sait, si possible, encore moins et se contente d'affirmations gratuites. Edouard Hartmann se

représente la conscience de l'être, l'existence de l'esprit dans le corps comme « la stupéfaction de la volonté inconsciente relativement à l'existence d'idées qu'elle n'a pas voulues ». — Comprenne qui pourra ! E. Vogt et d'autres décrètent que la pensée est une sécrétion de la matière, des molécules de l'organisme, une urine du cerveau. Mais la pensée ne possède pas une seule des propriétés de la matière; donc une telle production serait en contradiction avec toutes les lois de la chimie. Liebig écrit avec raison là-dessus : « Des enfants dans la connaissance des lois de la nature prétendent et veulent faire croire à un public crédule et incrédule qu'ils peuvent expliquer la génération de la pensée, la nature et l'être de l'esprit humain. L'homme spirituel, disent-ils, est le produit de ses sens, le cerveau produit les pensées par des combinaisons matérielles et lui est ce que le fiel est au foie. Si on dépouille les conclusions de ces gens de toutes leurs belles et vaines phrases et de tous leurs sophismes, il reste seulement que les pieds nous sont donnés pour marcher et le cerveau pour penser, et que nous ne pouvons pas marcher sans pieds et penser sans cerveau. Mais la chair et les os ne se meuvent pas d'eux-mêmes; ils sont mûs par une cause qui n'est ni chair ni os; ils sont les outils de la force. Le cerveau est l'outil de la cause qui produit la pensée. » (*Lettres sur la chimie*, p. 369.)

Tous nos biologues et physiologues modernes, Huxley, Claude Bernard, Bichat, Virchow, avec toutes leurs investigations, leurs expériences et leurs vivisections, ne nous expliquent pas ce que c'est que la vie, pourquoi et comment le muscle développe de la force, pourquoi et comment telle impression est douloureusement ressentie par les nerfs, pourquoi et comment la pensée s'élabore dans le cerveau, ni comment et pourquoi des cellules animales si semblables ont des propriétés si différentes. Dans la « *Naturwissenschaftliche Wochenschrift* » un savant passe en revue les travaux de Golgi, A. von Kölliker, G. Retzius, Waldeyer, Forel à Zurich et autres, et après avoir discuté la théorie des centres nerveux et des unités physiologiques, il conclut : « Nous ne savons encore absolument rien sur la manière dont s'effectuent dans le cerveau les phénomènes spirituels. Nous connaissons quelques fonctions spéciales du cerveau et nous savons qu'elles se relient à des centres connus dans la masse cérébrale, par exemple au siège de la parole et de la vision. Mais nous ne trouvons pas les voies conductrices et ne pouvons absolument pas nous représenter de quelle manière s'opèrent les phénomènes des sentiments et de la pensée. »

Mais nous n'avons pas encore achevé la revue des dogmes à l'endroit desquels le matérialiste exige une foi aussi aveugle que celle qu'il reproche au chrétien. La conception de Spiller, d'un éther du monde inconscient et omniscient, aveugle et sage, entièrement fataliste et absolument juste, était déjà passablement étonnante; mais dès lors le matérialisme a progressé. Le philosophe R. Avenarius de Zurich avait déjà écrit : « Il faudra nous résoudre à accorder la conscience même aux atomes ». Le prof. Hæckel n'a pas reculé devant ce postulat du matérialisme, qui commence à s'apercevoir que la matière seule ne suffit pas à tout expliquer. Dans son ouvrage « *La perigenèse de la plastidule* », il demande qu'on se représente toute matière « comme animée et tout atome comme doué d'une âme atomique constante et éternelle! » (p. 39). — « Le mouvement des atomes dans la formation et la dissolution d'une combinaison chimique, n'est explicable *que si nous leur attribuons le sentiment et la volonté !* » — Là-dessus il pose hardiment en principe les hypothèses suivantes entièrement gratuites : « *Si chaque atome est doué de sentiment et de volonté, la plastidule* (nom qu'il donne à la molécule organique) *s'en distingue en tant qu'elle possède aussi la mémoire. Toute plastidule possède la mémoire. Cette qualité manque à toutes les autres molécules* » (p. 40). La force de représentation, de la pensée et de la conscience, de l'exercice et de l'habitude de la nutrition et de la génération, repose « sur la fonction de *la mémoire inconsciente* » (p. 41). « L'hérédité est la mémoire, la variabilité est la capacité intelligente de la plastidule ». « Sa mémoire produit la permanence, sa capacité, la variété des formes organiques » (p. 69). — Voilà certes des articles de foi nettement posés. Il ne reste plus qu'à y croire, car impossible de prouver ou de contredire ! Quelles masses prodigieuses de sentiments et de volonté ne contient donc pas une tête d'épingle, dont Gaudin a calculé qu'il faudrait à un homme 250,000 ans pour compter les atomes ! Quelle quantité plus prodigieuse encore de mémoire inconsciente dans une allumette, dont les millions de plastidules se souviennent inconsciemment de tout ce qui leur est arrivé depuis qu'elles sont devenues plastidules ? — Ou pour parler sérieusement, quelle jonglerie que de vouloir, après avoir escamoté l'âme humaine, nous rendre la création plausible en supposant quelques billions de petites âmes inutiles ! Comme si nous savions mieux, après avoir attribué aux molécules le sentiment et la mémoire, ce que sont ces phénomènes et comment ils s'opèrent. D'ailleurs les confrères en incrédulité de Hæckel se sont chargés de le réfuter. Spiller écrivait avant sa mort :

« L'essai d'expliquer les phénomènes de la vie organique par l'animation absolument improuvée et improuvable des atomes, me paraît manquer complètement son but ». (*La vie*, p. 9.) Et Dubois-Reymond dit ironiquement : « M. Hæckel prend au sérieux et pose en axiome métaphysique la supposition que j'avais faite dans le but d'une *reductio ad absurdum*, que les atomes possèdent la conscience ! Si l'atome sent, à quoi bon les organes des sens ? » (*Les sept énigmes du monde*, p. 78 et 79.)

Le chrétien voit dans ces théories fantastiques une ironie divine du Créateur, qui pousse ceux qui l'ont éliminé de sa création, Lui, l'infiniment Grand, à attribuer à l'atome, cet infiniment petit, des forces inexplicables, et à se prosterner devant cette idole infinitésimale.

Voilà donc les hommes qui se vantent continuellement de ne croire que ce qu'ils voient, ce qu'ils peuvent saisir par les sens et comprendre, qui publient qu'ils n'admettent comme scientifique que ce qui peut se prouver, ce qui est d'accord avec les faits observés, ce qui peut subsister devant le jugement de la raison pure ! — Certes, notre foi chrétienne est plus claire et plus logique, plus compréhensible et mieux établie que cette prétendue science du matérialisme, et il nous semble que nos hypothèses — même en admettant qu'elles en soient — sont plus admissibles par le simple bon sens.

C'est ainsi que le matérialiste s'embrouille dans des contradictions sans fin, même quand il ne veut expliquer que la création matérielle. Le Dr Maximilian Klein, quoique adversaire du christianisme, écrit là-dessus (*Die Natur*, 1894) : « La propagation du matérialisme chez les savants naturalistes est un symptôme de l'absence, malheureusement assez commune, d'un penser logique chez ces gens. Une intelligence accoutumée à penser logiquement est choquée de l'idée complètement obscure de la force, de son accouplement peu clair avec celle de la matière, et surtout de la déduction entièrement confuse de la vie spirituelle des phénomènes matériels. Ainsi quand L. Büchner représente ces phénomènes tantôt comme des mouvements, tantôt comme des effets de mouvements! Et que dire de l'ignorance grossière de ceux qui méconnaissent la différence principale qui existe entre les faits corporels et spirituels, comme Carl Vogt qui dit que le cerveau sécrète la pensée comme les reins l'urine ? — La première objection s'applique surtout à la variété du matérialisme connue sous le nom de monisme, parce que l'idée d'une substance universelle est une idée métaphysique, dépassant l'observation et, partant, complètement irréductible. Cette matière est contradictoire et inconcevable, à cause de ses propriétés absolues, infinies et sans qualité. En un mot, le matérialisme sous toutes ses formes est, à mon avis, une conception absolument dogmatique et métaphysique. »

Si déjà le matérialiste ne peut pas expliquer les phénomènes et les formes de la matière, toute l'insuffisance de sa conception de l'univers est bien plus frappante encore, si nous l'opposons à la vie du monde et de l'univers, aux faits de l'histoire et aux rôles qu'y jouent les idées et les forces spirituelles.

Ainsi il n'essaie pas même d'expliquer l'esprit ; il le nie tout simplement. Car comment se représenter qu'une matière éternelle ait créé un esprit qui la considère, l'étudie et puis s'écrie avec mépris : Je suis plus grand que toi ! Et il en a le droit, car on est supérieur à ce qu'on examine et juge.

Quant à l'amour, la foi, l'espérance, la morale et le sentiment du devoir, la conscience et ses remords, la la crainte de Dieu et l'idée religieuse, tout cela n'est, pour le matérialisme, que des produits sans valeur de la matière, produits du reste assez difficiles à expliquer, parce que tous ils tendent à l'idée d'un Dieu, et parce que par tout leur être et par tous leurs effets ils renient leur père le néant, et leur mère, la matière. Le matérialiste voudrait bien, et un Français l'a fait, nous les représenter comme des produits chimiques que les progrès de l'industrie nous permettront un jour de fabriquer, ou plutôt de détruire à volonté ; car ils sont terriblement gênants, et jusqu'ici il ne sait dire autre chose de toutes les religions de tous les peuples, sinon qu'elles ont été de tout temps inventées par des prêtres rusés, pour maintenir les hommes dans l'imbécillité et dans l'asservissement ; pauvres phrases jugées par le bon sens et par l'histoire. Du pôle nord au pôle sud, l'homme, à quelque race qu'il appartienne, se prosterne devant deux puissances, celle du bien et celle du mal, dont il sent et voit, dans la nature et en lui-même, la force et les effets. D'où vient ce sentiment, commun à tous les peuples, de la puissance et de la colère d'un Père inconnu, et celui de leur exil d'un lieu bienheureux, qu'ils n'ont jamais vu et qu'ils pressentent toujours ? — « Qui oserait prétendre », s'écrie déjà Sénèque, « que les dieux vivent sans s'inquiéter de nous ? N'entendent-ils pas tous les accents suppliants qui montent à eux, ne voient-ils pas toutes les mains qui, dans le monde entier, se tendent en prière vers le ciel ? » — « L'esprit de l'homme », dit Jacob Bœhme,

« s'enquiert toujours de la patrie d'où il est banni et voudrait y retourner pour y trouver le repos. Toujours il demande : où demeurent donc Dieu et ses saints anges? Où est la chère patrie où il n'y a pas de mort? Elle ne doit pas être dans ce monde; nous l'eussions trouvée il y a longtemps! »

Comme il n'explique pas l'origine de la vie, le matérialisme n'explique pas non plus l'existence de la mort. Car cette puissance terrible dont les ailes couvrent et obscurcissent le monde, n'est pas quelque chose de naturel, n'est pas un phénomène facilement explicable par la science ; mais, nous le sentons tous, quelque chose de survenu plus tard, de tombé du dehors, une grande contradiction, une effrayante énigme! L'angoisse de toute la création, quand ce géant à la face voilée sort de terre devant nous et nous barre le chemin, et la crainte de la mort chez tous les animaux le prouvent assez. Si la mort n'est que la dissolution toute naturelle de mon corps dans ses atomes, qu'importe à mes atomes qu'ils aillent former de nouvelles combinaisons, et pourquoi et comment des corps chimiques s'effraient-ils tellement à la pensée d'en former d'autres? Si la mort, selon la phrase connue, n'est que le but que la nature sage et bienfaisante assigne à tout être, elle devrait logiquement être accompagnée du sentiment de calme satisfaction que produit le but atteint.

Mais cette donnée est fausse, et même la mort du vieillard qui s'éteint sans souffrance et que nous appelons naturelle, parce que nous la voyons tous les jours, n'est rien moins que naturelle. — Jamais un enfant ne s'avise de demander : pourquoi tel ou tel vit-il encore? mais toujours il demande : pourquoi est-il mort? Ainsi K.-E. Yung raconte de certains indigènes de l'Australie : « Les Marrinjeri tiennent la mort pour un phénomène surnaturel. Ils croient que la vie de l'homme durerait indéfiniment, si des accidents ou des maladies causées par des arts magiques ne la détruisaient pas. » (*La Nature*, juin 1878.) — Ainsi la Faculté de médecine de Paris discuta, en 1572, la thèse: « La nécessité de la mort est-elle innée à l'homme? » — Et Th. Schwann, inventeur de la théorie cellulaire, avoue honnêtement : « Je ne sais en vérité pas, pourquoi nous mourons ! »

Car l'idée ordinaire que le corps humain est une machine que le temps use, est complètement fausse. Ce corps n'est pas une machine mue par une force extérieure comme l'eau ou la vapeur; il est un organisme qui, comme le gland et l'œuf, possède en lui-même les forces qui le forment. Nous ne savons déjà pas pourquoi l'enfant, devenu grand et gros par la nourriture, cesse un jour de grandir, quoique le corps continue à absorber et à digérer la même quantité de nourriture. Il est, peut-être, plus inexplicable encore que, malgré cela, ce corps finisse par se rapetisser et diminuer vers la fin de la vie. Car il n'y a pas de raison visible pour que sa force vitale diminue ou ne puisse plus produire les mêmes effets. Quand on nous parle d'os et de tendons devenus cassants et raidis, ou d'organes usés par l'âge, cette explication est aussi insuffisante ou plutôt n'en est pas une, parce que les os, les tendons et les organes d'un vieillard ne sont point ceux qu'il possédait dans sa jeunesse. On croyait autrefois que le corps humain se renouvelait tous les sept ans. Nous savons maintenant, comme il est du reste facile de s'en convaincre par l'observation des cheveux, des ongles, de la guérison de blessures même profondes, que ce renouvellement s'opère bien plus rapidement; quelques médecins disent que c'est dans l'espace de trois ans; mais cette rapidité diffère selon les peuples et les individus, et est plus grande chez les organismes forts et travaillant beaucoup. Il est donc positif qu'un vieillard de soixante-dix ans n'a absolument plus le corps qu'il avait à soixante ou à cinquante ans. Comment donc expliquer que la même force vitale ne parvienne plus à former la même quantité de matière et souvent même dans des conditions plus favorables de repos, d'aisance et de meilleure nourriture, ni à produire le même corps que dans la jeunesse? Bien plus, comment se fait-il que cette force refuse enfin d'agir, et que l'homme meure enfin, de vieillesse dit-on, comme si une force, ou la matière, phosphate de chaux ou hydrates de carbone, pouvaient vieillir? Supposons une locomotive dont les différentes parties seraient sans cesse renouvelées au fur et à mesure qu'elles s'usent, personne n'admettra que cette machine devienne toujours plus faible et cesse enfin de marcher, parce que la force de la vapeur vieillirait!

Non seulement la vie, mais la croissance indéfinie d'un organisme est la seule condition vraiment naturelle de son existence. La Bible le dit aussi : Dieu a créé toutes ses créatures pour la vie éternelle. Satan, le meurtrier dès le commencement, a engendré la mort en se séparant du Créateur. Puis, par le péché d'un homme, la mort est venue sur tous les hommes, parce que tous ont péché, et elle dit à l'esprit qui, au dedans de nous, sent qu'il est créé pour la vie et non pas pour la mort : « la mort ne sera plus » (Apoc. XXI). — Et quant à la mort de vieillesse, elle nous dit : « Abraham mourut rassasié de jours. » Oui ! « nous mourons », comme le dit Jacob Bœhme, ce grand théosophe qu'admirait Newton, ce cordonnier de Gœrlitz qui, éclairé par l'esprit de Dieu, en sait un peu plus qu'une théologie moderne, « parce que, quand notre âme, envoyée par Dieu dans ce monde déchu, a sondé le mystère de la création et a trouvé qu'elle n'est qu'un miroir de l'éternel, elle brise ce miroir et demande à retourner dans l'éternel, d'où elle est venue. » Ou, comme le dit un autre auteur allemand (Culmann) : « Quand l'esprit s'est assimilé le don, il passe, poussé par une force invincible, à l'assimilation du donateur. » Ce monde est un don de Dieu et du diable à la fois. Quand l'homme l'a goûté à fond avec ses joies et ses souffrances, ses idées et ses forces, il n'y trouve plus de quoi se nourrir ; il demande une puissance plus haute de cette vie, soit dans le bien, soit dans le mal ; il veut le ciel ou l'enfer, Dieu ou le diable, et il meurt, non pas parce que ses os et ses tendons sont usés, mais parce que son âme, même inconsciemment, se refuse au travail de produire plus longtemps un corps qui ne lui suffit plus. Nous tous, chrétiens ou impies, nous mourons, parce que l'existence terrestre ne répond plus au besoin de notre âme. Nous mourons parce que, inconsciemment quelquefois, nous avons faim et soif, ou d'une sainteté plus haute, ou d'un péché plus diabolique. Nous mourons parce que, après avoir assez connu et goûté les effets, nous voulons connaître et goûter les causes et les principes de notre existence.

Christ mourant sur la croix, et Judas se tuant de désespoir, voilà les deux types de la mort du chrétien et de la mort de l'impie. La mort correcte et normale du chrétien est la mort du martyr qui rend à Dieu, qui la lui a donnée et pour l'amour de lui, la vie que le monde qui hait ce Dieu lui ôte, à l'exemple de ce Dieu lui-même mort martyr. La fin correcte et normale de l'athée est le suicide. Le Dieu qu'il nie lui est caché ; le vertige du néant l'envahit et il se précipite dans ses bras à ce qu'il croit peut-être, mais pour tomber dans les bras de fer de Satan, de cet adversaire implacable de toute vie, qui murmure à l'oreille de tout homme : Tue-toi et tu trouveras enfin le repos. — Aussi le matérialiste conséquent prêche ouvertement, comme Edouard Hartmann, le suicide du monde comme seule délivrance à espérer. « La plus grande faute que votre Dieu ait commise, c'est d'avoir créé le monde », me dit un jour amèrement un athée! — « Cessons de vouloir vivre », voilà le seul remède qu'il sache au mystère écrasant de l'existence. — Et ils ont raison à leur point de vue. L'apôtre Paul ne s'écrie-t-il pas : « Misérable que je suis! Qui me délivrera de ce corps? » et ailleurs : « Si nous n'avions d'espérance que pour cette vie seulement, nous serions les plus misérables de tous les hommes. »

On pourrait nous objecter que, de tous les hommes, fort peu en viennent au martyre ou au suicide. Mais n'est-ce pas là mourir martyr que de renoncer à tout ce par quoi le monde et la chair nous séduisent, pour consumer lentement ses forces et sa vie au service de son Dieu? N'est-ce pas se suicider que d'user sa vie dans la convoitise des yeux, la convoitise de la chair et l'orgueil de la vie, que de la raccourcir par le vice et l'intempérance, et en se livrant aux passions et aux soucis qui nous dévorent? Ah! si nous y regardons de près, tous les hommes meurent par le martyre ou par le suicide, et plus d'un, tant l'homme est une créature composée de feu et de boue, par l'un et l'autre à la fois! — Et même si nous nous en tenons au suicide pur et simple, combien d'existences qui finissent ainsi! On évalue à cinq cent mille le nombre des suicides annuels en Europe, et en tout cas il dépasse dix fois dans notre siècle celui des soldats que les guerres de Napoléon et d'autres ont emportés; et Dieu seul sait combien restent inconnus. Mais peut-on ouvrir un journal aujourd'hui sans y trouver le suicide, non seulement de misérables ou de

criminels, de jeunes filles séduites ou de jeunes gens
ambitieux, de spéculateurs ruinés ou déshonnêtes, mais
encore de pères de famille respectés, de savants honorés,
de beautés à la mode, de millionnaires et de généraux,
des prétendus « heureux de ce monde », terrible preuve
que Dieu seul et la foi en lui sauvent l'homme du désespoir! — Que les adversaires du christianisme nous
montrent, s'ils le peuvent, une liste, fût-elle même dix
fois, non, cent fois plus courte, de piétistes ou de mômiers qui se soient suicidés dans le même espace de
temps! — Et s'ils allèguent pour excuse, ce que nous
ne nions pas absolument, que dans beaucoup de cas
une disposition mélancolique, ou une aliénation mentale
ait grande part à ces suicides, nous constatons ici le fait
intéressant que les chrétiens sont décidément moins
sujets à ces tristes maladies de l'âme.

Le matérialiste n'explique pas la mort du corps; mais
il explique encore moins la mort de l'âme. La mort si
terrible, quoique parfois sans grandes douleurs corpo-
relles, de plus d'un scélérat et d'un blasphémateur qui,
déchirés par les remords, angoissés à la perspective du
châtiment, ont eux-mêmes assuré qu'ils se sentaient déjà
descendre aux enfers et tomber dans les abîmes, est un
fait que la théorie de la matière éternelle n'explique
pas. La mort de Néron et celle de Voltaire, le cruel
Domitien que Pline nous décrit tressaillant de peur dans
son bateau chaque fois que les rames plongeaient dans
l'eau, de sorte qu'il fallut cesser de ramer et remorquer
l'embarcation, où il resta assis « pâle et muet comme
une victime qu'on traîne au supplice », le conquistador
Alvarado qui, après avoir fait dévorer les captifs
indiens par ses dogues, sombre et blessé à mort, répond
à la question de ses camarades : Où as-tu mal? À l'âme !
— Voilà qui prouve assez le néant du matérialisme. Et

la belle et paisible fin de tant de chrétiens prouve encore mieux. Détachés de ce monde, en paix avec les autres et avec eux-mêmes et réconciliés avec Dieu, ils meurent comme un fruit mûr tombe, sans effort, et souvent leur œil resplendit d'une lumière qui n'est plus terrestre, et leur bouche exhale une vérité qui n'est plus de ce monde. Cela aussi doit être produit par une cause réelle et par une force existante.

Le matérialisme, non seulement n'explique pas l'origine de la vie et sa fin, mais il ne peut pas nous renseigner sur les phénomènes les plus fréquents de cette vie. Comment croire, par exemple, que les si minimes différences de quantité et de qualité, de composition chimique et de formation physique, qui existent entre le cerveau de certains hommes, soient seules la cause de leur immense différence au point de vue de la moralité, de l'intelligence, de la force de volonté, du génie? Un Pierre le Grand qui, par sa terrible volonté, a brisé les résistances de milliers de barbares et fait un peuple de ces différentes races, un Napoléon Ier, dont le génie et l'énergie organisaient des armées et des royaumes, et changeaient la carte de l'Europe, sont, sous ces rapports et mesurés à leurs effets, quelques millions de fois plus grands que tel garçon de brasserie ou apprenti boucher, qui peut fort bien avoir autant et même plus de cervelle qu'eux. La différence devrait être de quelques centaines de kilos! Et ce n'est pas l'organisation la plus parfaite des cellules cérébrales chez les premiers qui suffira, même de loin, à justifier leur supériorité.

Ou considérons la chose à un autre point de vue. Supposons que, dans une petite ville de province, meure un vieux garçon, riche, bon vivant et n'ayant jamais fait de mal à personne. Sa mort ne dérange nullement; quelques héritiers sourient et la petite ville vivote et le monde tourne comme avant. — Mais un Alexandre le Grand meurt! Un vaste empire s'effondre ; des milliers d'hommes s'égorgent, et le monde est bouleversé. Si nous en croyons le matérialiste, nous avons dans les deux cas un fait identique : La désagrégation de 1200 grammes de matière cérébrale et de 75 kilos de chair et d'os qui, au lieu de combinaisons organiques, forment désormais des combinaisons inorganiques. Si c'est là toute l'affaire, d'où vient donc et à quoi bon tout ce bruit à la mort d'Alexandre ?

Enfin, si l'existence est le plus grand des maux, comme le prétend plus d'un matérialiste, que celui-ci ait le courage de son opinion et nous prône, comme les vrais bienfaiteurs de l'humanité, ceux qui ont anéanti le plus de vies. Alors Gengiskhan, qui élevait des pyramides de 70,000 têtes; Torquemada, qui se vantait d'avoir fait brûler plus de 8000 hommes; mieux encore le général chinois qui, dans la rébellion des Taipings fit couper, pendant trois mois, mille têtes par jour, ont de meilleurs titres à notre reconnaissance qu'un saint François de Sales ou une sainte Elisabeth, que tant de sœurs de charité et de mères qui, par leurs soins dévoués et souvent en sacrifiant leur propre santé, retiennent dans ce monde pendant des années des centaines de malades, de blessés ou d'enfants estropiés ou idiots.

On le voit, le système du matérialiste, non seulement n'explique rien, mais remplit le monde de nouvelles énigmes et de contradictions insolubles.

On pourrait s'attendre à ce que le matérialiste, qui parle toujours de la nature, de ses forces et de ses lois, qui ne connaît qu'elles, éprouvât et exprimât pour cette déesse unique et absolue une profonde vénération, sentiment qui ne va pas sans un peu de chaude sympathie. Mais on s'étonne, en étudiant ses ouvrages, du peu d'enthousiasme, de la froideur avec lesquelles il parle de son idole, la matière. C'est qu'en effet l'âme humaine est ainsi faite qu'elle ne peut pas aimer ce qui n'aime pas et se passionner pour l'absolu qui ne sent rien et ne sait rien. Le matérialisme nous vante bien quelquefois et avec raison, les majestueuses porportions, le style grandiose, l'agencement parfait de toutes les parties de ce grand édifice qui s'appelle l'univers ; mais, on le sent, il a froid sous les voûtes de ce temple sans Dieu ni autel, dans ce palais, où manque le souverain. Et souvent même il laisse assez voir une sourde irritation contre cette nature sans cœur et sans âme qui l'a créé sans le savoir, qui le fait souffrir sans le vouloir, qui le tuera sans que cela lui fasse ni plaisir, ni chagrin. Comme le vrai chrétien ne peut être qu'optimiste, le matérialiste conséquent ne saurait être que pessimiste. Et le pessimiste ne peut aimer son prochain, ne peut vraiment aimer ni la femme, ni l'enfant, ni la fleur, ces jouets de la matière comme lui inutiles et passagers. Ce serait aller trop loin que de dire qu'il ne peut être ni époux passable, ni bon père à sa façon ; car, on le sait assez, l'homme n'est jamais ni aussi bon, ni aussi mauvais que ses théories. Mais quand un matérialiste bien connu parle de la femme comme de « la femelle humaine », et qu'un autre s'étonne « qu'une jeune mère se pâme de joie, parce que quelques livres de chair commencent à vagir et à bouger », cela ne prouve pour le moins pas un sens bien vif de l'immense beauté de la femme, de la mère et de l'enfant.

J'ai dit que le matérialisme se sentait peu de sympathie pour la nature ; je pourrais aller plus loin et dire qu'elle lui est antipathique. Il est curieux de remarquer comment, après s'être débarrassé du Créateur en le niant, il voudrait peu à peu s'émanciper aussi de sa création, de ses œuvres, rejeter ses dons et remplacer partout le naturel par l'artificiel, et l'organisme par la machine. Ainsi dans un congrès de savants allemands, l'un d'eux a proposé comme but aux efforts de la science la fabrication artificielle de tous les aliments, et en exprimant l'espérance que l'homme arrivera un jour à posséder un sixième doigt ! — but, pour le dire en passant, que même un Esquimo ou un Tongouse trouverait trop mesquin ; car ce n'est pas à quelques doigts de plus ni à quelques tonnes d'aliments chimiques que se bornent les désirs du sauvage ; mais lui aussi voudrait être délivré de la coulpe qui l'oppresse et respirer enfin libre et heureux dans la plénitude d'une vie éternelle.

Il n'y a pas longtemps que le prof. Berthelot a développé ce sujet et représenté à ses auditeurs parisiens, combien un jour l'humanité serait heureuse, lorsque, délivrée des pénibles travaux de l'agriculture, elle n'aurait plus qu'à se promener doucement en grignotant des bonbons de phosphate et d'albumine préparés presque sans frais par l'électricité. Certains traits satiriques permettent, à la vérité, de douter que l'honorable savant ait pris la chose au sérieux, et de croire que peut-être il n'a voulu que se moquer de quelques confrères et d'un public trop crédule. Mais comme il ne manque pas par le monde de savants matérialistes qui tiennent cela pour un idéal, et un idéal réalisable, il vaut la peine de s'y arrêter un peu. Ces gens voudraient donc que l'humanité en vînt à laisser avec dédain, au bon Dieu, les dons qu'il fait croître pour nous nuit et jour, le blé et le riz, l'huile et le vin et les fruits savoureux, et l'herbe aussi que les animaux transforment pour nous et sans notre intervention en chair et en lait. Pour remplacer ces organismes admirables et leurs produits, nous devrions, disent-ils, construire partout de nombreuses fabriques électro-chimiques, nécessitant, c'est clair, d'immenses ateliers d'entretien et de réparation. Dans ces fabriques, des milliers de paysans, devenus ouvriers, travailleraient incessamment à la fabrication des millions de quintaux de nourriture nécessaire et aussi à d'autres millions de boîtes pour les contenir. (Que faire des montagnes de déchets)? — Mais les fabriquer ne serait pas tout; il faudrait, et cela serait peut-être encore plus difficile, les répartir également sur la surface du globe, de manière à ce que 1500 millions d'humains eussent toujours leur petite boîte sous la main. On comprend quel travail et quels frais cela coûterait. Admettons que tout aille bien, et que ces pastilles ou pilules alimentaires, soit dorées soit admirablement colorées à l'aniline, conviennent à tous les estomacs et que, chose difficile, personne ne s'en dégoûte au bout de quelques semaines ou de quelques mois. Voilà donc l'humanité enfin délivrée du travail pour elle le plus sain et le plus fortifiant, celui de cultiver la terre. Elle se promène, toujours à l'exception de quelques milliers ou millions de malheureux ouvriers et mécaniciens, sa boîte en poche....., et ne sait plus que faire. Plus de science culinaire, plus de repas en famille, ni de joyeux festins; chacun prend d'heure en heure sa pilule....., s'ennuie mortellement et s'abrutit à vue d'œil; car rien de plus faux que l'idée que l'homme employerait alors son temps à l'étude des arts et des sciences. Une telle supposition serait en contradiction directe avec les lois les plus simples de sa nature. Son histoire tout entière, celle des peuples et celle des individus, nous enseignent, que seule la dure et inexorable nécessité, la mère de l'invention, pousse l'homme en avant et l'empêche de s'assoupir dans une fatale apathie. « Là où », dit Wallace, « comme à la Nouvelle Guinée, l'homme peut, par un travail de dix journées, se procurer dix-huit cent gâteaux de manioc de 400 grammes, de sorte que sa dépense annuelle se monte à moins de 16 francs, il vit dans la misère non seulement spirituelle, mais matérielle ; car moins la nature exige d'efforts de l'homme, plus il hait le travail ». Et pour empêcher à coup sûr un jeune homme de faire de grandes choses ou de grandes découvertes, il n'y a qu'à lui assurer 20,000 livres de rente et le laisser libre de faire ce qu'il veut. Une humanité oisive serait la chose la plus effrayante et bientôt la plus dégoûtante qu'on puisse se représenter, car ses vices pulluleraient comme les mauvaises herbes là où toute culture cesse.

Sur un tombeau égyptien, on voit des agriculteurs moissonnant, avec cette inscription : « Tant que l'homme cultive la terre, il reste plein de douceur ». O antique sagesse ! ô moderne folie !

Que le matérialiste ne connaisse pas de plus grands buts et de plus hautes aspirations, cela ne contribue pas à nous donner une idée favorable ou imposante de son penser. Car la grandeur de l'homme se mesure à son désir. Demandez-lui ce qu'il souhaite par-dessus tout, ou ce qu'il ferait s'il héritait demain de dix millions. A sa réponse, vous le reconnaîtrez. — Dans le désert du Sinaï, Jéhovah apparut un jour à un vieillard de cent ans et l'assura de sa faveur. Quelle grâce demanda celui-ci ? Il aurait pu — car quant à l'or et à l'argent, il les estimait trop peu — demander un empire, ou la puissance d'anéantir ses ennemis, ou mille ans de vie et de force pour voir passer les générations et les royaumes; — mais il pria : « *Seigneur, que je voie ta face !* »

Le matérialiste comprend si peu la création qu'il se plaint souvent qu'elle ne soit pas utilement organisée, que les choses et les organismes ne soient pas créés dans des buts définis et ne correspondent pas à des buts. Mais l'existence du monde prouve sa finalité; car sans elle, il n'existerait pas une heure. Le moindre changement dans sa construction mettrait tout en péril. Un peu plus d'acide carbonique dans l'air, de l'eau de mer au lieu d'eau douce partout, ou cent degrés de plus ou de moins de température, et nous ne pourrions plus exister. Une lettre ou un chiffre changé à la formule chimique, à l'équation du monde, et toute l'harmonie est détruite. Si cette création n'était pas conçue d'après un plan sage et déterminé, l'air serait irrespirable et les poumons ne seraient pas faits pour l'air; les plantes ne nourriraient pas les animaux, et les animaux n'auraient pas de bouche pour les manger. Nier la finalité de la création, c'est nier que le poisson soit fait pour l'eau et l'oiseau pour l'air; que les yeux soient créés pour la lumière, les oreilles pour le son, les mains pour saisir et les pieds pour marcher. Quant au but et au plan du monde en général, Schopenhauer dit : « A notre époque d'impuissance générale, les panthéistes n'ont pas honte de dire que la vie est but en soi-même. Si notre existence terrestre est le dernier but du monde, c'est le but le plus bête qui ait jamais été proposé, que ce soit nous ou un autre qui l'ayons fait. » Et Flammarion a fort bien dit sur la tombe de son ami Marpon : « Messieurs, si cette tombe est le dernier but de l'existence et le dernier mot de tout ce qui est, alors la création n'a pas de sens, et l'univers infini, avec tous ses soleils et ses lunes, avec tous ses êtres, avec toutes ses lumières et toutes ses espérances, aurait moins de sens que la moindre action du chien et de la fourmi. Cette action aurait un but et la nature entière n'en aurait point? »

Or une finalité suppose une volonté qui se propose un but, et on l'a dit avec raison : Croire que ce monde si raisonnable est l'effet du hasard, c'est croire que les 25 lettres de l'alphabet, secouées à quelques mille exemplaires dans une boîte, s'arrangeraient d'elles-mêmes pour composer l'Iliade et l'Odyssée.

Mais ce que le matérialiste nie plus encore que l'ordre matériel du monde, c'est son ordre moral. Il ose, car il le doit, malgré l'expérience de toute l'humanité, malgré des faits qui se répètent journellement, malgré la voix intérieure dans l'homme, malgré les principes de tous les États, malgré la sagesse de tous les peuples et leurs proverbes, il ose nier que la vertu et le droit soient bons, utiles et profitables et que le vice, le mal et l'injustice soient nuisibles et mauvais. Son système lui défend d'admettre que « bien mal acquis ne profite pas » ; que l'honnêteté enrichit, que l'orgueil mène à la chute, que la faute entraîne la punition, que tout mal soit vengé, en un mot, comme le dit la Bible, que « la justice élève un peuple, mais que le péché est la ruine des hommes ». Il se contredirait trop, il renierait toute sa théorie, s'il avouait ces lois morales, ces traits caractéristiques et cette logique du monde, cette force des choses que Job et ses amis reconnaissaient, que Salomon a fixés dans ses Proverbes, que tous les sages de tous les temps ont étudiés et admirés. Car ce ne sont pas là des lois physiques ou chimiques; ces faits ne se laissent pas ramener à la mécanique des atomes. Et cette impuissance à les expliquer par la matière restera éternellement la faiblesse du matérialisme, même quand il réussirait à nous donner une idée satisfaisante du monde matériel.

Cet aveuglement du matérialiste produit la nuit, les ténèbres qui l'entourent. C'est l'accomplissement de la parole : « Le juste mangera et sera rassasié ; mais l'âme de l'impie aura faim. » Tandis que le chrétien, partout où il va, trouve dans la création de son Dieu à se nourrir de la logique, de la bonté et de la sagesse dont elle est pleine et que, par cette nourriture, il croît et se développe quant à l'homme intérieur, le matérialiste a faim et soif devant cette machine inanimée, qui ne lui dit rien, mais va clapotant sans fin et sans but. A quoi bon faire le bien ? Et si le bien et le mal sont indifférents, à quoi bon vivre ? Aussi le désenchantement et l'amertume le gagnent-ils avec l'âge, et cela d'autant plus qu'il est un esprit plus élevé et auquel bien manger et bien boire suffisent moins ; et plus d'un, s'il était franc, se plaindrait, comme un grand écrivain allemand, d'un dessèchement intérieur.

Avec la même logique intuitive, qui faisait dire à Thémistocle à son adversaire : « Tu te fâches, donc tu as tort », on peut dire au matérialiste : « Ta conception de l'univers te rend malheureux, donc elle est fausse ».

Le matérialisme n'explique ni la science ni l'art. Il n'explique pas la première, car son disciple conséquent et logique doit avouer qu'il est en soi complètement indifférent de savoir ou de ne pas savoir. Le seul but raisonnable de la vie humaine, si courte et qui sort du néant pour s'y replonger bientôt, ne peut être que de

tirer de cette existence la plus grande somme possible
de jouissances et la plus petite somme possible de souffrances. Qu'un homme trouve son plaisir à faire de la
science, c'est son affaire, et nul n'a le droit de le lui
interdire, mais si, moi, je préfère chercher mon bonheur dans la jouissance matérielle, ou dans les affaires,
ou dans l'oisiveté, j'en ai également le droit, et il est
absurde de vouloir m'imposer le respect et la vénération
d'une science dont je me passe et qui passera comme
tout ce qui existe. Le matérialisme n'explique pas la
soif inextinguible de savoir, innée à l'homme et qui se
montre déjà chez l'enfant.

Il n'explique pas non plus l'art. Car celui-ci n'est, en
somme, au point de vue matérialiste, qu'un besoin
irréfléchi des produits de la matière de se parer de cette
matière même, comme les natifs des îles Fidji se parent
de coquilles et de coraux, ou comme l'Indien se peint
et se tatoue, sans qu'on sache d'où provient ce penchant ni où il tend. Mais pourquoi, alors, l'humanité
attache-t-elle tant de prix à l'art ; pourquoi les hommes
qui tiennent tant à leur argent, paient-ils un demi-
million pour un ou deux mètres carrés de toile peinte,
ou des milliers de francs pour entendre quelques
minutes chanter la Lucca ou Adelina Patti ? L'esquisse
d'un grenadier par Meissonnier vaut 3000 francs ; une
bonne photographie bien plus fidèle de ce même grenadier : 1 fr. 50. Pourquoi donc ?

C'est parce que l'art est tout autre chose que ce que le
matérialisme voudrait nous faire croire. Un peintre
n'est pas un homme qui a appris à ébaucher un tableau
avec de l'asphalte, à disposer habilement des lumières
et des ombres et à finir par des empâtements vigoureux.
N'est pas musicien celui qui, après des années de travail, en arrive seulement à exécuter sur le piano ou le

violon les passages les plus difficiles, et ce n'est pas être poète que de savoir exprimer en vers bien rimés des pensées quelconques. L'artiste, qu'il taille le marbre ou modèle l'argile, peigne à l'huile ou à l'eau, bâtisse des temples ou joue du violon, est un homme pour qui la matière, en soi sans valeur, n'est qu'un moyen d'exprimer l'éternelle idée de la beauté qui le hante. Artiste est celui qui contemple et voit, derrière la matière, l'esprit, dans la forme, la signification, dans la couleur, la sensation de l'âme, dans tous les phénomèmes de ce qui est périssable, le symbole de l'impérissable, et qui ne peut faire autrement que de chercher à donner un corps à ce symbole pour le rendre sensible à soi-même et aux autres. Et l'humanité lui en sait gré, et se nourrit de son art, car, elle le sent, elle a besoin de ces idées de beauté pour vivre.

Si nous passons à la forme la plus élevée de l'art, à la poésie, nous voyons que cet art repose sur des bases absolument antimatérialistes et sans lesquelles il ne saurait exister. Depuis Homère et jusqu'à Victor Hugo, ce sont les idées éternelles et divines de l'amour, de la justice et du châtiment, de la vertu et de l'immortalité de l'âme, du grand combat entre le bien et le mal, de la supériorité du bien et de sa victoire définitive, qui ont inspiré le poète, idées sans lesquelles il n'y a plus de drame, mais seulement un théâtre de marionnettes. C'est pourquoi le pauvre Nicolas Lenau s'écrie : « Il y a des principes éternels ! De ce qu'il y a quelque chose de plus fort que nous, et dont nous ne pouvons nous affranchir, de là vient toute la tragédie ! »

L'art est une protestation incessante contre le matérialisme. Aussi celui-ci n'a-t-il jamais produit un Michel-Ange, un Dante ou un Bach, et n'en produira-t-il jamais.

Mais nous n'avons pas encore touché à la véritable faiblesse de ce système ; car cette philosophie, faussement ainsi nommée, ignore ou nie les trois plus grandes forces de l'homme et de l'histoire : L'amour, la foi, l'espérance, ces impondérables qui, bien plus encore que l'attraction et l'électricité, animent et agitent les humains, et sans lesquels leur vie ne serait plus qu'une lutte bestiale et insensée pour l'existence. Le matérialisme élimine l'amour du monde. Il ne sait qu'en faire et le tient tout au plus pour une attraction magnétique entre des matières hétérogènes, une affinité élective peu claire. — Le monde sans amour ! On pourrait tout aussi bien se le représenter sans lumière ! Mais qu'est-ce qui pousse donc des millions et des millions d'hommes à suer du matin au soir derrière la charrue, dans les mines, à l'étau et à la forge, à la seule fin de gagner du pain pour leurs femmes et pour leurs enfants ? — Pourquoi des millions de mères sacrifient-elles leur plaisir, leur temps et leurs forces à nourrir, à soigner, à garder de petites créatures qui ne font rien, qui ne gagnent rien et ne rapportent rien, et même à entourer d'un double amour et d'un soin encore plus grand celles d'entre elles qui, infirmes de corps ou d'âme, ne pourront jamais reconnaître ces soins ? — Comment se fait-il que ces millions d'enfants récompensent cent fois leurs parents de leur peine, même sans parler, par un sourire, par une caresse, et soient, sans rien faire d'utile, des petits soleils d'amour qui réchauffent et illuminent la maison et autour desquels tourne toute la famille ? — Seraient-ce là des effets simplement matériels, chimiques peut-être ? Pourquoi le dévouement des nobles femmes qui se consacrent à secourir les malades, les mourants et les blessés, impose-t-il le respect à tout cœur bien né? — Et que n'ont pas fait l'amour et la charité, et la haine aussi, depuis que le monde existe? Mais, pour tout cela, le matérialiste n'a qu'un sourire dédaigneux; car son dieu, la matière éternelle, ne connaît pas ces sentiments, ce sont là des faiblesses qu'on ne peut raisonnablement attribuer aux atomes de carbone ou d'oxygène! Mais alors il faut, ou ne pas vouloir nous donner une philosophie de l'existence, ou bien reconnaître qu'au-dessus des forces matérielles, il y a des forces spirituelles encore plus puissantes.

La seconde de ces forces est la foi. La croyance à quelqu'un ou à quelque chose, et la non croyance à ce quelqu'un et à ce quelque chose, voilà, comme le reconnaît aussi Gœthe, ce qui ébranle le monde et agite les nations. Un matérialiste bien connu dit plaisamment de cette foi, que « quoiqu'elle transporte les montagnes, elle n'a pas encore trouvé d'application dans la mécanique ». Il me paraît que, pour quiconque ouvre les yeux à l'histoire, la foi a produit des effets mécaniques immenses et transporté bien autre chose que des montagnes. Quelle force était donc celle qui, pendant les Croisades, transporta sur mer, d'Europe en Asie, des centaines de galères et de vaisseaux pesamment chargés, des milliers de chevaliers avec leurs chevaux, et quelques cent mille fantassins avec leurs armes et leurs provisions? N'était-ce pas la foi? Qu'est-ce qui poussait, en 1492, trois lourdes caravelles à travers les flots vierges encore de l'Atlantique, vers un but inconnu? — N'était-ce pas la foi du hardi navigateur qui passait des heures sur le tillac d'avant, à épier si le nouveau monde auquel il avait cru, sortait bientôt des flots? Et la foi de cet homme n'est-elle pas la cause de tous les voyages,

transports et travaux que sa découverte a entraînés ? —
C'est ainsi que la foi à son étoile, à son destin, à sa mission divine ou en sa propre force, a donné à un Alexandre, à un César, à un Attila et à un Napoléon, la force
d'anéantir et de fonder des villes et des empires, de
changer la face de la terre et, pour nous placer au point
de vue du matérialiste, de développer ainsi des forces,
et d'exécuter des transports supérieurs à ceux de toutes
les machines d'aujourd'hui.

Et la foi chrétienne n'a pas accompli de moindres
choses. Qui a fait, après Dieu, la Réformation en Allemagne, avec ses immenses conséquences matérielles et
spirituelles, politiques et historiques ? Qui a brisé la
puissance du pape et lancé les unes contre les autres,
pendant une guerre de trente ans, les armées de l'Allemagne, de l'Autriche et de la Suède ? N'est-ce pas la
foi d'un moine qui s'écria à Worms : « Me voici, je ne
puis autrement. Dieu me soit en aide ! » Si, ce jour-là, la
foi de Luther avait chancelé, l'histoire du monde aurait
eu d'autres destinées.

Cette foi, que l'incrédule ne possède ni ne comprend,
et qu'il se représente comme une imagination sans force
et sans valeur, s'est donc montrée à plusieurs reprises
dans l'histoire, comme un immense facteur, même
mécanique. Ceux-là seuls osent la nier qui ne pensent
pas assez logiquement pour reconnaître que les impondérables spirituels sont les vraies causes de toutes les
actions, même mécaniques, de l'homme. Et c'est ainsi,
nous l'avons vu, que nous parlons avec raison de la
force de volonté, force indépendante à un haut degré
de la quantité de nourriture et d'oxygène que nous
absorbons, et qui a produit des effets immenses. Du
reste, nous l'avons aussi vu déjà, le matérialiste, sans en
faire semblant, recourt à tout moment à la foi et ne

saurait s'en passer. Il croit à des choses incroyables, et exige qu'on y croie. Quand Spiller dit : « L'immatériel ne peut absolument pas réagir sur le matériel »; Moleschott : « La pensée est un mouvement de la matière »; et Broussais : « L'âme est la cervelle en activité et rien d'autre », ce sont là des articles de foi qu'il faut croire sans examen, car personne ne saurait les prouver, et qu'admettent ceux qui y sont poussés par les penchants secrets de leurs cœurs.

Quant à l'espérance, le matérialiste n'en fait, par contre, ni cas ni usage; ce mot ne se trouve pas dans son dictionnaire. Jamais un système, une philosophie ou une théologie, n'a encore réalisé si cruellement la parole du Dante : *Lasciate ogni speranza, voi ch'entrate!* Saint Paul n'écrivait-il pas déjà aux Ephésiens : « Souvenez-vous que vous étiez jadis des athées sans espérance! » Que je sois riche à millions et honoré de tout le monde, que je fasse autorité dans les sciences ou dans les lettres, demain, aujourd'hui peut-être, le malheur peut s'abattre sur moi; le banquier auquel j'ai confié ma fortune fait faillite, ou ma femme meurt d'un anévrisme, ou mon enfant de la diphtérie, ou moi-même je sens je ne sais quoi et mon docteur me dit, en hochant la tête : « Mon cher monsieur, vous avez une phtisie du larynx ou un ramollissement du cerveau, il n'y a plus rien à faire! » — Et le monde et l'avenir s'obscurcissent devant moi; plus que de longues souffrances, et enfin une mort peut-être terrible en perspective! — Il y a quelques années, je rendais visite à un propriétaire de mes amis. J'en vins, je ne sais comment, à parler du paradis. Il sourit et me montrant du doigt, par la fenêtre ouverte, sa belle campagne, il me répondit : Voilà mon paradis! Et en effet, la scène était ravissante. Des jardins, des vignes et des prairies encadrées d'arbres fruitiers, descendaient en pente douce jusqu'au lac bleu, et sur l'autre rive s'élevaient de riantes collines et, par dessus, les sommets neigeux des Alpes resplendissant dans l'air pur ! — Quelques années après je revins. Le lac souriait encore au soleil et les arbres verdoyaient, mais leur possesseur était enfoncé, triste et sombre, dans un fauteuil. Son fils bien-aimé s'était noyé dans le lac sous ses yeux ; sa fille aînée avait fait un mariage malheureux, et lui-même, attaqué d'un mal incurable, dépérissait lentement. Sa fille cadette entra et lui dit : Père, je vais en ville avec la voiture, que veux-tu que je te rapporte ? — Il répondit, les dents serrées : Un pistolet !

Et ce sont ces incrédules qui éteignent au ciel le soleil de l'amour et les étoiles de la foi et de l'espérance, pour ne laisser à l'homme que la nuit du néant, qui prétendent s'appeler les apôtres et les amis de la lumière ! Et c'est nous, qui croyons à un Dieu resplendissant d'amour et de vie, qui nous a promis que, nous aussi, nous luirons éternellement comme le soleil, c'est nous qu'ils appellent ennemis de la lumière et obscurantistes !

Mais ils savent et sentent bien pourquoi ils dédaignent l'amour ; car l'amour révèle le bien et en dérive, comme la haine du mal, qu'elle engendre ; et, de l'amour, on aboutit, par une déduction logique, à un Dieu du bien, et de la haine à un Dieu du mal. Nous n'échappons pas au bien et au mal, et toute notre vie se compose de l'un et de l'autre. C'est ce que n'ignore pas l'empereur de Chine qui, au-dessus de ses ministres, a deux conseillers secrets : le conseiller du bien, chargé de lui rapporter les bonnes et belles actions qui se font dans le royaume et d'en proposer la récompense, et le conseiller du mal, qui doit révéler les fautes et en exiger la punition. — D'où vient donc que le monde est partagé en ces deux grands principes? Car, nous dit le matérialiste, ce monde n'est que le produit des atomes et de leur mouvement. Un atome peut-il être bon ou mauvais, ou ses mouvements moraux ou immoraux? Personne, pas même le prof. Hæckel, n'a encore réussi à découvrir la morale dans les molécules; si elle n'y est pas, comment se trouve-t-elle dans les produits de ces molécules? — Ou arrivons-en d'emblée à la question principale : Comment l'idée d'un Dieu qui récompense le bien et punit le mal s'est-elle glissée dans ce monde? Car enfin qu'on y croie ou qu'on n'y croie pas, elle est là et domine l'histoire; cela est indéniable. Si tout ce qui existe n'est que le produit juste et raisonnable d'une matière travaillant avec une logique mathématique et impitoyable, alors l'idée de Dieu et la foi en lui sont aussi justes et raisonnables, et toute discussion cesse : embrassons-nous, athées et mômiers !

Parce que le matérialiste sent que c'est là son côté faible, il cherche ordinairement, même en représentant les faits historiques et anthropologiques sous un faux jour, à faire passer la morale comme le produit accidentel et toujours variable des mœurs et des circonstances, du climat et même de la nourriture, enfin des milieux, comme dit Darwin. — Et ce n'est pas vrai. — Il y a quatre mille ans déjà, les Chaldéens et les Hindous, les Chinois et les Egyptiens avaient la même morale que nous, ainsi qu'on le voit par leurs lois et leur religion. On pourrait même croire qu'ils en avaient une plus pure, quand on lit dans la loi égyptienne la défense de prononcer des paroles insultantes contre le sourd, de dire du mal de l'esclave à son maître, ou cet article du code : « Celui qui voit commettre un crime sans l'empêcher de toutes ses forces, est coupable de ce crime ». Le Grec disait : « Le malheureux est sacré ». — « L'étranger et le pauvre appartiennent à Jupiter », s'écrie Eumée. Et quelle morale sévère et grandiose ne renferme pas le livre de Job ? — Sur les tombeaux de l'antiquité, les morts sont loués de ce qu'ils ont pratiqué la vertu et la justice, prononcé des paroles de vérité, respecté la propriété d'autrui, fait le bien et haï le mal. Comme il n'y eut jamais de nation athée, il n'y en eut jamais qui ait méprisé la vertu et honoré le vice, fût-elle même d'ailleurs vicieuse. Jamais les peuples les plus sauvages n'ont loué l'ingratitude, jamais les plus immoraux n'ont méprisé la chasteté ou n'ont recommandé la désobéissance aux parents ou aux dieux ; jamais ils n'ont appelé l'amour maternel ridicule ou la fidélité de l'épouse absurde ou le courage de l'homme déshonorant ; jamais ils n'ont cru qu'il fût beau d'être lâche ou hypocrite ou de manquer à sa parole. Socrate déjà demande à Eutyphron : « Comment ! As-tu jamais connu un homme qui ait douté que celui qui en tue un autre ou qui commet quelque autre injustice ne doive être puni ? Certes, ni les dieux, ni les hommes n'oseraient prétendre cela ». — Enfin, jamais la conscience de l'homme ne l'a excusé quand, en vue de son intérêt particulier, il a transgressé les lois de la morale ou de l'ordre public. « Puisse, s'écrie le sage grec, « périr la mémoire de celui qui, le premier, osa faire une distinction entre ce qui est juste et ce qui est utile ! »

Il était réservé à notre « époque éclairée » de fonder sa morale sur le principe chancelant de l'utilité particulière ou publique. Ne tue pas ton prochain, nous dit-on, afin que d'autres ne te tuent pas ! Ne vole pas les autres, afin qu'ils ne te volent pas non plus ! — Quels pauvres et mesquins principes ! et que nous sommes loin de la grande morale divine : « Aimez vos ennemis et bénissez ceux qui vous maudissent ; faites du bien à ceux qui vous haïssent, et priez pour ceux qui vous courent sus et vous persécutent ; afin que vous soyez les enfants de votre Père qui est aux cieux ; car il fait lever son soleil sur les méchants et sur les bons, et il envoie sa pluie sur les justes et sur les injustes ! »

C'est l'égoïsme, disent quelques matérialistes, qui a produit toutes les vertus ! — Allons donc ! — Alors ce doit avoir été un égoïsme primitif, et doué, comme la matière *primitive* et la cellule *primitive,* de tout autres forces que celles que nous lui reconnaissons maintenant. Car on m'accordera que l'égoïsme actuel ne rend pas précisément les hommes plus vertueux ! — Du reste, l'égoïsme est aussi difficile à expliquer, au point de vue du matérialisme, que la vertu. — Et le matérialiste poursuit : En soi, rien n'est ni bon, ni mauvais ; le but justifie les moyens ; et pourquoi ne pas faire un peu de mal, quand il en résulterait un grand bien, ou une grande utilité ? — En cela, il est conséquent ; mais, en pratique, cela pourrait conduire à des actions quelque peu répréhensibles. Ainsi un riche avare est malade ; sa fortune passerait, par sa mort, à sa femme qui est bienfaisante ou voudrait l'être, et à ses enfants qui jouiraient d'une bonne éducation. Pourquoi ne pas lui donner une bonne dose de morphine, et le résoudre sans douleur en ses atomes primitifs ? Ce serait mettre l'avantage de plusieurs au-dessus de la volonté de l'individu, qui serait, d'ailleurs, ainsi délivré de ses souffrances.

Et la conscience, et sa voix inexorable, et ses remords, comment l'expliquez-vous, matérialistes? — Supposons que, jeune encore et abîmé dans la misère et le désespoir, j'aie rencontré dans les montagnes un touriste déjà âgé. Nous faisons route ensemble; il me dit que,

seul au monde et désenchanté de la vie, il n'avait pas
le courage de se mettre une balle dans la tête; puis imprudemment, me laisse voir son portefeuille, bondé
de billets de banque. Quelques pas plus loin, il se
penche sur l'abîme, je lui arrache le portfeuille et le
pousse dans le gouffre, où le torrent mugissant le broie
et le fait disparaître à jamais. Je me relève, personne
ne nous avait vus! Depuis, nulles recherches! Moi, avec
cet argent, je me suis créé une existence facile, je suis
maintenant honnête père de famille et bourgeois respecté
dans ma petite ville. Comment se fait-il que, depuis ce
jour, je ne dorme plus tranquillement? Que dis-je,
dormir? Je donnerais le monde entier pour le revoir là,
vivant! Et pourquoi? Car, me dit-on, la lutte du fort
contre le faible est une loi fondamentale de la nature,
celle d'après laquelle progresse la création! Or, qu'ai-je
fait d'autre que de sauver une vie pleine de force et de
sève en abrégeant quelque peu une autre vie déjà à demi
desséchée. Alors pourquoi est-ce que je souffre pour
m'être conformé à cette loi?

Ce qui est utile à l'espèce ou à l'individu, dit le matérialiste, est bon; ce qui ne l'est pas, est mauvais. —
Mais qui prononcera sur cette utilité? Évidemment,
celui que la chose concerne. On voit d'ici à quelles
belles conséquences ce principe conduit; car ce qui est
utile à mon prochain, m'est souvent nuisible, à moi.
D'ailleurs, nous voyons tous les jours, combien peu le
principe de l'utilité peut remplacer, dans le monde, la
morale. Nous voyons des milliers d'hommes se ruiner,
corps et âme, eux et leurs familles, par la boisson, le
jeu, le vice, quoiqu'ils sachent fort bien que cela leur
est nuisible. De même, leur propre intérêt n'empêchait
pas les Romains et les Carthaginois, ni les planteurs
américains de traiter leurs esclaves avec la plus grande

cruauté, quand l'envie leur en prenait. Et qu'importait à un Néron ou à un Iwan le Terrible, à Attila ou à Tamerlan, l'utilité publique, eux, pour qui, faire souffrir, était une volupté ?

Il faut avouer que le principe chrétien du bien et du mal qui seront récompensés et punis dans une autre vie, a eu, depuis que le monde existe, une bien meilleure et bien plus grande influence que l'utilitarisme du matérialiste. Du reste, celui-ci, en s'indignant du reproche d'immoralité qu'on fait à son système, prouve lui-même combien il lui est difficile de s'affranchir de l'impératif catégorique de la morale et du grand commandement : « Fais le bien et évite le mal. » Au lieu de tenter de vains efforts pour lui attribuer une moralité que ce système ne peut comporter, il devrait, s'il était conséquent, répondre avec calme : Il n'existe ni moralité, ni immoralité; mais seulement une utilité. — Du reste, nous lui accordons que l'utile est bon et l'inutile mauvais, s'il veut bien nous accorder que l'utile, c'est la crainte de Dieu, et le nuisible, le péché. Nous pourrions même lui accorder qu'il a raison, quand il dit que la vraie philanthropie est la vraie morale. Car la Bible le dit aussi et le dit mieux : « Tu aimeras ton prochain comme toi-même »; seulement nous mettons au-dessus de ce précepte, le précepte encore plus élevé : « Tu aimeras le Seigneur, ton Dieu, de tout ton cœur, de toute ton âme et de toute pensée ! »

Quand il parle de morale, le matérialiste aime à déclamer contre le Dieu des chrétiens et de la Bible, ce Jéhova impitoyable qui répand tant de maux sur son humanité et la frappe par des guerres, des pestes, des famines; « ce Moloch », a dit un journal parisien, lors de l'incendie du bazar, « qui consume des femmes innocentes ! » Puis avec une naïve inconséquence, il nous prêche l'instant d'après que ce Dieu n'existe pas, et que c'est son Dieu à lui, la Nature, la matière éternelle, qui produit tout ce qui existe. Alors son Dieu ne vaut pas mieux que le nôtre, et j'ai au moins autant le droit de me plaindre de cette vieille idiote qui, sans savoir ce qu'elle fait, détruit chaque jour des milliers d'humains par des tremblements de terre, des inondations et des incendies. S'il faut souffrir, j'aime encore mieux recevoir des coups d'un Dieu personnel et qui sait ce qu'il fait et pourquoi, que de cette nature aveugle qui frappe au hasard comme un sourd. Mais il y a entre les deux cette immense différence, dont le matérialiste se garde bien de parler, que, tandis que son Dieu à lui a, de toute éternité et sans but quelconque, répandu des maux sans nombre sur sa création, et continuera à le faire jusqu'au jour où, pour le plus grand bien de tous, il s'endormira d'un sommeil glacé et définitif dans le néant, mon Dieu à moi ne frappe ses créatures que pour une seconde de l'éternité, pour leur bien qu'il comprend mieux qu'elles, et que ce Dieu, qui connaît tous les désirs du cœur humain qu'il a créé, nous promet qu'un jour « la mort ne sera plus, et qu'il n'y aura plus ni deuil, ni cris, ni douleur, car les premières choses seront passées ! — Voici, je fais toutes choses nouvelles. »

De toutes les inconséquences du matérialiste, l'une des plus grandes est son antipathie, disons plutôt sa haine contre tout ce qui est religion. Il ne peut déverser assez de mépris et de moqueries sur ceux qui croient qu'un Dieu qui est justice et amour, s'est révélé à nous et a porté lui-même nos péchés pour nous assurer une éternité bienheureuse. « Les gens », dit Spiller, « qui croient

aux miracles, sont les plus stupides de tous les humains. »
(On le voit bien à Moïse et Élie, Calvin, Luther, Newton, Leibnitz et quelques autres!) — « Toutes les prières
sous le soleil », dit l'auteur inconnu de la *Confession de
foi d'un matérialiste moderne,* qui a paru en Allemagne,
« n'ont jamais remédié à un iota de misère ou de vice. »
Et cela, il l'affirme sans aucune preuve, et quoique, de
tous temps des milliers d'hommes sérieux déclarent
avoir fait l'expérience contraire, et qu'il soit prouvé
que l'Armée du Salut, quelque opinion qu'on ait du
reste sur son compte, a sauvé, par la prière, des centaines d'hommes du vice et de la misère. Et l'auteur bien
connu de *Kraft u. Stoff,* Büchner, écrit avec la même
assurance : « Il n'y a aucun esprit d'aucune sorte! —
Jamais un mort n'est ressuscité. » Voilà ce qu'ils appe-
lent « l'étude impartiale des faits et la science sans préjugés » !

Ici aussi la haine provient du sentiment de l'impuissance. Car, en effet, comment le matérialiste pourrait-il,
avec toutes les lois de la nature, réfuter la loi de Christ,
ou vaincre, avec toutes les forces de la nature, « les
forces du monde à venir », ou prouver, avec tout son
esprit, qu'il n'y a pas de Saint-Esprit ? Il le sent, le
chrétien se meut sur un terrain où il se rit de ses atta-
ques, vit dans un monde et croit en un ciel, auquel ses
projectiles les plus puissants n'atteignent pas. De là sa
colère !

Mais il se contredit lui-même de la manière la plus
flagrante par cette opposition à toute religion. Car il
pose en principe, avec Spiller, que tout ce qui existe,
est le produit d'une matière éternelle, inconsciente et
travaillant d'après des lois immuables et absolument
justes et logiques, et il répète avec Hegel que tout ce
qui est, a sa raison d'être. Alors toutes les religions —

et le christianisme aussi — sont un produit de ces lois ;
elles aussi ont leur raison d'être. Et au lieu de les haïr,
le matérialiste devrait étudier avec intérêt et bienveil-
lance ces produits si intéressants de sa matière éternelle, vu l'immense rôle qu'ils jouent dans l'histoire de
l'humanité. Si, comme le croit Tyndall, les germes de
toutes les idées, et par conséquent aussi ceux des idées
religieuses, étaient contenus dans la nébuleuse primitive, est-ce notre faute à nous autres chrétiens, si ces
germes se sont développés avec autant et plus de
vigueur, et ont produit autant et plus de fruits que ceux
des idées matérialistes ? Est-ce notre faute, si les idées
de l'immortalité de l'âme, du jugement dernier, d'un
monde d'esprits invisibles, d'un Dieu du bien et d'un
Dieu du mal, de miracles et de prophéties, se retrouvent
de tous temps et chez tous les peuples du monde,
d'un pôle à l'autre, et jusque chez les Lapons et les
Samoyèdes ?

Hallucinations et superstitions ! s'écrie le matérialiste.
Et ici aussi, il se contredit ; car dans l'univers de la
matière éternelle, ces mots sont vides de sens, et il
n'existe que des lois et des conséquences, des forces et
des effets. Mais admettons que toute idée religieuse ne
soit qu'une hallucination au sens ordinaire, et du reste
assez peu clair, de ce mot. Même alors le matérialiste sans
préjugés et impartial, qui prêche que toute vie et toute
pensée cessera une fois sans laisser de trace dans l'entropie de l'univers, devrait les considérer avec une
indifférence calme et superbe ; car qu'importe alors tout
ce que les hommes croient ? Hartmann est plus logique :
« Aucune croyance », dit-il, « n'a de valeur, et ma
propre croyance qu'elles n'en ont pas, est vaine elle-
même ! » — A la bonne heure ! Voilà qui est conséquent. Mais s'il est prouvé, — et nul, je crois, n'osera

le nier, — que ces hallucinations ont consolé des milliers de gens dans les plus grands chagrins de la vie, et même dans la mort la plus terrible, il en résulte, avec une logique inexorable, que ces phénomènes, en soi parfaitement indifférents et sans valeur, en ont une relative pour l'individu, et que nous devons les considérer comme un des calmants les plus précieux. Alors la religion est pour le moins un opium, dont l'action bienfaisante est constatée. Alors le matérialiste devrait, par humanité, non seulement la recommander à tous ceux qui souffrent, mais en faire l'essai lui-même, avant de saisir le revolver ou la fiole de morphine, comme il le fait souvent. Si la croyance à une éternité bienheureuse est plus consolante et fortifiante pour la vie que celle du néant et de l'entropie de l'univers, et que nous tous, matérialistes et chrétiens, mourrions tous demain, alors tâchons au moins de croire à l'illusion qui console, puisque, c'est le matérialiste qui le dit, tout n'est qu'illusion. Que chacun de nous cherche là l'oubli de ses maux, car qu'importera à nos atomes, après notre mort, que nous ayons été athées ou chrétiens ; voilà la seule philosophie conséquente avec le matérialisme. « Mangeons et buvons ce qui nous semble bon, car demain nous mourrons ! »

Si ce point de vue et la croyance au néant final ne nous suffisent pas, si notre âme nous crie que nous sommes dans le monde pour quelque chose de mieux que de manger, de boire et de nous oublier nous-mêmes, demandons à l'histoire tout entière et à l'expérience de tous les jours, quels sont les fruits de ces deux principes, du matérialisme et du christianisme. Cela nous renseignera sur leur valeur intrinsèque ; ou pour le dire plus nettement : recherchons ce qu'ont produit, d'un côté, la foi en un Dieu personnel, et de l'autre, la croyance que Dieu n'existe pas. Il ne faut pas aller bien loin pour constater l'immense « actif » de la première et le « passif » déplorable de la seconde. Où y a-t-il, dans l'histoire, quelque chose de grand, de beau, de vrai, qui ne repose pas, en dernière analyse, sur la foi en Dieu, à l'immortalité, à la rémunération, enfin à des principes impérissables, et à un monde éternel ? Ce fait immense devrait suffire à démontrer à ceux qui n'ont, ni assez de loisir, ni assez d'intelligence pour étudier la valeur philosophique des deux croyances, la vérité de la première et la fausseté de la seconde.

Quand les peuples sont-ils devenus grands et heureux, puissants et respectés ? Quand ils ont placé, au-dessus des biens matériels, de la jouissance et même de leur propre intérêt, l'intérêt supérieur de la justice et de la vertu, de la crainte de Dieu et de l'immortalité de l'âme. — Quand ont-ils perdu leur place, et leur fier courage, et leur noble vertu, et leur force morale ? Quand ont-ils été assujettis ou exterminés par des peuples barbares qui ne les valaient pas ? — Dès qu'ils sont devenus matérialistes ! — Ce sont là des faits indéniables, éclatants, écrasants, que toutes les phrases des matérialistes ne pourront jamais réfuter. — Quels empires l'athéisme a-t-il fondés ? Quels arts, quelles sciences, quelles idées a-t-il donnés à l'humanité ? Où sont ses grands hommes, ses patriarches, ses prophètes, ses apôtres, ses législateurs et ses héros ? A-t-il produit un seul homme qui, comme un Confucius, un Bouddha, un Mahomet, ait imposé sa foi pendant des siècles à des millions d'hommes ? Nous a-t-il donné un législateur comme Solon et Lycurgue, — pour ne pas citer Moïse, sous la loi de fer duquel un peuple se courbe depuis trente-cinq siècles ? Ou des poètes comme Homère, Virgile, Dante, Shakespeare, Corneille,

Racine, Gœthe? Peut-il nous montrer un artiste comme Michel-Ange, sculpteur, peintre et architecte, dont quelques sonnets sont d'ardentes prières ; comme Léonard de Vinci, le peintre de la Cène, ou un chantre comme le majestueux Bach, ou comme Hændel et Haydn ? — Que veut donc dire le matérialiste, quand il déclame que la religion abrutit l'homme ?

Non, l'incrédulité a bien détruit et tué, mais jamais elle n'a créé, édifié et nourri. Et elle passe, et la foi demeure. Car la conception matérialiste de l'univers est en contradiction avec tout cet univers, avec les faits autour de nous, et avec notre âme au dedans de nous. L'homme voit ce monde entier, avec ses forces, et ses formes, et ses phénomènes, et ses existences, se presser et se hâter comme un grand fleuve irrésistible qui cherche l'océan. Tout court vers un but inconnu et pressant, à quelque chose d'éternel qui le satisfera pleinement, et où il se reposera enfin. Et au milieu de ce monde, l'homme se voit lui-même poussé sans trêve ni repos par des puissances inconnues vers la lumière et la vérité, la force et la liberté, la vie enfin ; et, il le sent dans son cœur, où sont les sources de la vie, ces immenses aspirations, qui ne le laissent pas un moment immobile, ne sont pas vaines et inutiles. Le néant ne les a pas engendrées, et elles ne rentreront pas dans le néant.

Et quand il étudie la grande histoire de cette humanité, de tout ce qu'elle a fait, pensé, dit, écrit et souffert sur cette pauvre terre, il reconnaît que cette humanité a toujours tiré sa joie, sa force, sa vie des éternelles idées du beau, du vrai et du bien, et que toujours ces idées l'ont amenée à croire en un Dieu qui est le beau, le vrai et le bien, et que c'est dans cette croyance seule qu'elle a trouvé le repos de son âme. Cette histoire nous montre que tous ceux qui ont fait de grandes choses dans le monde, que ceux qui ont fondé le capital dont l'humanité se nourrit depuis 4000 ans, ont tous cru à un Dieu, même lorsqu'ils étaient loin d'être chrétiens. — Et ces hommes, et ces grandes individualités de la Bible, qui ont gravé leur nom pour l'éternité dans l'histoire du monde, les patriarches, les prophètes et les apôtres, un Abraham et un Moïse, un Élie et un saint Paul, et Jésus-Christ lui-même, n'auraient été que des enthousiastes aveuglés, de pauvres fous hallucinés ! Car, dit le matérialiste : Il n'y a point de Dieu ! Alors à quoi bon la religion et la morale, l'ordre et la justice, l'art et la science, et la poésie, et aussi les lumières et le progrès ? L'univers est un cercle sans centre, une question sans réponse, une chose sans but et sans valeur. Mangeons et buvons, car demain nous mourrons !

Mais, me répondrez-vous peut-être, une maladie incurable me mine ; un cancer à l'estomac m'empêche de boire et de manger ! Et d'ailleurs, j'ai passé par tant de douleurs et d'épreuves, que j'ai perdu la faculté de jouir, et ne vois plus, au bout de ma vie, que la tombe qui m'effraie. — Alors, mon pauvre ami, je ne sais plus que te dire ; tu l'as entendu, ces savants prouvent qu'il n'y a pas de Dieu, et que la matière éternelle qui t'a créé, ne sait pas même que tu existes. Comment pourrait-elle compatir à tes douleurs ou les soulager ? Désespère et meurs ! Car le sombre évangile de ces apôtres des lumières le déclare : Malheur aux déshérités d'ici-bas, car il n'y a point d'autre vie ! — Malheur à ceux qui souffrent l'injustice, car il ne leur sera jamais fait droit ! — Malheur à tous ceux qui pleurent, car ils ne seront jamais consolés ! — Notre Père est le néant, et néant nous sommes et serons, avec nos joies et nos douleurs.

Comme, au contraire, de l'idée d'un Dieu et de la foi
en lui rayonne la lumière sur toute la création, sur toute
notre vie ! — Au commencement, Dieu créa les cieux
et la terre. — Autant nous étions perplexes et déçus à
la triste nouvelle que c'était l'inconscient qui a produit
la conscience, que c'était la matière qui avait créé
l'esprit, et la mort qui avait engendré la vie, autant
nous sommes réjouis et fortifiés quand éclate comme
une vérité aux yeux de notre esprit, cette grande
parole, que tout ce qui est passager découle d'un ordre
éternel, que le périssable n'est qu'une forme transitoire
de l'impérissable, que la vie terrestre n'est qu'une
gouttelette d'un océan sans fond et sans bords de toute
vie, que le faible rayon qui nous éclaire, nous arrive de
bien loin d'un soleil éblouissant de toute lumière, et
que ce peu de joie et de bonheur dont notre cœur se
repaît avidement, n'est qu'une miette d'un festin de
félicité éternelle. A cette ouïe, notre âme s'épanouit
au-dedans de nous, et nous commençons à nous comprendre. Car, nous le sentons, la lumière l'emporte sur
les ténèbres, le oui sur le non, l'amour sur la haine, et
la vie sur la mort. Cette bonne nouvelle est en harmonie
avec l'aspect du ciel étoilé et de la prairie couverte de
fleurs, avec la force du lion et le chant joyeux de
l'alouette, avec le torrent rapide et écumant et l'arbre
verdoyant, avec tout ce que nous appelons vie sur la
terre ! En l'entendant, nous comprenons d'où vient,
en toute créature et en nous, le désir irrépressible de ce
qui est grand et infini, de ce qui est haut et de ce qui
est profond, de la joie de la vie et de la lumière, de la
force et de l'action. Tout être soupire après son origine.
Et ce désir insatiable et inassouvi de lumière et de vie
abondantes, que nous trouvons tous en nous, nous
prouve que nous descendons d'un Dieu vivant dans une

lumière éternelle, et non pas d'une nature morte et d'un obscur néant, car alors nous aspirerions à la mort et au néant.

Mais ce Dieu, pour celui qui croit en lui, ne reste pas bien haut au-dessus de lui dans sa lumière inaccessible. Non, il daigne descendre vers lui, que dis-je, entrer et demeurer en lui, et l'éclairer de sa lumière céleste. Celui qui a vu, mieux encore, qui a éprouvé lui-même comment un chrétien, malgré la pauvreté et la maladie, isolé peut-être et souffrant nuit et jour, et dépourvu de tout ce qui console l'enfant du monde, peut se réjouir et exulter, et son âme déborder de paix et de joie, en s'écriant avec une foi inébranlable : « Après cette vie, mes yeux verront mon Dieu ! Je le verrai moi-même, et non pas un autre, » — celui-là ne se laisse plus émouvoir par tous les sophismes et les déclamations de l'incrédule. Il a goûté les forces du siècle à venir ; il sait que devant elles s'évanouissent, comme de la fumée, la pauvreté et le mépris, la souffrance et tout ce qui oppresse les hommes ; et quand on lui explique que ce ne sont là que des illusions, il se contente de sourire.

Prenons donc congé du matérialisme. Nous le faisons avec plus de déception et de tristesse que d'indignation. Nous nous souvenons du temps où nous ouvrions, avec une attente pleine d'intérêt, les œuvres de ses prophètes, croyant y trouver un temple, — de Baal, c'est vrai, mais enfin un temple. Nous pensions entrer dans une nef majestueuse, où de solides principes réunis en faisceaux portent des voûtes hardies, où, par de grandes baies multicolores, entrent à flots les lumières de la science et du progrès, et nous nous représentions, au centre, l'autel de la science humaine, entouré de prêtres vénérables, chantant un hymne polyphone en l'honneur de leur divinité. — Mais combien nous nous trompions ! — Partout des affirmations sans preuves, des négations sans fondement, des moqueries au lieu d'arguments ! Au lieu de systèmes, des hypothèses improuvables : l'éther inconscient et omniscient, l'éternité de la matière et l'évolution à peine commencée, la suprême dignité de la science, et sa fin dans le néant cosmique, la négation de l'âme dans l'homme, et son affirmation dans l'atome et la plastidule douée de mémoire ! Et, au fronton de cet édifice sans plan général et sans harmonie, nous lûmes la devise de deux grands matérialistes, dont l'une dit : « Aucune opinion n'a de valeur », et l'autre s'écrie : « *Ignoramus et ignorabimus !* Nous ne savons rien et nous ne saurons jamais rien ! »

A cet aspect, on reste stupéfait en pensant que des milliers d'hommes intelligents et instruits, ou qui croyent l'être, peuvent admettre et prôner comme système scientifique de l'univers, une théorie qui, tout en parlant continuellement de matière et de force, comme des seules choses existantes, admet en même temps qu'elle ne sait ce que c'est que la matière et ce que c'est que la force, et penche à les tenir pour des abstractions du cerveau, qui lui-même ne serait que force et matière ; une philosophie pour laquelle le vrai, le beau et le bien n'existent pas ; une sagesse qui n'explique ni l'esprit, ni la matière, ni la vie, ni la mort, ni la conscience, ni la religion, ni Dieu, ni la création ! Et on se dit avec tristesse : Il faut que l'homme, cet enfant prodigue, soit tombé bien bas, pour qu'il puisse se nourrir avec avidité de gousses semblables.

Pour nous consoler, d'aucuns nous disent que le

matérialisme est aujourd'hui, dans la science et dans la littérature, un point de vue dépassé, et on nous parle de la « renaissance de l'idéalisme ». Mais le matérialisme durera autant que le monde. L'homme, créé à l'image de Dieu, étant une trinité composée d'un corps, d'une âme et d'un esprit, tout ce qu'il fait, dit et pense, sa religion et son art, sa science et sa philosophie se meuvent et opèrent dans les trois domaines du corps, de l'âme et de l'esprit ; et de même aussi, il y a trois espèces d'incrédulité ; l'incrédulité grossière du matérialiste ; celle, plus raffinée et plus intelligente, d'une philosophie athée, comme celles de Spinoza et de Hegel ; puis enfin celle de l'esprit impie qui voit la vérité et la nie, celle des pharisiens disant au Christ : « Tu chasses les démons par Béelzebuth », celle d'une triste et malheureuse théologie moderne, qui prend à tâche de traîner les choses saintes dans la boue, et de prouver que la Parole de Dieu est le mensonge de faussaires et d'imbéciles. Par une autre loi naturelle, le second degré d'incrédulité compte et comptera toujours moins d'adhérents que le premier, et le troisième que le second. D'ailleurs, il importe assez peu que la science reconnaisse enfin, qu'avec Moleschott, Vogt, Hæckel, Büchner, elle a fait fausse route, et que ce matérialisme si pompeusement annoncé n'explique rien. Tant qu'elle ne le remplacera que par le panthéisme ou le théisme, le néokantisme ou le néofidéisme, tant qu'elle ne fondera pas son idéalisme sur l'axiome d'un Dieu unique, personnel et vivant, centre et soleil du monde, source de toute vie et de toute lumière, elle restera plus ou moins athée, et ses plus belles théories seront sans valeur devant ce Dieu, auquel elle s'obstine à ne pas croire et qui, seul, a le pouvoir et la volonté de nous sauver.

Nous venons de le dire, l'incrédulité instruite et intelligente n'est et ne sera jamais que le partage d'un petit nombre, et toujours, quels que soient les courants qui agitent les couches supérieures de la société, la multitude incrédule est et restera grossièrement matérialiste, peut-être pas matérialiste convaincue et réfléchie, mais matérialiste indifférente et dédaigneuse de tout ce qui dépasse les soucis et les jouissances du corps. Il ne faut qu'ouvrir les yeux pour le voir. Qu'entend-on au théâtre et au club, dans les salons et dans les cafés, dans la rue et dans le tramway? A quoi en revient-on toujours après la politique et les beaux-arts, les nouveaux scandales ou les nouvelles de la guerre? Gagner, gagner, gagner encore, et puis jouir, jouir, jouir! Mangeons et buvons, car demain nous mourrons! — Et quand on leur parle de la vérité, ces gens répondent comme Pilate : Qu'est-ce que la vérité? et se détournent sans attendre de réponse.

Et pourtant et malgré tout, jamais l'humanité n'a été matérialiste et le matérialisme n'a jamais été et ne sera jamais la religion universelle. Des milliers de gens entassés dans nos grandes villes, trop pressés les uns contre les autres pour avoir la place de respirer, trop surexcités par la lutte pour la vie et le tourbillon qui les saisit et les entraîne, pour pouvoir encore penser avec calme, sont possédés de la fièvre du gain et de la jouissance et infectés de l'impiété des déchus et des aigris.

Mais ce n'est pas là la grande humanité. Huit cent cinquante millions d'Asiatiques, plus de la moitié des habitants de cette planète, cent millions de Nègres et d'Arabes en Afrique et quarante millions de moujiks russes, ne sont pas matérialistes. L'homme qui vit au sein de la nature et celui qui cultive la terre, les peuples nomades, chasseurs et pêcheurs, et les marins ; les

Patagons et les Lapons, les Cafres et les Esquimos ne
sont pas matérialistes. Eux tous croient à Dieu et au
diable, à une autre vie, à la prière et à l'offrande, aux
bons et aux mauvais esprits ; eux tous, si déchus et si
immoraux qu'ils soient, voudraient faire le bien et fuir
le mal, espèrent une récompense et craignent un châtiment futur. Ils sentent, dans la création qui les entoure,
l'haleine du Créateur, et ils y retrouvent la trace de ses
pas. Et, comme l'enfant n'est pas encore matérialiste,
le viellard ne l'est déjà plus, et avant la mort, Cicéron
déjà l'a remarqué, l'incrédule croit, ou doute au moins de
son incrédulité. Aussi, plus d'un habitant de nos cités
qui, dans ces ruches humaines, perd son individualité
et jusqu'au courage de croire, retrouverait et a retrouvé
son Dieu dans la forêt, au désert ou sur mer.

C'est ainsi que le matérialisme n'a jamais été et ne
sera jamais la foi normale de l'homme normal et la
religion de l'humanité. Car le matérialisme, c'est la
négation de tout ce qui aide l'homme à supporter la vie
et la mort, sans lui offrir en retour autre chose que du
brouillard et de la fumée. Aussi le voyons-nous toujours, dans l'histoire, reparaître à la surface comme
sécrétion d'une époque ou d'une civilisation malade et
gâtée.

Mais Dieu prend soin que ces maladies passent aussi.
Lorsque les Romains, engraissés des dépouilles du
monde, en arrivèrent à acclamer l'acteur qui, dans
l'amphithéâtre, s'écriait : « Après la mort, rien ! La
mort elle-même, rien ! » les barbares n'étaient plus
bien loin, ni le fier Genséric qui, à la demande de son
pilote : « Maître, où veux-tu que je te mène », répondit : Vers les peuples contre qui Dieu est irrité. Et
quand, sous Louis XV, la France achevait d'oublier son
Dieu, Danton, Robespierre et Marat naissaient déjà

pour la punir. La Révolution déposa l'Etre suprême, c'est vrai ; mais les Français reconnurent bientôt que le monde ne tournait pas sans lui, et Châteaubriand écrivit le *Génie du Christianisme*, et Lamartine, ses *Harmonies*. « La meule de Dieu, dit un proverbe allemand, tourne lentement, mais elle va toujours. »

D'ailleurs, le matérialisme a un grand défaut, défaut inhérent à la négation : il n'enthousiasme pas. On ne voue pas sa vie à la matière éternelle, et on ne meurt pas avec joie pour les dogmes de la force immuable ou de l'entropie de l'univers. Tout cela vous laisse froid. Aussi voit-on, chez l'athée et l'anarchiste auxquels le matérialisme pur et simple paraît trop fade et décoloré, germer déjà la haine furieuse contre Dieu qui sera, nous dit la Bible, le cachet des derniers temps ; et après l'insensé qui dit dans son cœur : « Il n'y a point de Dieu », viendront ceux dont Satan dit : « Touche-les seulement, tu verras s'ils ne te maudissent pas en face ». (Job I, 11). Et leur haine prouvera qu'il y a un Dieu. Car où il n'y a rien, on ne hait pas.

« Les rois de la terre se lèvent, et les princes consultent ensemble contre l'Eternel et contre son Oint : Rompons leurs liens, et jetons loin de nous leurs cordes ! Celui qui habite dans les cieux se rira d'eux, le Seigneur s'en moquera ». (Ps. II, 2-4).

C'est ainsi que sur les questions fondamentales de l'existence, l'incrédulité ne sait rien et n'explique rien. Elle nie et ne crée pas, elle se moque et ne console pas ; elle critique et n'enseigne pas, elle ôte tout à l'homme et ne lui donne rien.

D'ailleurs tous ses raisonnements ne m'expliquent

pas pourquoi l'homme, avec toute sa raison, est complètement malheureux et entièrement ignorant, pourquoi il craint la vie et la mort, aspire à l'infini et se vautre dans la fange, admire le bien et fait le mal, et est tourmenté sans repos par les énigmes de l'existence, sauf quand il s'étourdit quelques instants par le bruit, le mouvement, la nouveauté, la bonne chère et la luxure, pour être ensuite plus malheureux qu'avant, tomber désespéré et disparaître enfin dans le gouffre dont la crainte continuelle a empoisonné sa vie, et auquel toutes ses moqueries et tout son esprit sont impuissants à ôter rien de son horreur.

Si même nous nous mettons à son point de vue, et si nous admettons que la vérité absolue n'existe pas, que toute sagesse n'est que subjective et notre savoir qu'appréciation personnelle, il faudrait encore avouer que celui dont la pensée conçoit son immortalité individuelle, y puisera des motifs bien autrement puissants pour toute sa vie et toute son activité, que celui qui borne son existence à quelques jours sur cette petite planète ; et que celui qui croit à un Dieu Tout-Puissant, personnel et vivant, cause de toutes les causes, doit devenir, et deviendra par le fait même de cette croyance, plus fort, plus individuel et plus grand que celui qui la remplace par quelque chose d'inconnu et de mal défini. S'il est vrai que plus l'idéal de l'homme est élevé, plus celui-ci grandit lui-même, alors une grande foi et une grande espérance dans des fins éternelles doivent, vraies ou fausses, élever l'homme au-dessus des misères et des petitesses de cette vie. Et si tout n'est qu'illusion et songes qui s'évanouiront dans la nuit éternelle, même alors mieux vaut le beau songe qui réjouit l'âme, que celui qui la fatigue et l'angoisse ; et même si, comme le prétendent les matérialistes, tout rentrera une fois dans le néant, nous aurions été, ne fût-ce qu'une heure, plus savants que l'incrédule, plus heureux que l'impie et plus grands que l'athée.

Mais ils sont eux-mêmes une preuve de la vérité qu'ils nient. L'immense vide de leur âme, qu'ils avouent, prouve qu'il leur manque ce qui satisferait cette âme. — Renan résume sa doctine quand il s'écrie : « Notre Père le néant ! » et il écrit mélancoliquement : « Nous vivons d'une ombre ; nos petits-fils vivront de l'ombre d'une ombre ; du reste de parfum d'un flacon vide. » Triste aveu ! — Quand Hartmann avoue que : « toute croyance, et cette mienne croyance aussi, sont sans valeur » ! et que lui et bien d'autres prêchent le suicide de l'univers comme seule fin désirable ; quand les héros et les héroïnes des écrivains naturalistes, des drames d'Ibsen, ne savent faire autre chose de la vie, ce don suprême du Créateur à la créature, que de la jeter loin d'eux, ils prouvent qu'ils ne savent pas en trouver le but ; et ils abdiquent tout droit à nous enseigner, car nous, croyants, savons en faire un meilleur usage. — Nous, nous croyons encore aujourd'hui à la parole que l'Esprit Saint dicta à Moïse il y a 3500 ans : « Au commencement Dieu créa les cieux et la terre. » Eux ont passé depuis 3000 ans par des centaines de systèmes, et en changent encore continuellement ; ils passent de Descartes à Spinoza, de Spinoza à Kant, de Kant à Hegel et de Hegel à Hartmann, passent du doute à la négation, et en reviennent de la négation au doute ; ils croient progresser et tournent dans le même cercle, et Platon déjà (voir le Timée) prouvait aux Eléates, ces Hégéliens de son temps, que leur dieu, leur unité absolue, sans attributs, sans pensée, sans vie, n'était qu'un abîme de contradictions. Leurs systèmes opposés et leurs philosophies toujours changeantes attestent leur impuissance à trouver en eux-mêmes la vérité.

Mais la question des questions, celle dont la réponse met un $+$ ou un $-$ devant l'équation de l'univers, et qui lui donne ou lui ôte toute sa valeur, c'est celle-ci : *Y a-t-il un Dieu ou non?* S'il n'y en a pas, ou si, ce qui revient au même, ce Dieu n'est qu'une fantaisie de mon cerveau, alors l'univers est une question sans réponse, un cercle sans centre, un effet sans cause, peut-être une simple hypothèse d'êtres pensants. Alors toute l'existence de ceux-ci et toutes leurs pensées sont vaines et inutiles, et de tous temps les peuples ont aimé sans savoir qui, cru sans savoir à quoi, et espéré à tort. Alors mangeons et buvons, car demain nous mourrons. Amusons-nous, si cela nous fait plaisir, à faire de l'art ou de la science, pour nous distraire des soucis et des peines de cette triste vie; mais sachons bien que tout cela n'a au fond ni but ni valeur, car rien n'est éternel.

S'il y a un Dieu, alors nous savons autour de quoi tourne l'univers. Alors c'est Lui qui nous a créés, et par Lui nous subsistons; alors le premier devoir, la grande tâche, la pensée de tous les moments de ses créatures doit être de craindre ce Dieu, de l'aimer et de lui obéir. Si Dieu est, il est Tout-Puissant et il faut le prier ; si Dieu est, il est amour, car cet univers subsiste; s'il était haine, il l'aurait détruit il y a longtemps ou plutôt il ne l'aurait jamais créé. S'il est amour, il a dû se révéler à ses créatures qu'il aime; cherchons sa Parole. Je l'ouvre et elle me dit tout et je me comprends moi-même. Mon malheur, c'est que je me suis éloigné de ce Dieu; mon immense besoin, c'est de le retrouver; ma soif de vie et d'immortalité, c'est le désir de boire à sa source ; mes remords, c'est que j'offense ce Dieu tous les jours en ne l'aimant pas de tout mon cœur, de toute mon âme et de toute ma pensée. Alors il y a une Providence qui compte les cheveux de ma tête, un Esprit divin qui rend témoignage à mon esprit que je suis un enfant de ce Dieu; un salut que ce Dieu lui-même m'a apporté, et une vie éternelle. Et mon cœur d'où, dit cette Bible, proviennent les sources de la vie, et que les systèmes des incrédules lassaient froid et désolé, tressaille de joie en entendant ces paroles et ces promesses, et sent en lui une force avec laquelle il peut vaincre le monde, et braver la vie et la mort. — Donc elles sont vraies !

Le christianisme est plus naturel, plus logique, plus universel et plus clair dans ses explications que l'incrédulité. Le Dieu qui, au commencement, créa les cieux et la terre, est plus facile à croire que l'éternité de la matière ou un univers qui se crée lui-même, et les propositions opposées à la foi sont encore plus incompréhensibles.

Le chrétien ne croit pas en dépit de la science et contre la science; mais il croit, parce qu'après un examen approfondi, il a reconnu que la science de la foi est plus belle et plus grande, correspond mieux aux faits, à ses besoins et à tout son être, explique mieux Dieu, l'univers et l'homme, en un mot, est plus scientifique et plus vraie que la science de l'incrédulité.

TABLE DES MATIÈRES

ERRATA

Page 128, ligne 5, *au lieu de* géologique, *lisez* zoologique.
» 163, » 1, » approndi, » approfondi.
» 183, » 18, » Kekule, » Kekulé.
» 241, » 32, » théologique, » téléologique.
» 246, » 5, » E. Vogt, » C. Vogt.

Genève, 1898. — Imprimerie Roxet, boulevard de Plainpalais, 26.

1 taille-douce en couleurs, et 38 gravures intercalées dans le texte. Un magnifique volume gr. in-folio. 100.—

WATSON, L. — **Vie de Jésus-Christ.** In-8 .... 5.50

WATIER, A., pasteur. — **Calvin prédicateur.** In-8... 2.—

Littérature. — Nouvelles. — Récits. — Histoire, etc.

ALCOCK, D. — **El Dorado.** Récit du XVIᵉ siècle. In-12. 2.50
— **Autour d'un conoile.** In-12................... 2.50

FRANÇOIS, C.-Constant, pasteur. — **Catalogue raisonné** ou Guide pour servir à l'achat de bons livres. In-8. 3.50

FROMMEL, Emile, pasteur. — **Un peu ici, un peu là.** 3.—
— **Autour de la lampe.** In-12, 3 fr.; relié 4.25

GONTHIER-LUDE, H. — **Un fils prodigue.** In-12.... 2.50

GUILLERMET, F. — **Ces petits.** In-12, 3 fr. 50; relié 4.75

GUILLOT, Alexandre. — **Nouvelles romandes.** In-12. 3.—

HOFFMANN, Adolphe. — **A l'ombre du croissant.** In-12 3.50

THOMAS, Frank, pasteur. — **Nouveau monde.** Souvenirs d'un voyage en Amérique. In-12................... 3.50
— **La Famille.** In-12......................... 3.—

Missions. — Evangélisation.

COILLARD, F. — **Sur le Haut-Zambèze.** In-4...... 25.—
Id. édition populaire, in-8.................. 7.50

ESCANDE, Benjamin. — **Neuf mois à Madagascar.** In-12 2.50
— **Souvenirs intimes.** Extraits de son journal et de sa correspondance. In-8......................... 6.—

PIERSON, Dr A. — **Nouveaux actes des apôtres.** In-8. 5.—

PUAUX, Fr. — **Les œuvres du protestantisme français au XIXᵉ siècle.** 17 portraits hors texte, 41 portraits et 50 gravures dans le texte. Un beau volume in-8. 25.—
Un des rares exempl. sur papier vélin, rel. amateur. 75.—

ZIEGLER, J. — **Les « Oui..., mais... » de mon fils..** —.80

Édification. — Sermons. — Méditations.

ASMIS, Rœdolphe, pasteur. — **La vie de Jésus pour l'édification des fidèles.** In-8....................... 5.50

AUX AFFLIGÉS. Choix de passages de l'Ecriture sainte et morceaux extraits de divers auteurs. In-12..... —.75

BARDE, Ed. — **Abraham.** Etudes bibliques adressées à la jeunesse. In-12............ 3.—
— **Samuel.** Etudes bibliques. In-12............ 3.—
— **Jean-Baptiste.** Etudes bibliques. In-12....... 3.—

BOISSONNAS, J.-L., pasteur. — **La piété pratique**.. 2.50

BOYS, Ernest, Rev. — **Paix à vos âmes.** In-16, toile 1.25

BROCHER, E. — **Jésus-Christ pour nous et en nous.** 1.—

BUNYAN, J. — **Le voyage du chrétien.** Iu-16....... —.60

DRUMMOND, Henry. — **La voie excellente.** In-12... —.50
— **La vie transformée** ou la sanctification. In-12.. 1.—

FUNCKE, O. — **Saint Paul sur terre et sur mer.** In-12 3.50
— **Le secret du bonheur** ou Comment être heureux et comment faire des heureux. In-12................. 3.50

GUILLOT, Alex., pasteur. — **Sermons pratiques.** In-12 3.—
— **Sermons et méditations.** In-12............ 3.50

HAVERGAL, F. — **Une heure avec Jésus.** In-32.... —.50
— **Gardé pour le service du maître.** In-12........ 1.50

MAHAN, Asa, Rev. **Le baptême de l'esprit.** In-12.... 2.—

MOODY, D.-L. — **Le chemin qui mène à Dieu.** In-12 1.—

MURRAY, Andrew. — **Comme Christ.** In-12........ 2.—
— **L'esprit de Christ.** In-12............... 2.50
— **Demeurez en Christ.** Méditations. In-12...... 1.50
— **Jésus guérit les malades.** In-12............ 1.50
— **Saints en Christ.** In-12............... 3.—

TEIGNMOUTH-SHORE. — **Le jardin du roi.** Méditations pour les enfants. In-12.................. 2.50

THOMAS, Frank, pasteur. — **Bonne nouvelle.** Prédications. Recueil périodique paraissant chaque mois. L'abonnement en Suisse, 1 fr. 50; à l'étranger, 2 fr.
— **La famille,** In-12.................. 3.—

Culte domestique.

CHAPUIS, F. — **Méditations pour le culte domestique.** Livre des Psaumes. In-12..................... 3.—
— **Le culte domestique.** Méditations et prières sur l'évangile de saint Marc. In-12................. 2.50
— **Gerbe de méditations** pour le culte domestique. 2.—

SPURGEON, C.-H. — **Les trésors de la foi** ou Promesses quotidiennes. Une méditation pour chaque jour de l'année. Relié toile... 3.50

LUMIÈRE SUR LE SENTIER. Pain quotidien pour les heures du matin et du soir, dans les termes mêmes de l'Ecriture sainte: In-24, 1 fr.; relié toile............... 1.50

Biographies.

BEVAN, F. — **Jean Wesley.** In-12 illustré......... 3.—

FRY. — **Vie d'Elisabeth Fry,** avec portrait. In-8... 5.—

Jenny Lind, avec portrait en phototypie. In-12..... 3.50

Sieveking, Amélie, fondatrice de la Société des amies des pauvres de Hambourg. In-12................ 3.—

Gravures.

CALVIN. — **Derniers adieux de Calvin aux syndics et seigneurs de Genève,** 27 avril 1564. Lithographie de Frégevise d'après J. Hornung. 102 × 80 cm............ 20.—

— **Calvin retenu à Genève par Farel.** Lithographie d'après Lugardon, 0,65 × 0,80 (derniers exemplaires. . 10.—

Pour les Enfants.

Tableaux bibliques pour la chambre des enfants et pour les Ecoles du dimanche. 24 gravures agrandies de la Bible en images. Haut. 36 cm., long. 54 cm., en noir 17 fr., en couleurs...................................... 40.—

La Bible en images. 108 gravures sur bois accompagnées du récit biblique, avec texte d'après la version L. Segond. In-4, reliure toile, tr. rouge, 15 fr.; tr. dorées. 16.—

Ancien et Nouveau Testament. Séparément. 2 vol. cartonnés, le volume....................................... 6.—

TOURNIER, L. — **Les Enfantines.** Poésies. 9me édition. In-12, 1 fr. 50; relié toile.............................. 3.—

TEIGNMOUTH-SHORE. — **Le jardin du roi.** Méditations pour les enfants.. 2.50

Genève. — Impr. Romet, boulevard de Plainpalais, 26.